护理学国家级一流专业建设点（教高厅函〔2022〕14号）
河南省高等教育教学改革研究与实践重点项目（2021SJGLX179）
河南省高等教育教学改革研究与实践项目（研究生教育）（2021SJGLX175Y）

# 护理学专业课程思政教学研究与案例精选

## 主编 曹 珊

郑州大学出版社

**图书在版编目（CIP）数据**

护理学专业课程思政教学研究与案例精选 / 曹珊主编. — 郑州：郑州大学出版社，2023.2（2024.5 重印）
ISBN 978-7-5645-9316-2

Ⅰ.①护…　Ⅱ.①曹…　Ⅲ.①高等学校 – 思想政治教育 – 教学研究 – 中国　Ⅳ.①G641

中国版本图书馆 CIP 数据核字（2022）第 242871 号

**护理学专业课程思政教学研究与案例精选**
HULIXUE ZHUANYE KECHENG SIZHENG JIAOXUE YANJIU YU ANLI JINGXUAN

| | | | | |
|---|---|---|---|---|
| 策划编辑 | 张彦勤 | 封面设计 | 苏永生 |
| 责任编辑 | 张彦勤 | 版式设计 | 苏永生 |
| 责任校对 | 薛 晗 杨 鹏 | 责任监制 | 李瑞卿 |

| | | | | |
|---|---|---|---|---|
| 出版发行 | 郑州大学出版社 | 地　址 | 郑州市大学路 40 号（450052） |
| 出 版 人 | 孙保营 | 网　址 | http://www.zzup.cn |
| 经　销 | 全国新华书店 | 发行电话 | 0371-66966070 |
| 印　刷 | 河南文华印务有限公司 | | |
| 开　本 | 787 mm×1 092 mm　1 / 16 | | |
| 印　张 | 13 | 字　数 | 309 千字 |
| 版　次 | 2023 年 2 月第 1 版 | 印　次 | 2024 年 5 月第 2 次印刷 |

| | | | | |
|---|---|---|---|---|
| 书　号 | ISBN 978-7-5645-9316-2 | 定　价 | 48.00 元 |

# 编委会名单

主　编　曹　珊

副主编　（以姓氏笔画为序）

王云璐　王莉莉　井晓磊　乔　娟

张　琼　杨巧菊　张勇勤　邹小燕

秦元梅　潘兰霞

编　委　（以姓氏笔画为序）

王焱哲　牛　鹏　许小丽　刘玲霞

吕　素　宋晓燕　宋晓丽　吴俊华

杨冬云　张　璟　段凯旋　郭璐璐

# 内容提要

立德树人成效是检验高校一切工作的根本标准,课程思政寓价值塑造于知识传授和能力培养中,是落实立德树人成效的重要抓手。本书主要围绕护理学专业课程思政建设理论研究与实践探索展开论述,分为两篇。第一篇从课程思政建设的背景与意义、护理学专业课程思政研究现状及思考、《护理学类本科专业课程思政教学指南》解读等理论层面论述。第二篇甄选了作者所在单位——河南中医药大学的护理学专业18门专业课的课程思政教学案例共150个,从政治认同、家国情怀、道德修养、文化素养、法制素养、职业素养等方面挖掘、呈现课程思政案例,覆盖面广、针对性强、实操性好。本书注重基础、结构完整、关注前沿,便于读者深入了解课程思政教学研究和具体实施路径、方法,提升广大护理学专业教师及临床护理工作者的育德能力,有利于形成育人合力,从而为培养新时代德、智、体、美、劳全面发展的护理学专业人才保驾护航。

# 前 言

课程思政是新时代中国特色社会主义高等教育的理论与实践创新,集中体现党和国家意志,关系人才的培养方向和质量。全面推进课程思政建设是落实立德树人根本任务的战略举措。在教育部的大力推动下,课程思政建设已经成为各高校当前最为关注的工作之一。

本书分为两篇,第一篇是理论研究,包括第一章到第三章,分别为课程思政建设的背景与意义、护理学专业课程思政研究现状及思考和《护理学类本科专业课程思政教学指南》解读;第二篇为实践探索,共十八章,分别为课程思政在护理学基础、内科护理学、外科护理学、妇产科护理学、儿科护理学、急危重症护理学、老年护理学、中医护理学基础、中医临床护理学等18门专业课课程中的应用,列举了思政教学案例150个。本书主要围绕政治认同、家国情怀、文化素养、道德素养、法治素养、职业素养、文化自信、制度自信、科学精神、责任担当、人文关怀等方面有机地融入思政元素,达到如盐在水、春风化雨、润物无声的育人效果,力求实现传授知识、培养能力和引领价值观的有机统一。

本书的编写注重基础、体系完整、关注前沿、便于学习。理论研究部分有助于读者全面了解我国课程思政建设概况与发展、护理学专业课程思政建设现状与举措;实践探索部分内容源于各门课程的教学实践。在知识取舍上,本书聚焦护理学专业核心课程,结合课程性质、教学对象及育人目标等进行具有情景性的思政元素的挖掘、剖析和选用,从健康中国视野、护理学科发展、职业素养要求、中华传统文化、先进人物事迹、时事热门话题及学术科研精神等方面呈现思政案例,旨在通过课程思政教学改革实现对学生入脑入心的价值塑造,引起学生共鸣。在内容表述上,遵循科学、精简的原则,所有作者均为一线教学教师,基于长期深入的教育教学研究基础,每门课从课程概要、课程思政教学资源计划表、课程思政案例3个方面进行阐释,一目了然,完整的案例资源、思政育人成效和教学方法,便于读者学习和借鉴。

本书为护理学国家级一流本科专业建设点、护理学专业河南省本科高校课程思政教学团队、河南省高等教育教学改革研究与实践重点项目(2021SJGLX179),河南省高等教育教学改革研究与实践项目(研究生教育)(2021SJGLX175Y)的主要建设与研究成果。

本书所纳入的护理学专业课程思政建设案例仅为我校课程思政建设的阶段性成果,作为省级教学团队将与时俱进,将结合时代特点和生动案例,不断更新迭代课程思政素材,助推护理学专业课程思政建设高质量、可持续发展,更好地实现课程思政育人目标。

《资治通鉴》记载:"才者,德之资也;德者,才之帅也。"塑造人格、净化灵魂、端正品行是教育的初衷和本心。"师者,所以传道授业解惑也",这与我们当今强调的课程思政不谋而合,课程思政的灵魂在于"育人"。

医乃仁术,无德不立。护理学专业与生命健康息息相关,能以爱心、耐心、细心、责任心对待每一位患者、做好治病救人工作,是对护理工作者的基本要求。因此,开展课程思政是护理专业教学的应有之义,亦是重要使命。目前国内针对护理学专业课程思政元素及实践路径的研究较为分散,缺乏系统的整合书籍。鉴于此,河南中医药大学护理学院教学团队凝心聚力,全面梳理我国护理学专业的课程思政研究现状、实践举措及存在问题编写了本书。本书适用于全国医学类院校护理学专业专任教师、护理学专业学生、教学管理部门,便于深入了解课程思政教学研究和具体实施方法,充分发挥专业课程的育人功能,培养德、智、体、美、劳全面发展的护理学专业人才。

本书的写作和出版得到了护理学专业同仁、河南中医药大学教务处的支持和帮助。该书凝结了编写团队的智慧与辛勤劳动,书中引用了诸多网络资源未能全部标明出处,在此一并表示衷心的感谢!全体写作人员在编写过程中,通力合作,力求完美,但由于水平有限,不足之处在所难免,恳请广大读者批评指正。

编　者

2022.12

# 目 录

第一篇

# 理论研究

# 第一章
# 课程思政建设的背景与意义

## 一、课程思政建设的背景

课程思政是新时代党和国家对高等教育提出的新要求,亦是各高校实现高质量发展的内在需求。十八大以来,习近平总书记紧紧围绕新时代的人才培养,以"培养什么人、怎样培养人、为谁培养人"为主题展开一系列有关教育问题的重要论述。2016 年12 月,习近平总书记在全国高校思想政治工作会议上指出:"要用好课堂教学这个主渠道,思想政治理论课要坚持在改进中加强""其他各门课都要守好一段渠、种好责任田,使各类课程与思想政治理论课同向同行,形成协同效应"。2017 年中共中央印发《高校思想政治工作质量提升工程实施纲要》,正式提出"课程思政"这一概念,强调通过推进以"课程思政"为目标的教学改革,为高校积极开展课程思政提供了理论基础和行动指南。2017 年2 月,中共中央、国务院印发的《关于加强和改进新形势下高校思想政治工作的意见》中指出,"要坚持全员、全过程、全方位育人,把思想价值引领贯穿教育教学全过程和各环节,形成教书育人、科研育人、实践育人、管理育人、服务育人、文化育人、组织育人的长效机制""要充分发掘和运用各学科蕴含的思想政治教育资源,健全高校课堂教学管理办法"。2017 年9 月,中共中央、国务院印发的《关于深化教育体制机制改革的意见》中也强调,要注重"健全全员育人、全过程育人、全方位育人的体制机制,充分发掘各门课程中的德育内涵,加强德育课程、思政课程"。如何发挥各类课程的育人成效备受关注。

2017 年12 月,教育部印发《高校思想政治工作质量提升工程实施纲要》,将"课程育人质量提升体系"列为规划构建的"十大育人"体系之首,并正式使用了"课程思政"这一概念。文件在基本任务中指出要"大力推动以'课程思政'为目标的课堂教学改革,优化课程设置,修订专业教材,完善教学设计,加强教学管理,梳理各门专业课程所蕴含的思想政治教育元素和所承载的思想政治教育功能,融入课堂教学各环节,实现思想政治教育与知识体系教育的有机统一"。同时,进一步明确要"深入推动习近平新时代中国特色社会主义思想进教材、进课堂、进头脑""培育选树一批'学科育人示范课程',建立一批'课程思政研究中心'"。可见,随着教育改革的持续深化,以课程教学为载体,课堂教学为主阵地的课程思政建设工作已由鼓励探索阶段进入逐步推进阶段,在各省、市教育主管部门的统筹部署下,各级各类学校结合校本情况纷纷开展课程思政建设与改革。

习近平总书记在关于教育的重要论述中多次强调"立德树人"在高校人才培养中的重要地位。2018 年 5 月 2 日,北京大学师生座谈会上,习近平总书记强调:"要把立德树人的成效作为检验学校一切工作的根本标准,真正做到以文化人、以德育人。"2018 年 9 月 10 日,习近平总书记在全国教育大会上主张:"要把立德树人融入思想道德教育、文化知识教育、社会实践教育各环节,贯穿基础教育、职业教育、高等教育各领域。"2018 年 10 月,教育部《关于加快建设高水平本科教育 全面提高人才培养能力的意见》(简称"新时代高教 40 条")也强调,要"着力推动高校全面加强课程思政建设,做好整体设计,根据不同专业人才培养特点和专业能力素质要求,科学合理设计课程思政教育内容"。此时,在政策的引导和驱动下,全国各高校认真贯彻党的教育方针和政策,积极开展课程思政教育教学改革实践,创新高校思政教育方法,以实现思想政治教育与专业知识教育的有机结合,充分发挥课堂教学在思想政治教育中的作用。

2019 年 2 月,中共中央、国务院在印发的《中国教育现代化 2035》中提出推进我国教育现代化的"八大理念"和"十大战略任务"。其中,"八大理念"强调"更加注重以德为先","十大战略任务"的首要任务即为"学习习近平新时代中国特色社会主义思想,把学习贯彻习近平新时代中国特色社会主义思想作为首要任务,贯穿到教育改革发展全过程,落实到教育现代化各领域各环节"。同时,在任务中重申了高校思想政治教育的重要性。2019 年 3 月 18 日,在思想政治理论课教师座谈会上,习近平总书记旗帜鲜明地指出:"要加大对学生认知规律和接受特点的研究,要坚持灌输性和启发性相统一,要坚持显性教育和隐性教育相统一,挖掘其他课程和教学方式中蕴含的思想政治教育资源,实现全员、全程、全方位育人。"可见,课程思政建设已成为我国高校教育改革的重要方向之一。

2020 年 5 月,教育部印发的《高等学校课程思政建设指导纲要》(以下简称《纲要》)强调指出,要紧紧抓住教师队伍"主力军"、课程建设"主战场"、课堂教学"主渠道",让所有高校、所有教师、所有课程都承担好育人责任,"守好一段渠、种好责任田",使各类课程与思政课程同向同行,将显性教育和隐性教育相统一,形成协同效应,构建三全育人大格局。"全面推进课程思政建设是落实立德树人根本任务的战略举措""课程思政建设是全面提高人才培养质量的重要任务",这一论述体现了课程思政的核心价值和重要意义。《纲要》还强调:"专业课程是课程思政建设的基本载体。要深入梳理专业课教学内容,结合不同课程特点、思维方法和价值理念,深入挖掘课程思政元素,有机融入课程教学,达到润物无声的育人效果。"《纲要》关于课程思政建设目标要求和内容重点等方面的论述,为高校全方面、高质量、体系化开展课程思政建设注入了强劲动力,提供了行动纲领。

## 二、课程思政建设的意义

高校立身之本在于立德树人,推动课程思政协同育人是高校落实立德树人根本任务、实现高等教育高质量发展的基础工程,也是一种综合教育理念。课程思政在本质上是一种教育,是为了实现立德树人。"育人"先"育德",注重传道授业解惑、育人育才的有机统一,一直是我国教育的优良传统。教育要始终坚持以德立身、以德立学、以德施教,注重加强对学生的世界观、人生观和价值观的教育,传承和创新中华优秀传统文化,积极引导当代学生树立正确的国家观、民族观、历史观、文化观,从而为社会培养更多德、智、体、美、劳全面发展的人才,为中国特色社会主义事业培养合格的建设者和可靠的接班人。

《纲要》中指出:"培养什么人、怎样培养人、为谁培养人是教育的根本问题,立德树人成效是检验高校一切工作的根本标准。落实立德树人根本任务,必须将价值塑造、知识传授和能力培养三者融为一体、不可割裂。全面推进课程思政建设,就是要寓价值观引导于知识传授和能力培养之中,帮助学生塑造正确的世界观、人生观、价值观,这是人才培养的应有之义,更是必备内容。"高校应当把"为党育人、为国育才"作为人才培养的最终追求,坚持做到以德为先,而课程思政建设正是实现这一目标的重要举措。可见,落实立德树人根本任务,培养具有坚定理想信念、深厚家国情怀的中国特色社会主义接班人,是课程思政建设的核心价值。

基于系统性思维,梳理课程思政建设的价值所在,深化课程思政教育教学改革。关于课程思政的价值研究,当前国内学者主要从横向和纵向两个维度进行了论述。

从横向维度来看,王振雷认为课程思政建设的重要意义在于对中国特色社会主义大学课程体系的价值引领,在新时代高校中应当凸显知识教育与价值教育的内在契合,正确处理不同学科课程的特殊性与价值教育的一般性关系,实现学科专业教育与思想道德教育的协同增效。石丽艳则认为课程思政不单纯是一种教育理念,同时也是一种教育思维,课程思政建设的价值旨向就是要求每一位教师树立全员育人、全面育人、全过程育人的理念,充分发掘每一门课程的德育元素,发挥思想政治教育作用和育人功能,自觉担当立德树人的政治自觉,实现与思想政治教育同向同行。董勇指出,课程思政建设从一定程度上体现了高校对思想政治教育本质、使命、功能、规律的反思,从"思政课程"到"课程思政",是对思想政治教育创新逻辑的回归,是因势而新的思政教育理念的升华,是因事而化的思政内涵的转型,是因时而进的思政体系的重构。高德胜等认为落实新时代立德树人根本任务、满足高校思想政治教育理念变革、有力推动教学供给与学生需求的统一是课程思政的价值所在。课程思政是思想政治教育的内在本质要求,朱飞在研究中对课程思政的价值进行了梳理,主张课程思政的价值在于课程思政要实现与思想政治理论课教学的协同、是信息化时代课堂教学育人功能的价值再造、是新时代对高校人才培养规格提升的响应。刘鹤等则将课程思政视作一种新的教育理念和教学实践,认为课程思政是彰显中国特色社会主义大学特征的重要内容,是培养德、智、体、美、劳全面发展的社会主义建设者和接班人的现实需要,是保障"三全育人"实现的必然选择。中国高等教育学会副会长张大良认为课程思政是新时代党和国家对高等教育提出的新要求、是解决高校人才培养问题的根本举措、课程思政是高校实现高质量发展的必然。

从纵向维度来看,学者们以不同领域或学科的独特视角对课程思政的价值进行了审视。程舒通认为课程思政是职业教育在德育领域的重大革新,其价值在政治价值、思想价值、教育价值及社会价值等方面都有重要体现。张海洋从高职院校推进课程思政与协同育人融合的角度出发,提出课程思政的价值在于有利于构建中国特色社会主义话语体系与话语自信、有利于盘活高职院校思政育人要素与激发育人主体能动性、有益于探索我国高职院校的内涵式、交互性发展和有效提升高职院校思想政治教育的亲和力和针对性。欧平则以高等数学教学为切入点,强调高等数学课程思政的价值意蕴在于课程思政是坚持正确办学方向的应有之义、是落实立德树人根本任务的现实需要、是实现合力育人全员育人的重要途径。高燕主张课程思政是落实教师职业道德以及促进大学生全面发展的内在要求。陈第华等则认为课程思政与思政课程协同育人成为破解医学专业课教育教学困局的必由之路。

综上,课程思政是一种隐性教育,是新时代高校"三全育人"格局下的一项长期、系统性工程,课程思政建设需要建立主管部门、学校、教师、学生等多主体的协同合作机制,其根本在思政,重点在课堂,关键在教师,成效在学生。高校课程思政不仅局限于第一课堂,需要构建由思政课程、专业教学、创新创业、科学研究、教育管理、社会实践、服务育人、校园文化等多方面构成的"课程思政"体系,加强专业教育与思政教育的融合,坚持隐形教育与显性教育相统一,进一步拓宽课程思政渠道,更好地落实立德树人的根本任务。

# 第二章
## 护理学专业课程思政的研究现状及思考

　　课程思政指以构建全员、全程及全方位育人格局的形式,将各类课程与思想政治理论课同向同行,形成协同效应,把"立德树人"作为教育的根本任务的一种综合教育理念。医乃仁术,无德不立。《护理学类教学质量国家标准》强调护理教育不仅要注重医学基础理论和专业技能,还需注重培养学生的职业素养、人文情怀。我国医学人文学科起步晚,发展缓慢,护理专业学生接受人文素养培养的时间较短,而且学生的思政德育一直依托思想政治类理论课程,发挥作用也十分有限。实践证明,以思想道德教育为切入点,是培养尚德精术护理工作者的有效途径,但是目前国内针对护理学领域课程思政元素及实践路径的研究较为分散,缺乏系统的整合研究。鉴于此,笔者梳理了我国护理学专业课程思政的实施现状和存在的问题,以期为护理学专业课程思政教学改革与研究提供借鉴。

### 一、护理学专业课程思政的必要性和育人特色

　　由于护理学专业与生命健康息息相关,"照顾"、"人道"和"帮助"是护理永恒的主题,因此,开展课程思政是护理专业教学的内在使命。目前我国高等院校护理专业学生的专业认同感并不高,约70%的护理新生为非自愿选择护理专业,专业认知不足,导致护理专业学生学习过程中学习目标不明确、态度不积极、思想不坚定,甚至部分优秀的护理人才流失。因此,如何培养我国护理学专业学生(简称护生)的专业认同感和职业情怀、稳定护理专业队伍,是我国高等护理院校面临的重大挑战。此外,护理学专业课程主要围绕"生物-心理-社会"医学模式设置,课程具有理论性、实操性、混杂性强等特点,大部分课程偏向理论与技能,人文社科类的课程相对缺乏。而护理专业培养的人才,其未来将承担着敬佑生命、大爱无疆、救死扶伤和守护人民健康的神圣使命和爱心、耐心、细心、责任心的职业精神。"三全育人"理念下,应加强整合校内外各类育人资源,通过适宜的教学手段,调动一切育人因素,提高大学生职业素质,促进大学生全面发展。这些问题的解决,仅靠几门思政课程是非常困难的。此外,新时代,党和国家提出把人民健康放在优先发展的战略位置,"大健康"理念下,随着人口老龄化、疾病谱的变化、生态环境及生活方式的变化等,为维护和促进健康带来的一系列挑战,特别是对护理专业学生的要求将会越来越高。如何提升护生的综合素质,培养德、智、体、美、劳全面发展的健康促进人

才,以迎接"健康中国"的要求,是摆在高等教育面前的重要问题。因此,在护理学专业课程中开展思政教育具有必要性和紧迫性。

## 二、护理学专业课程思政的实施现状

国外教育没有明确提出课程思政或思政教育的概念,但推行德育,国外护理专业德育常通过跨学科合作的模式贯彻协同育人的理念,将道德教育寓于护理教学之中,培养护生的爱国情怀、公民意识和道德情怀。目前国内课程思政作为护理课程建设新的着力点,相关院校先后开展了课程思政建设与改革,研究多聚焦在护理思政元素的挖掘、护理课程思政实施路径等方面。

### (一)护理学专业课程思政元素挖掘

专业课程思政元素是指蕴含在专业课程知识体系中,有助于对学生开展思想政治教育、价值引领或德育培养的教育元素,通常一切有助于高校更好地实现立德树人目标的资源,都可以作为课程思政元素,但在具体挖掘和选用时,需要结合专业课程性质、特定教学对象及教学目标等进行具有情景性的剖析、挖掘和选用。思政元素的挖掘程度与水平是课程思政教学方法改革和创新的关键点,事关课程思政教学效果,应在深入了解专业课程思政元素内涵与特征的基础上,把握并坚持有效挖掘的原则。护理教育中的思政元素可依据自然科学、人文社会科学等理论基础从健康中国视野、护理学科发展、职业素养要求、传统经典文化、先进人物事迹、时事热门话题以及学术科研精神等方面进行提炼,再根据专业课程知识体系结构中的理论知识点、实训关键点,确定思政教育呈现的内容,挖掘并应用相关思政素材,注重把救死扶伤、尊重生命、责任担当的职业素养渗透到专业课教学中,引导学生增强"健康所系,性命相托"专业认同和价值观,明确医学文明发展的历史担当。

李缘媛等对护理领域的72篇文献进行分析,发现护理领域思政元素主要集中在职业素养、家国情怀、科研精神3个方面。职业素养包括职业道德、生命教育、人文精神、法治观念、社会责任、医学伦理、安全意识等。家国情怀包括社会主义核心价值观、四个自信、民族精神,其中频次最高的思政素材是抗疫精神,屠呦呦团队提取青蒿素并获得诺贝尔奖。科研精神包括严谨求真、团队精神、创新精神、探索精神、辩证唯物主义哲学观、诚信教育、实践精神、循证护理思维,其中,频次最高的思政素材是屠呦呦团队提取青蒿素并获诺贝尔奖。说明一个思政案例可从不同侧面诠释多个思政元素,但目前我国部分高校并未对课程思政给予足够的重视,一些教师难以正确、充分、清晰地挖掘专业教材与课程中所蕴含的隐性思政元素,或在挖掘中,目标不清、经验不足,或由于所挖掘思政元素不科学,导致课程思政内容游离于知识体系之外,出现"两张皮"的现象,无法有机融入教学。段凯旋等组建内科护理学课程思政案例库建设团队,形成内科护理学课程思政案例131个,其中核心价值观17个、科学精神18个、四个自信15个、职业道德39个、专业素养33个、伦理法律9个,从而将思政元素更好地融入教学,实现传授知识、培养能力和引领价值观的有机统一。

### (二)护理学专业课程思政实践现状

目前课程思政已与护理专业多门课程融合,包括基础/外科/内科/儿科/老年/社区/

急危重症/妇产科/中医/传染病/精神科护理学、护理伦理学、护理心理学、护理研究、护理管理学、健康评估、护理实践教学等。护理学导论是护理本科生的第一门专业课程,可培养护理新生良好的职业素养和职业价值观,具有"引路人"的作用。中南大学教学团队以"叩问初心"为主题,重新架构了课程体系,以启发式的教学理念,引导学生深刻理解护理学的专业价值、工作范畴和角色责任;"叩何初心"引导学生重新思考"从医初心",牢记"护理使命",增强专业认同感、价值感和使命感,从而为中国特色社会主义事业培养护理领域的建设者和接班人。中医护理学教学通过挖掘古代医家传记,如神农尝百草、张仲景创立的辨证施治(护)理论、李时珍撰写本草纲目及中医抗疫历史等思政元素,培养学生科学求真、刻苦钻研的精神;通过解读健康政策与科学文献,悉知中医药对国民健康的重要性及对全世界的影响,增强中医药文化自信和道路自信;通过联系中医思维和中国特色社会主义思想的相似性与共通性,影响学生的辩证思维及社会主义核心价值观,培养医德修养和中医情感。老年护理学教学中,以"扶不扶"新闻素材、经典古训、老年人故事及体验老年生活以感化学生,提高学生对老龄化的认识。新冠疫情期间,医务人员奔赴一线,其涌现的先进人物、典型事迹等也成为思政元素,培养学生感知护理专业力量和大爱情怀,坚定信念和提高职业认同感。南方医科大学精神心理照护将思政元素融入课程整合,突出创新性,在教学过程中精准融入方针政策和家国情怀、人文知识和传统文化、职业精神和道德法治、科学精神和辩证思维、社会实践和志愿服务主题,实施以学生为中心的混合式教学方法改革,实现对学生价值引领、专业提升、能力培养、素质并重的育人目标。将抗疫事迹转化为思政素材,突出时代性,整合精神心理相关"抗疫"专题在线学习资源,为学生提供即时在线学习资源,凸显敬佑生命、救死扶伤、甘于奉献、大爱无疆的医者仁心,引导学生树牢专业思想、深刻体会职业神圣价值,实现知识传授与价值引领同频共振。

（三）护理学专业课程思政实施路径探索

各高等院校通过其办学特色和教学经验初步探索出课程思政实施路径,因课程性质及育人特色不同,护理课程思政的实施路径目前尚未形成共识。主要采用线下教学、线上教学及混合式教学等教学方式;在教学方法上,主要涉及情景模拟体验、翻转课堂、在线教学、"互联网+"、叙事教育、思政案例设计、信息化教学、产教融合、反思法、学徒制教育、实景教学、PBL教学(问题导向式教学,Problem-Based Learning)、以问题-就业任务为导向等教学方法。孔祥麟等通过实施 TPKCEE 教学路径（T, Thinking 系统思维;P, Problem 问题导向;K, keypoints 重点串联;C, Case 经典案例;E, Experiment 实践助学;E, Expansion 知识拓展),以学生为本,教学环节设置环环相扣,顺应教学内容融入思政元素,引导学生紧跟教学步伐,提高评判性思维能力和德育水平。周一峰强调应该通过提炼思政要素,密切结合临床,创新授课形式等建设路径,促进护理学生感知思政教育。此外,PBL 联合案例情景教学融合思政元素的教学模式能有效促进护生的自主学习能力和共情能力,提升教学满意度。总之,护理专业课程思政的教学方式可创新多元化的教学模式,通过多元化的实施路径,达到立德树人、润物无声的育人效果。

（四）护理专业课程思政的教学评价现状

课程思政是一种教学方法,也是一个教学过程,应当遵循教学规律,教师需要对自身的课程思政设计与成效进行自我评价,需要对推行课程思政改革后学生的改变度等各方面进行评价,推动课程思政的规范化教学。建立多元的课程思政考核评价体系,有益于促进课程思政教学质量的整体提升。马孟伟等开展德尔菲函询,最终建立了以"目标定位、师资队伍、课程资源、教学实施、教学效果"为5个一级指标,12个二级指标和45个三级指标的课程思政考核评价体系,其具有较好的可靠性,可在后续的研究中进一步验证实用性和操作性。此外,也有研究者采用学生评价、校内外同行评价等教学评价方式。笔者认为,专业课课程思政元素蕴含在专业课程知识体系中,所以对学生学习成绩的评价应当是首位的。此外,可采用质性评价的方式,访谈教学过程和教学方法对学生、授课教师和评价人员思想和情感的触动,并以"感悟"的质量与程度作为评价的重要标准和内容,促进课程思政教学的内生性改革,同时着重考查学生对专业知识的学习态度和成绩变化,考察课内外学生对国家社会发展的关注度、认同感和社会责任感,体现课程思政教学评价的真正内涵和符合专业教学特点的务实性。

（五）护理专业课程思政的师资队伍现状

教师是课程思政教育的关键,教师要将坚定的政治立场、正确的价值观念和专业的精神科学地传递给学生,促进学生的全面发展。习近平总书记强调"教师要成为大先生,做学生为学、为事、为人的示范",而目前部分专业课教师的育人理论水平不足,为确保课程思政教育行之有效,护理专业教师必须转化育人的理念,提高育人的能力,端正育人的态度。在护理专业思政教育教学改革中,可通过组建多学科背景的课程教学团队,相互支撑,构建课程思政的线上资源与线下资源,强化教学效果,还通过师资培训、现场观摩、经验交流、开展集体教研活动等方式制定护理学导论课程思政实施方案。总之,教师的课程思政教学能力关系着教学的质量,因此必须发挥教师在课程思政教育中的主导作用。

## 三、护理学专业课程思政目前存在的问题

目前大部分护理院校已推广课程思政教学工作,构建了三全育人大格局,教学氛围也发生了一系列正性的变化。学院层传达课程思政教育的文件精神,督促教学工作完成的同时探索保障体系的建设;教师层积极转换角色和转变教学思维,并创新教学方式,挖掘思政元素丰富课堂内容;学生层接受专业与思政同步教育。但在实施过程中还存在以下问题。

（一）缺乏立体多元的教学评价体系

目前国内关于护理课程思政评价方法的研究尚少,课程评价结合主、客观,多以学生自评、教师评价及督导评价等多元评价为主;专业性评价工具也尚无定论,较难判定思政教学水平,这会导致部分专业教师从思想和行动上不够重视课程思政,课程思政在教学过程中存在走过场,没有落到实处,对立德树人情况考核制度还需深究。如何结合专业课程特点与思政教育要求构建教学评价指标、建立健全激励奖惩制度,是目前课程思政建设的主要困难之一。

（二）教师有效实施课程思政的能力不足

在以往教学工作中，部分教师重知识传授、轻价值引领，重技能培养、轻人文关怀，思政基础薄弱，接受系统的思政教育较少。并有部分教师认为思政教育与专业课无关，主要的思政教育者应该是思政课教师或学工辅导员。此外，专业课教师有融入思想政治教育内容的主观能动性和自觉性，但在实践中很难把握知识传授和价值引领的内在辩证关系，协同育人效应不显著。主要体现在内容上不能有效将思政元素与专业知识有机融合，挖掘专业思政教育资源尚未达到如盐入水的效果，不能很好地引发学生共鸣。

（三）学生对课程思政的认识度不够

学生对课程思政的认识主要源于思政教育，而思政教育本身具有理论性深和抽象性强的特点，如马克思主义基本原理概论课程，学生通常兴趣不高，在课堂中极易产生倦怠心理，难以调动积极性；而专业课课程思政往往是结合知识点融入某一要素或思政元素，较为碎片化。此外，当代大学生的为"00"后，从小的成长环境及人生观、世界观尚未完全成熟，社会和就业压力大，让学生对待学习在一定程度上存在"功利思想"。学生更加关注成绩，注重学习结果，而对价值观教育热情不高。因此，在课程思政教学中，学生容易忽略思政元素，对课程思政的内涵底蕴难以领略。课程思政核心要务是"润物细无声"，忌以概念进行直接灌输教育，因此学生在缺乏主观能动性的情况下，对课程思政理念内涵的认识不够。

## 四、对护理学专业课程思政的相关思考和建议

（一）立柱架梁，科学构建课程思政教学体系

将思想政治工作贯穿到人才培养体系之中，整体规划思政资源，加强顶层设计，对护理专业所有课程进行梳理，分类推进课程思政建设。从国家意识形态战略高度出发，牢牢坚持以习近平新时代中国特色社会主义思想为指导，坚持把"立德树人"作为根本任务，形成同向同行、相互补充的全方位教育合力，构建全员、全程、全方位育人大格局。有针对性地修订培养方案和教学大纲，寓价值塑造于知识传授、能力培养之中，构建"全专业推进、全课程融入、全过程贯穿、全方位保障"的课程思政教学体系。

（二）强化培训，提升教师课程思政育人能力

教师始终是解决课程思政建设"最后一公里"的关键因素。如何在知识传授与能力培养中润物无声地融入价值塑造，真正实现"三位一体"？根本是通过教师"言传""身教"，教师要有立德树人与培根铸魂的理想信念、高度热情和育德能力。加强教师课程思政能力提升培训，将课程思政作为教师教学发展的必修内容，以新教师上岗培训、教学发展专题研修计划为载体，通过专题报告、教学工作坊、现场教学观摩和典型经验交流等多种方式，学校、学院可举办课程思政教学成果展示，课程思政优秀教师评选、定期开展课程思政教学比赛，设立示范课程，打造教学团队，建设示范中心，构建课程思政教育信息共享平台等方式，为教师提供学习、交流、合作和展示的机会，帮助教师提升课程思政教学教研能力，全面形成"课课有思政、人人讲育人"的良好氛围。

**(三)积厚成势,深挖丰富课程思政元素**

2008年,国务院发布了《护士条例》,其提到"护士应当尊重、关心、爱护患者,保护患者的隐私",美国护士协会通过制定和实施全国公认的护士道德规范来指导和支持护理实践。所以当今的护生必须具备道德规范,提高其道德意识,理解护士角色的道德本质是其应尽的义务,在护理专业课程教育中融入"课程思政",有利于护生掌握道德意识和道德行为,促进职业发展。将课程思政作为课程设计和教学资源建设的重要内容,落实到每门课程的教材编写与选用、教学内容设计、教学环节安排、教学资源建设和交流研讨等各方面,贯穿于课堂授课、教学研讨、实验实训和考核等各环节。引导教师结合不同课程特点将家国情怀、抗疫事迹、创新精神等鲜活素材巧妙地融入课程建设全过程,使课堂成为弘扬主旋律、传播正能量的主阵地。

**(四)探索方法,创新课堂教学实施路径**

现有研究中涉及基础护理学的较多,以基础护理学为例,仅几篇研究涉及基础护理学教学方法的实践探索,其中包括混合式教学、应用反思法、PBL教学法、"互联网+"等教学法,其他教学方法的运用较少。教师在教学时可将CBL、EBL、PBL、角色扮演游戏,虚拟仿真训练等新型的教学方法结合思政教育,增加教学的趣味性、延续性。洪汉霞的研究显示,情景模拟案例教学能提高护生的实践操作能力、独立思考能力和思维能力。总之,运用合适的教学方法,将思政元素灵活地"植入"护生心中,必须创新教学方式。

**(五)完善评价、及时反馈以改进促进提升**

护理专业课程思政教学效果和教学质量的评价需要建立考核评价体系。通过定量考核、客观的数据和科学的依据,才能激励专业教师不断学习思政教学知识,提高思政教育能力,从而提升教学质量。如采用自评和他评相结合的方式,从选用教材、教学目标、教学内容、教学模式、教学方法、专业思政案例等方面进行自我评价、自我反思、自我改正和自我总结,提升内容的规范性和科学性。但自我评价不能充分、全面和客观地发现自身的不足之处,他人的评价更加客观和公正。教师可以收集授课学生的反馈,从教师职业素养、专业素养等多方面整体评价,还可以对学生进行访谈,从客观数据及主观看法上开展综合评估。除了学生,还可以邀请教学管理部门、督导专家、思政课程专业教师、前辈教师进行评价,为护理专业课程思政教学提供客观、科学的参考依据,提高专业教师思政教学质量。

## 五、结语

综上所述,我国护理学教育中已普遍开展课程思政,已取得阶段性成果,育人成效初步显现。研究现状多集中于课程思政的教学路径、元素挖掘和教学策略等,有关护理学课程思政建设体系尚未完全厘清,在护理学课程思政教学质量如何有效评价方面还需进一步探究。今后,可通过提升教师育德水平,优化教学设计,创新教学方式,构建多元化、多主体的考核评价体系等方面,推进护理学专业课程思政建设走实、走深,更好地服务于护理学专业人才培养,实现培养社会主义建设者与接班人这一时代要求。

# 第三章
# 《护理学类本科专业课程思政教学指南》解读

为深入实施《高等学校课程思政建设指南纲要》,响应教育部下发《关于开展专业类课程思政教学指南研制工作的通知》,分类推进高校课程思政建设,全面提高专业教师育人能力,护理学专业教学指导委员会结合护理学类专业课程育人要求和特点,迅速开展《护理学类专业课程思政教学指南》研制工作。2021年10月,护理学专业教学指导委员会成立专家组和工作组,明确工作重点,深刻领会文件精神,编写了《护理学类专业课程思政教学指南》框架草案和"护理学类专业本科教育课程思政现况调查"问卷。工作组历经10余次研讨会议,听取多轮专家意见,并在全国范围内开展专家咨询,根据咨询意见修改形成了《护理学类专业课程思政教学指南》,后期还将根据需要不断更新。

为了全面推进全国高校护理学类专业课程思政的开展,引导专业课教师将思想政治教育贯穿人才培养全过程,发挥教师队伍育人的"主力军"作用,让教师开设的课程都承担好育人责任,提高人才培养质量,本章将对指南内容进行简要解读,以供同行借鉴。

## 一、前言部分

在《护理学类专业课程思政教学指南》(以下简称《指南》)的前言部分,简要地说明了《指南》研制的目的、指导思想、依据、总体原则、研制方法、适用范围等,旨在引导全国高校护理学类专业教师理解课程中孕育的思政内容、如何开展课程思政教学、如何评价思政教学效果。

《指南》以习近平新时代中国特色社会主义思想为指导,深入贯彻落实习近平总书记关于教育的重要论述和全国教育大会、全国高校思想政治工作会议等有关精神,坚持社会主义办学方向,以立德树人为根本任务,坚持价值塑造、知识传授和能力培养三位一体,深化护理学类专业课程思政教学改革,旨在培养具有时代特征,德、智、体、美、劳全面发展的护理学类专业人才。

教育部高等学校护理学类专业教学指导委员会根据中共中央办公厅和国务院办公厅印发的《关于深化新时代学校思想政治理论课改革创新的若干意见》及教育部《高等学校课程思政建设指导纲要》等文件要求,全方位构建具有护理学专业特色的课程思政教学体系。总体原则是将思政教育的主线贯穿护理学类专业四年教育的全过程,每个年级既各有侧重,又相互衔接,循序递进,体现中国护理专业特色。大学一二年级以公共基础课程思政和专业基础课程思政为主,三年级以专业核心课程思政为主,四年级以专业实践课程临床实习思政为主,充分发挥课程思政的育人功能。《指南》编写委员会在全面调查、深入的文献研究及头脑风暴等方法的基础上形成《指南》初稿,经过德尔菲专家函询进行修订,并广泛征集教育部高等学校护理学类专业教学指导委员会委员、全国高校护理学院院长和(或)专业负责人的意见和建议,进一步完善,最后经教育部高等学校护理学类专业教学指导委员会会议审议通过该《指南》。

《指南》的主要内容包括前言、相关术语、课程思政教学总体要求、不同类型课程思政教学指南、代表性课程的课程思政教学设计及课程思政教学评价表。本章仅引用前言、相关术语、课程思政教学总体要求和不同类型课程思政教学指南4个部分。其中课程思政教学总体要求从护理学类专业课程思政总体教学目标、教学重点、教学方法、教学评价、教师能力及教学团队要求、教学成效及建设计划等方面进行了较为系统的阐述;不同类型课程思政教学指南分别从专业基础课程、专业核心课程、专业实践课程的课程范畴及其功能、思政教学目标、思政教学重点、思政教学方法及思政教学评价5个方面进行了细化。《指南》旨在为全国各高校护理学类专业课程的一线教师与教学管理人员加强课程思政建设提供"操作手册"式的切实指导与参考,以指导教师理解在不同类型课程中孕育的主要课程思政内容、如何开展课程思政及怎样评价课程思政教学效果。

## 二、相关术语

《指南》相关术语对"立德树人""三全育人"等相关术语进行解释,便于教师理解立德树人的目标、习近平总书记对教师的期望和要求以及课程思政教育所涉及的重要概念,帮助护理学类专业教师理解课程思政教学所涉及的重要概念。

1. 立德树人　立德树人是我国教育的优秀传统,我国教育历来重视做人的教育。党的十八大报告提出把立德树人作为教育的根本任务,"要坚持教育的优先发展,全面贯彻党的教育方针,坚持教育为社会主义现代化建设服务、为人民服务,把立德树人作为教育的根本任务,培养德、智、体、美、劳全面发展的社会主义建设者和接班人"。高校立德树人的目标是培养明大德、守公德、严私德,自觉践行社会主义核心价值观,勇担民族复兴大任的时代新人,本质要求是加强和改进思想政治工作,把思想政治工作贯穿教育教学全过程,实现全程育人、全员育人、全方位育人的目标。

2. 自信自强、守正创新　习近平总书记在庆祝中国共产党成立100周年大会上的重要讲话中指出:"中国共产党团结带领中国人民,自信自强、守正创新,统揽伟大斗争、伟大工程、伟大事业、伟大梦想,创造了新时代中国特色社会主义的伟大成就。"自信自强、守正创新,是我们党克服艰难险阻、创造历史伟业的重要原因,也是奋进新征程、创造新的更大胜利的强大精神力量。

3. "四个统一"　习近平总书记在全国高校思想政治工作会议对加快新时代师德、师风建设提出四个基本要求,即"四个统一":坚持教书和育人相统一,坚持言传和身教相统一,坚持潜心问道和关注社会相统一,坚持学术自由和学术规范相统一。

4. "四有"好老师　2014年第30个教师节前夕,习近平总书记考察北京师范大学时号召全国教师做有理想信念、有道德情操、有扎实学识、有仁爱之心的"四有"好老师。

5."四个引路人" 2016年的教师节前夕,习近平总书记视察北京市八一学校时指出:"广大教师要做学生锤炼品格的引路人,做学生学习知识的引路人,做学生创新思维的引路人,做学生奉献祖国的引路人。""四个引路人"是新时期教师角色的定位,也是教师努力的方向。

6."三全育人" 中共中央、国务院《关于加强和改进新形势下高校思想政治工作的意见》中提出高校要坚持全员、全过程、全方位育人(简称"三全育人")。

7.五育并举 习近平总书记在全国教育大会上指出:"努力构建德、智、体、美、劳全面培养的教育体系,形成更高水平的人才培养体系。"德、智、体、美、劳五育并举的教育是社会价值与人的发展价值相统一、和谐发展的教育,符合时代发展要求。

8."四个意识" 中共十八届六中全会通过的《关于新形势下党内政治生活的若干准则》强调,全党必须牢固树立政治意识、大局意识、核心意识、看齐意识,自觉在思想上、政治上、行动上同党中央保持高度一致。

9."四个自信" 中共十九大报告强调,"全党要更加自觉地增强道路自信、理论自信、制度自信、文化自信,既不走封闭僵化的老路,也不走改旗易帜的邪路,保持政治定力,坚持实干兴邦,始终坚持和发展中国特色社会主义"。

10."两个维护" 《中共中央关于加强党的政治建设的意见》明确指出:"坚持和加强党的全面领导,最重要的是坚决维护党中央权威和集中统一领导;坚决维护党中央权威和集中统一领导,最关键的是坚决维护习近平总书记党中央的核心、全党的核心地位。"

### 三、课程思政教学总体要求

该部分包括教学目标、教学重点等7个部分。教学目标包括坚定学生理想信念、激发学生家国情怀、增强学生法治意识、提升学生职业素养。教学重点:以爱党、爱国、爱社会主义、爱人民、爱集体为主线,以全面提升护理专业人才培养质量为核心点,重点优化政治认同、家国情怀、文化素养、法治素养、道德修养和职业素养。教学方法:列举了6种常用的课程思政教学方法,但不局限于这些方法。教学评价:一是评价学生对课程思政元素的认知与把握及对思政元素的运用能力发展情况等;二是从思政目标定位、师资水平及发展、课程设计、教学内容构建和教学实施过程等维度评价课程思政教学。教师能力及教学团队要求:课程思政教学团队原则上每门课程不少于3人,从政治立场、师德、师风、把握时局、思政意识、思政研究和业务能力方面对教师提出了要求。教学成效:建设成果可从思政教学资源、教师能力、教学改革研究、评价工具制定、教材等方面评价。育人成效可从学生、社会、用人单位和服务患者等方面评价。建设计划:从建设思路、建设举措、建设保障3个方面提出建议。

#### (一)教学目标

教师通过深入开展课程思政教学研究,挖掘专业教育中的思政元素,通过适合的教育教学方法,将思政元素有机融入专业教育中,注重发挥专业课程的育人功能,培养德、智、体、美、劳全面发展的护理学专业人才。具体目标如下。

1. **坚定学生理想信念**　加强学生建设中国特色社会主义的理想信念教育,使其成长为能担当起中国特色社会主义事业,确保党的事业兴旺发达和国家长治久安、不改变颜色的社会主义接班人,能肩负实施健康中国战略和实现中华民族伟大复兴中国梦的历史重任的专业人才。引导学生充分理解习近平总书记的讲话精神:"青年一代有理想、有本领、有担当,国家就有前途,民族就有希望。"

2. **激发学生家国情怀**　培育学生爱党、爱国、爱社会主义、爱人民、爱集体的意识,引导学生将自己的人生理想与价值追求融入国家繁荣和社会进步,担当起时代赋予的使命。

3. **增强学生法治意识**　加强学生对法治知识和法治观念的正确认识和理解,知法守法,认同并参与中国特色社会主义法治体系建设,自觉学习并践行《护士条例》《中华人民共和国药品管理法》等法律法规。

4. **提升学生职业素养**　着力培养学生"敬佑生命、救死扶伤、甘于奉献、大爱无疆"的医者精神。教育引导学生始终将人民群众生命安全和健康放在首位,尊重患者,善于沟通,提升综合素质和人文修养,提升依法应对重大突发公共卫生事件的能力,做党和人民信赖的好护士。培养学生开拓进取、严谨细致、求真务实、不断创新的科学精神,脚踏实地做好维护民众健康所需要的科研工作。

**(二)教学重点**

护理学类专业课程中蕴含着丰富的思政元素,在教学设计与实施过程中落实《高等学校课程思政建设指导纲要》中提出的以爱党、爱国、爱社会主义、爱人民、爱集体为主线,紧密围绕全面提升护理专业人才培养质量的核心点,重点优化政治认同、家国情怀、道德修养、文化素养、法治素养和职业素养6项思政内容,每项思政重点内容包含了若干个思政元素,注意突出医学类专业特色。

1. **政治认同**　2015 年 5 月 18 日印发的《中国共产党统一战线工作条例(试行)》提出,增进各族群众对伟大祖国、中华民族、中华文化、中国共产党、中国特色社会主义的认同,即"五个认同"。《习近平谈治国理政》(第一卷)提出,坚持和发展中国特色社会主义,实现中华民族伟大复兴的中国梦。《习近平谈治国理政》(第三卷)提出,全面贯彻习近平新时代中国特色社会主义思想和基本方略,坚持和加强党的全面领导,不断增强"四个意识"、坚定"四个自信"、做到"两个维护"。

(1)坚定实现中华民族伟大复兴中国梦的理想信念。2012 年 11 月 29 日习近平总书记在参观《复兴之路》展览时提出中国梦。2013 年 3 月 17 日,习近平总书记在第十二届全国人民代表大会第一次会议上讲话指出,实现全面建成小康社会、建成富强民主文明和谐的社会主义现代化国家的奋斗目标,实现中华民族伟大复兴的中国梦,就是要实现国家富强、民族振兴、人民幸福,既深深体现了今天中国人的理想,也深刻反映了前辈们不懈追求进步的光荣传统。

(2)树立大卫生、大健康和预防为主的观念。《"健康中国 2030"规划纲要》提出坚持正确的卫生与健康工作方针,以提高人民健康水平为核心,以体制机制改革创新为动力,以普及健康生活、优化健康服务、完善健康保障、建设健康环境、发展健康产业为重点,把健康融入所有政策,加快转变健康领域发展方式,全方位、全周期维护和保障人民健康,大幅提高健康水平,显著改善健康公平,为实现"两个一百年"奋斗目标和中华民族伟大复兴的中国梦提供坚实健康基础。2016 年,习近平在全国卫生与健康大会上强调把人民健康放在优先发展的战略地位,努力全方位全周期保障人民健康;倡导健康文明的生活方式,树立大卫生、大健康的观念,把以治病为中心转变为以人民健康为中心。

(3)诠释中国共产党领导是中国人民健康和创造伟大医学成就的根本保证。新中国成立以来的光辉历程、伟大成就和宝贵经验离不开中国共产党的领导,党和政府采取了一系列方针政策保障人民健康,中国建成了世界上规模最大、覆盖人口最多的社会保障体系,取得了医学发展史上的一系列伟大成就。

2. 家国情怀　习近平总书记在 2019 年春节团拜会上的讲话中提到要在全社会大力弘扬爱国主义、集体主义、社会主义精神,提倡爱家爱国相统一,让每个人、每个家庭都为中华民族大家庭做出贡献。

(1)强化实施健康中国战略的责任感与使命感。2016 年 10 月,中共中央、国务院印发了《"健康中国 2030"规划纲要》,提出全社会要增强责任感、使命感,全力推进健康中国建设,为实现中华民族伟大复兴和推动人类文明进步做出更大贡献。党的十九大进一步强调实施健康中国战略。护理人在实施健康中国战略伟大征程中发挥着重要作用,广大护理学类专业师生要具有强烈的责任感与使命感。

(2)培育生命至上、人民至上的意识和行为。以习近平同志为核心的党中央高度重视、研究部署疫情防控工作,习近平总书记强调"始终把人民群众生命安全和身体健康放在第一位",体现了中国共产党人以人民为中心的价值追求和中国人民的仁爱传统。护理学类专业学生不仅要坚守这一价值追求,更要付诸临床护理实践中,坚持全心全意为人民服务。

(3)弘扬民族精神和时代精神。以爱国主义为核心的民族精神和以改革创新为核心的时代精神是中国精神的体现。习近平总书记在第十二届全国人民代表大会第一次会议上指出,中国精神是凝心聚力的兴国之魂、强国之魂。爱国主义始终是把中华民族坚强团结在一起的精神力量,改革创新始终是鞭策我们在改革开放中与时俱进的精神力量。学习我国改革开放精神、工匠精神、科学家精神和抗疫精神等,始终保持积极向上、努力学习、奋发有为的精神状态。2020 年 9 月,全国抗击新冠肺炎疫情表彰大会提出了"生命至上、举国同心、舍生忘死、尊重科学、命运与共"的伟大抗疫精神。抗疫精神是爱国主义、集体主义、社会主义精神的传承和发展,丰富了民族精神和时代精神的内涵,在抗击疫情的战役中逆行出征、舍身忘我的广大优秀护士是护理学类专业师生学习的榜样。

3. 道德修养　2019 年中共中央、国务院印发了《新时代公民道德建设实施纲要》,提出在全社会大力弘扬社会主义核心价值观,全面推进社会公德、职业道德、家庭美德、个人品德建设,持续强化教育引导、实践养成、制度保障,不断提升公民道德素质,促进人的全面发展,培养和造就担当民族复兴大任的时代新人。

(1)培育和践行社会主义核心价值观。中国共产党第十八次代表大会强调积极培育和践行社会主义核心价值观。加强导向教育,使社会主义核心价值观成为学生自觉遵守的道德规范与行为准则。在临床实践中,树立护患平等的观念,无论患者贫富、贵贱,都能一视同仁,公正平等地对待每一位患者,与患者建立文明、和谐的诚信关系,与医学同仁建立团结、友善的合作关系等。

(2)传承中华传统美德。2019 年中共中央、国务院印发了《新时代公民道德建设实施纲要》,提出推动践行以文明礼貌、助人为乐、爱护公物、保护环境、遵纪守法为主要内容的社会公德,以爱岗敬业、诚实守信、办事公道、热情服务、奉献社会为主要内容的职业道德,以爱国奉献、明礼遵规、勤劳善良、宽厚正直、自强自律为主要内容的个人品德。以社会公德教育为纲,提升职业道德和个人品德修养,形成明理崇德、尊师尚学的学风,感恩患者对个人专业成长的贡献,尊重和爱护患者,热情为患者服务,爱岗敬业,增强用专业知识与技能为社会服务的责任心和行动。

4. 文化素养  文化素养指人们在文化方面所具有的较为稳定的、内在的基本品质,是文化自信的基础和源泉,更是文化自信的展现与传递。包含自我价值文化、劳动教育文化、中华优秀传统文化、红色革命文化等。

(1)向善向美的自我价值文化。自我价值是指在个人生活和社会活动中,自我对社会作出贡献,而后社会和他人对作为人的存在的一种肯定关系。包括人的尊严和保证人的尊严的物质精神条件。护理人的自我价值应该包含对自我身心健康的正确认知,对学科知识的不断探索、对人文素养的提升凝练、对人道主义精神的不懈追求。

(2)艰苦奋斗的劳动教育文化。习近平总书记说:"生活靠劳动创造,人生也靠劳动创造。"劳动文化是一种发扬劳动价值和地位、尊重劳动者的尊严和权利的文化,是一种弘扬劳动者的经济政治主体、精神文化主体和社会历史主体地位的历史观和价值观,是一种属于劳动者、依靠劳动者、为了劳动者的文化。劳动文化可以通过以劳树德、以劳增智、以劳强体、以劳育美,增强青年学生爱劳动教育观念。

(3)博大精深的中华优秀传统文化。中华民族在长期的社会生活实践中,在各民族之间不断的交流与碰撞中,逐步形成了天下一统的国家观、人伦和谐的社会观、兼容并包的文化观及艰苦奋斗的生活观。这构成中华民族的文化基因,是中华民族和中华文明延续和发展的精神支柱、精神标识,为中华民族的生存与发展提供了巨大的心灵支撑和强大的内在动力。

(4)薪火相传的红色革命文化。红色革命文化是中国共产党领导中国人民在革命、建设与改革中创造的,是新时代中国特色社会主义文化的重要组成部分。从红船精神、井冈山精神、长征精神、抗战精神到延安精神、伟大建党精神等,构成了红色精神谱系。以红色精神为灵魂的革命文化,已经深深融入中华民族的血脉和灵魂,成为鼓舞和激励中国人民不断攻坚克难、走向胜利的强大精神动力。

5. 法治素养  法治素养是指公民对法律法规的知晓度、法治精神的认同度、法治实践的参与度。党的十九大报告指出,提高全民族法治素养是全面依法治国的重要内容。

(1)树立社会主义法治理念。全面依法治国是社会主义法治的核心内容,实现依法治国就必须使人民认识到法律既是保障自身权利的有力武器,也是必须遵守的行为规范。青年学生要树立尊崇法律的法治观念,增强规则意识,明确守法守规是每一个法治国家中公民的基本要求,要坚持依法办事,在学习、工作和生活中坚守法律底线和规则红线。

（2）持续提升法治素养。全面依法治国是国家治理的一场深刻革命,必须坚持厉行法治,推进科学立法、严格执法、公正司法、全民守法。护理学类专业学生要不断学习法治知识,通过法治实践强化对医疗护理相关法律法规、管理制度、护理技术规范的理解,逐渐形成学法、尊法、守法、用法的法治思维,持续提高法治素养。

（3）积极参与社会主义法治体系建设。法治建设需要全社会共同参与,只有全体人民信仰法治、厉行法治,国家和社会生活才能真正实现在法治轨道上运行。了解中国特色社会主义法治体系,认识其形成历史、体系构成和主要内容,对于社会法律相关事实有基本的判断能力,在护理专业实践中加强法治知识和思维方法的运用,支持、推动医疗护理相关法治体系进一步完善。

6. **职业素养** 护理学作为实践性很强的专业,护理工作关系到人的健康和生命,要求护士要具备良好的职业素养。护理职业素养是护理职业内在的规范和要求,是从事护理职业时表现出来的综合品质。

（1）心怀敬畏、充满热爱的职业认同。护理职业认同感是学生对护理职业的看法和情感,以及决定自身职业行为倾向的心理状态,对于稳定职业思想和护理人才队伍具有重要意义。健康中国战略对护理人员的核心能力和队伍素质提出了更多新的要求,培养护理专业人员对职业的价值认同,建立敬畏生命、积极热爱的职业荣誉感尤为关键。要着力引导和培养学生发自内心热爱护理事业,热爱本职工作,具有为人类健康服务的敬业精神。

（2）博爱仁心、无私奉献的职业品格。医护人员的职业品格和职业伦理相较其他职业尤为重要,要培养学生始终把人民群众生命安全和健康放在首位,养成"敬佑生命、救死扶伤、甘于奉献、大爱无疆"的职业品格。坚持尊重患者的人格和权利,对待患者一视同仁,坚决维护患者健康权益的基本伦理原则。南丁格尔精神是护士精神的代名词,它的精髓就在于奉献,无私奉献是护理行业应具备的最重要的职业品格之一,要培育学生深刻理解南丁格尔精神的内核,时刻牢记初心使命的无私奉献,秉持服务人民的宗旨,大力弘扬新时代的正能量。

（3）坚韧不拔、开拓创新的科学品质。护理学科的发展同其他学科一样,需要科学研究的有力支撑。所有科学研究都需要坚韧不拔、开拓创新的科学品质。培养学生坚持不懈追求真理和坚定不移坚持真理的科学品质,以永葆其投身科学的初心,攻坚克难,以"十年磨一剑"的精神将研究做到极致,真正担当起护理学科攻关的时代重任。创新是引领发展的第一动力,只有解放思想才能产生更多、更贴近实际、更先进的创新实践,以更好地服务与推动护理学科的发展。因此要培育学生积极探索、努力开拓的创新思维,在科研道路上创造具有独到见解的、新颖的、具有开拓性的而富有积极社会价值的成果。

（4）诚实守信、严谨求实的职业操守。诚实守信是社会主义职业道德的重要规范,是护理职业道德的立足点。诚实,即忠心耿耿,忠诚老实,不为不可告人的目的而欺瞒别人;守信,即讲信誉重信用,履行忠于自己应承担的义务。护理工作者要时刻按照护理职业规范要求自己,忠于职守、认真负责。此外,还应遵循严谨求实、客观公正的职业作风,秉持严肃谨慎的态度,细致、周全、客观地观察与分析,以求得对客观实际的正确认识和恰当处置,为服务对象健康和生命负责。

（5）爱岗敬业、精益求精的职业精神。敬业是从业者基于对职业的敬畏和热爱而产生的一种全身心投入的认认真真、尽职尽责的职业精神状态，也是南丁格尔精神凸显的价值追求，是新时代护理从业者应牢记的伦理要求。因此要教育学生发扬忠于职守、克己奉公、服务人民、服务社会的职业精神。另外，一丝不苟、精益求精的工匠精神也是重要的护理职业操守。正如老子所说，"天下大事，必作于细"。把严、慎、细、实的做法贯穿于护理实践全过程，做到敬业、精益、专注，追求卓越。

（三）教学方法

结合现代化信息教学手段，采用但不局限于下列教学方法。

1. 案例植入教学法　护理专业教师首先要明确护理人才培养中道德与规范，根据教学目的，选择典型的案例植入课程教学设计。在课堂中利用案例引导学生进行思考、分析和讨论，激发学生的主体性，让学生主动汲取案例中的思政养分；教师也应从学生的讨论中掌握学生的思想状况，为今后的课程思政教学奠定基础。如教学过程中引用早期护理前辈及抗疫英雄的案例植入大医精神和家国情怀元素，引用南丁格尔奖获得者的案例植入爱岗敬业、钻研医术的科学精神元素；引用临床护理不良事件的案例植入严谨科学的工作态度元素。

2. 情景模拟教学法　教师根据课堂和学生的实际情况，围绕教学内容，设置特定的、临床化的或社会化的具体情景，引导学生进入到情景中来，进而达到教育目的的一种教学方法。教师在进行课程思政教学时，可以构建具体、生动形象的临床情景，激发学生的兴趣，使学生在感同身受中接受专业教育和思想政治教育，从而达到最佳的课程思政教学效果。情景的设置应以专业教学内容为基础，尽可能还原临床真实性，自然而深刻地融入思政育人元素。如危重症护理学，教师设置车祸现场的情景并通过虚拟现实技术展示，让学生身临其境地体验急救现场，培养其客观理性的科学思维、坚韧不拔的科学品质以及生命至上的价值追求。

3. 床边教学法　护理教师应有目的有计划地组织和引导学生进入临床真实情景，让学生在床边接受理论知识学习和实践训练、培养学生的优良品德和行为习惯。通过真实体验临床，引导学生在鲜活的临床情景中将抽象的静态知识逐步转化为鲜活的理性认识，培养学生发现问题、解决问题的能力，同时锻炼学生的实践能力、人际交往能力、团结协作能力等。如成人护理学，教师带领学生前往患者床旁，通过教师与患者的沟通，向学生展示护理人员的人文修养，通过学生采集病史的过程，培养学生的沟通能力、人文素养及团队合作能力，通过体格检查、师生讨论收集服务对象的各种主、客观资料，培养学生严谨细致的工作作风和评判性科学思维。

4. 红色基因嵌入式教学法　在课程教学中植入思想政治教育基因，如学术精神、学术信念和职业道德，强化学术文化的情感倾向，加强学术道德和职业道德建设，在扩展理论深度和广度的同时充分发挥教学的价值引领作用。如护理伦理学，在讲解信念对临终患者的作用时，可以引用战争时期战地护士的英雄事迹，来阐释家国情怀和民族精神。鼓舞学生要坚定信念，不断攻坚克难，提升学生的社会责任感和使命感，愿意为我国护理事业的发展贡献力量。

5. 影视片段导入教学法　多媒体和信息化教学时代，影片导入既能在视觉和听觉上给学生较强的感官刺激,吸引学生的注意力,激发其学习兴趣,让学生在观看视频的同时,了解专业知识并潜移默化地接受思想政治教育。影视片段的选择既需要与专业知识相关,又蕴含思想政治教育元素。如传染病护理学,讲解隔离技术时,引用影片《中国医生》中防护服破损的片段,激发学生的学习兴趣,观看影片后教师的总结引导可以阐释中国医务人员在疫情面前的家国情怀、抗疫精神,引发学生的伦理思考。

6. 陶冶式教学法 护理教师可以有计划、有目的地依托学生现实生活情景中的教育因素,按照一定的教学要求,在润物无声中激发学生自觉、愉快的学习动机,进行思政教育。陶冶式教学法对护理教师要求较高,需要教师有渊博的学识、深厚的文学功底,能进行生动的语言描绘、诗词朗诵,并有一定的艺术鉴赏能力。比如讲解护理学导论中护理学发展史时,引用护理前辈的名言,朗诵赞颂护士的诗词,带领学生一起诵读"南丁格尔誓言",让学生感悟护理前辈的职业精神。

### (四)教学评价

1. 课程思政的学生评价 课程思政的建设成效重在学生,结合中共中央办公厅和国务院办公厅印发的《关于深化新时代学校思想政治理论课改革创新的若干意见》及教育部《指导纲要》文件精神,课程思政内容紧紧围绕学生思想政治素养发展。评价学生思想政治素养发展应基于课堂教学的形成性评价和基于课程的终结性评价,包括学生对课程思政元素的认知与把握情况、学生基于专业角度的理想信念发展情况、学生基于专业角度对思政元素的运用能力发展情况等。学生认知与发展成长是课程思政建设成效评价体系的重要组成部分,教学活动中需强调学生的中心地位,强调学生的知识获得、能力获得和情感认同,关注学生在课堂内外、在校期间以及毕业之后的发展和成长过程。通过教学评价揭示课程思政教学在目标设计、内容供给、教学方法、制度机制等方面的情况及存在问题,进而实现以评促建、以评促改、以评促发展的目标。

2. 课程思政教学评价 以专业为主体,以课程为依托,以课堂为媒介,分别从思政目标定位、师资水平及发展评价、课程设计评价、教学内容构建评价和教学实施过程评价等维度,制定具体的评价指标体系。

(1)思政目标:重在评价其是否清晰可行,是否跟专业培养目标、课程育人效果、课堂教学价值契合。要求基于专业特色、课程特点、课堂特性,制订思政育人目标和功能。如护理学类专业所有课程均应在课程体系和课程群中有清晰的定位,有明确的课程专业教学目标和课程思政教学目标,能支撑专业培养目标,实现思政育人工作贯通在整个专业课程体系中,建立课程教学目标与专业育人目标相互支撑的关系。

(2)师资水平及发展:重在评价教师课程思政的教学水平,加强专业课教师的思政育人意识和能力。同样,教师作为教学研究的主体,其职业发展和成长状态同样需要关注。评价指标中需要体现师资培训和学习情况及教学团队的建设和发展情况。

(3)课程设计:护理学类专业课程包括理论课、实验课和实践课,按类型划分有专业基础课、专业核心课和专业实践课。不同类型课程具有不同的教学特点和育人功能。所有课程均应在课程体系和课程群中有清晰的定位,有明确的课程思政教学目标,能支撑专业培养目标。

(4)教学内容构建:评价是否深入挖掘与课程内容内在契合的思政元素,构建与课程知识点体系深度融合的课程思政教学内容体系,具备融合课程思政的教学大纲,开展课程思政专业教材和教学资源建设。

(5)教学实施过程:评价是否改变传统单一的讲授式课堂,采用讨论式、探究式等多种教学方法,充分运用新媒体和新信息技术与课程教学深度融合,建设高效、互动和沟通的课堂,形成良好的育人氛围,实现润物无声的育人效果。

### (五)教师能力及教学团队要求

要建立护教协同的课程思政教学团队,原则上每门课程团队教师不少于3人,人才梯队结构合理,鼓励学院专职教师、临床护理教师和跨学科教师共同组建教学团队。选聘师德高尚、愿意参加护理学课程思政改革项目、教学经验丰富且认真负责的专职教师担任课程负责人,原则上应具有高级职称,长期从事该专业课程教学工作,能够带领课程组成员进行课程思政研讨,设计课程思政教学方案,并督促落实。作为团队教师应具备下列能力和素质。

1. 政治立场　教师要以为中国特色社会主义事业培养合格的建设者和接班人作为自己的神圣使命,坚持党的领导和社会主义办学方向,拥护党和国家的方针政策,忠诚于党和人民的教育事业,坚定理想信念,掌握和运用马克思主义的立场观点和方法,深化政治认同,不断提升政治素养、理论水平及育人水平。

2. 师德、师风　教师要热爱本职工作,严格要求自己,在工作生活中做到廉洁自律,以德立身、以德立学、以德施教,坚持教书和育人相统一、言传和身教相统一、潜心问道和关注社会相统一、学术自由和学术规范相统一,恪守社会主义核心价值观,树立正确的职业理想,提高自身职业道德水平,杜绝学术失信和学术腐败等问题,做到有理想信念、有道德情操、有扎实学识、有仁爱之心。

3. 把握时局　当前国际社会意识形态纷繁复杂,各种社会思潮观念激烈交锋,国内外环境多变,课程思政要贴合实际,反映当前时局,站在中国特色社会主义和中华民族复兴的立场上把握这些变化中的思政元素,并通过精准的解读,引导青年学生构筑牢固的思想防线,树立正确的世界观。

4. 思政意识　强化教师育人为本、以德为先、促进学生的全面发展的课程思政意识,让"立德树人"成为每位教师的神圣使命和岗位责任,牢记"育人"本质,把握学生需求,充分发掘所教课程蕴含的思政元素,把价值引领、能力培养和知识传授贯穿于日常课堂教学之中,让学生在专业课学习中领悟,在实践操作中体验,潜移默化中深受教育。

5. 思政研究　围绕课程思政的内涵、教学方法、教学设计、教学评价、教师能力、教材建设及护理学专业知识中的思政元素挖掘等开展研究,并将研究成果应用于教学实践,提高课程思政的育人效果,达到全面育人的目的。

6. 业务能力　应具备较强的教学能力和护理专业能力。以扎实的理论基础结合丰富的实践经验,在教学过程中将护理职业道德、人文精神和科学精神等思政元素,通过恰当的思政教学案例,以自然从容地引入方式和教学语言融入学生的知识体系,做到知识传授和价值引导相结合,深深感染护理学类专业学生的心灵,达到润物细无声的教学效果。

（六）课程思政教学成效

1.建设成果

（1）从德、智、体、美、劳五育并举要求，形成具有护理学专业特色的课程思政优秀案例库，建成课程思政慕课、微课，为高质量课程思政教学提供资源支撑。

（2）培养和锻炼具备较高专业水平和课程思政教学能力的教学团队和教师，切实提升教师课程育人能力。

（3）积极开展教学方法与教学手段改革，推进课程思政教学改革研究，优化课程思政教学内容，凝练课程思政教学成果。

（4）制订有效的专业和课程育人效果评价工具，检验育人效果。

（5）编写具有护理学类专业特色的课程思政教学教材。

2.育人成效

（1）学生具有正确的政治信仰和坚定的报效祖国、服务人民的理想信念，认识到护理在实施健康中国战略中的作用，具有强烈的责任感和担当意识。

（2）学生能自觉践行社会主义核心价值观，道德素养、法治素养和人文素养得到提升。

（3）学生从事护理职业的信念坚定、职业价值认同感提升，具有勤奋学习和积极向上的精神风貌，展示出良好的职业品格、职业操守和医者精神。

（4）学生参加社会实践、志愿者服务、学科竞赛和创新创业项目等活动的积极性和主动性提升。

（5）学生志愿参军、到艰苦地区支教和基层就业的积极性提升；先进事迹和优秀典型不断涌现。

（6）社会及用人单位对毕业生的思想政治及工作表现、护理服务满意度和认可度提升。

（七）课程思政建设计划

1.建设思路　以习近平总书记关于教育的重要论述和全国教育大会精神为指引，根据国务院办公厅《关于深化新时代学校思想政治理论课改革创新的若干意见》、教育部《高等学校课程思政建设指导纲要》等文件要求，落实立德树人的根本任务，充分发挥好教师队伍"主力军"、课程建设"主战场"、课堂教学"主渠道"作用，坚持知识传授和价值塑造相统一，显性教育和隐性教育相统一，统筹协调和分类指导相统一，全面推进护理学类专业课程思政建设，三年之内实现"门门课程有思政、课堂教学有特色"，构建护理学专业特色鲜明、成效显著的专业课程思政育人体系，形成思政工作特色品牌，培养德、智、体、美、劳全面发展的一流护理人才。

2.建设举措

（1）建构"五育并举"课程思政育人特色方案，提升人才培养质量。围绕护理学专业人才培养目标和护理学专业特点，明确护理专业培养过程中育人要求，深入挖掘人才培养方案中通识课程、公共基础课程、专业教育课程、实践课程中所蕴含的思想价值和精神内涵，将思政教育与专业教育有机融合，规范课程思政教学管理过程。明确护理学专业课程思政目标,将思想价值引领贯穿课程大纲、教学设计、备课授课、教学评价等教育教学全过程,形成专业课程思政育人特色。教材建设中要落实课程思政要求的举措和方法。以课程思政建设全面提升教书育人功能,彰显护理学专业人才培养的思政特色,切实提升教师课程思政意识和能力,提高人才培养质量。

(2)加强课程思政内涵建设,充分发挥课程育人作用。深入挖掘课程思政元素,全面提升专业课程内涵。围绕专业目标,梳各类课程的课程思政目标,优选课程思政案例,推进具有护理学专业特色的课程思政案例库建设,建设具有护理学专业特质的课程思政案例库。形成护理学专业课程思政示范课程。通过多元的教学形式开展课程思政教学活动。充分发挥基层教学组织的作用,大力开展课程思政方法研究,明确课程思政目标、思政内容和思政方法,实现知识与技能、过程与方法、情感态度与价值引领的统一;突出学生的主体地位、教师的主导作用,加大学生实践能力、研究能力、创新能力、道德情操、家国情怀等关键目标培养,打造护理学专业课程思政示范课堂、慕课、微课。

(3)培养课程思政教学名师,提升教师教书育人能力。实施教师课程思政能力提升计划。落实师德、师风专项工作文件制度,把师德、师风作为评价教师素质的第一标准。将课程思政纳入教师岗前培训、教学能力提升等专题培训,课程思政专项教学技能交流活动。强化师德、师风建设,转变教师重知识传授、能力培养,轻价值引领的观念,提高育人意识和育人水平。开展多种形式的教师课程思政教学竞赛,培养课程思政教学名师,全面教师育人能力。

推进课程思政教学团队建设。强化基层教学组织建设,建立思政课程与课程思政的双向联动,组建由思政教师、专业课教师等构成的课程思政团队,为课程思政提供思想性、理论性等多角度学术支持,落实育人价值导向。组织开展课程思政集体备课、研讨交流、示范观摩等活动,定期分享课程思政建设经验,提升课程思政教学效果。引导教师把课程思政理念真正落实到每一项教学活动、每一堂课、每一门课程,真正做到"守好一段渠、种好责任田"。

(4)形成课程思政育人成果,彰显专业课程思政教学成效。强化分类指导,凝练课程思政特色做法。结合护理专业人才培养特点,构建"三全育人"工作体系,围绕专业课程,制订护理专业课程思政建设方案,形成工作特色,促进思政教育与专业教育同频共振,同向同行。编制有特色的护理学专业课程思政典型案例集,总结经验,宣传推广。中医院校护理专业,要充分发挥中医文化的特色和优势,传承精华,守正创新,形成具有中医护理特色的课程思政示范项目和优秀教学案例。

推进课程思政改革研究,凝练教育教学成果。鼓励和支持广大教师开展多种形式的课程思政研究与实践,逐步构建多层次课程思政建设研究体系。聚焦课程思政建设中的热点、重点和难点,着力解决课程思政建设中的基础性、关键性、前瞻性问题。加强对高水平课程思政研究与实践成果的推广应用,形成可推广的专业课程思政研究与实践成果。

3. 建设保障

(1)加强组织领导。建立课程思政领导小组和工作组,统筹推进课程思政建设工作。

(2)加强协同联动。构建课程思政一盘棋工作格局,充分发挥各学校护理学专业建设的优势和特色,形成优势互补、相互协同的工作机制,定期开展调研和专项研讨,研究提出具体政策和措施,确保课程思政教育教学改革落到实处。

(3)落实经费保障。为保障课程思政建设质量,可以设立专项经费,用于课程思政的教学改革、教师培训、学术交流等。

(4)强化考核评价。建立课程思政评价体系,践行课程评价师德、师风第一标准,把教师参与课程思政教学改革情况和课程思政效果作为教师考核评价、岗位聘用、评优奖励、选拔培训的重要依据。实施师德、师风"一票否决"制度。同时评价课程思政教学对学生学习效果的影响,并纳入学生课程学习的综合评价中。

## 四、护理学专业不同类型课程思政教学指南

该部分按照专业基础课程、专业核心课程和专业实践类课程 3 类划分,分别从课程范畴及功能、教学目标、教学重点、教学方法、教学评价 5 个方面进行阐述。

### (一)专业基础课程

1. 课程范畴及功能　护理学专业基础课主要包括护理学导论、护理学基础和健康评估等课程,是帮助学生将医学基础知识、护理学基础知识过渡到临床护理学知识的重要桥梁,主要在大学一二年级开设,是培养学生树立整体护理理念,初步建立临床思维和评判性思维,感受人文关怀精神,激发专业认同感和自豪感的重要教学环节。

2. 教学目标　通过专业基础类课程思政教育,坚定学生理想信念,激发学生的专业认同感和自豪感,逐步养成敬佑生命、救死扶伤、甘于奉献、大爱无疆的医者精神,以及严谨求实、勇于探索、乐于创新和敢于质疑的科学精神。

3. 教学重点　从理解护理在国家健康战略中的关键作用,建立学生的社会责任感和使命感;从理解护理学专业的意义和价值,逐步建立学生的职业自豪感和认同感;从课程内涵对慎独自律、精益求精、敬佑生命、救死扶伤、乐于奉献等职业精神的要求和渗透中逐步提升学生职业素养;从专业基础课的学理及学科发展中,培养学生严谨求实、开拓创新、勇于探索、敢于质疑的科学精神,以及求真务实、坚韧不拔的良好品格;通过自觉学习相关法律法规,建立合理合规合法开展护理工作的法治意识。

4. 教学方法　教师的言传身教是课程思政教学的关键,在思政教育中,特别强调教师的身教作用,而同伴之间的交流互动也具有不可忽视的作用。因此,在教学中要特别注重学习共同体的构建,通过线上与线下、课内与课外相结合的多种途径形成师生之间、生生之间良好的互动氛围,在发挥教师的引导作用和感染力的同时,活跃学生的思想交流与碰撞,在不知不觉的浸染中,实现思政教育目标。主要教学方法如下。

(1)案例教学法。比如健康评估课程在介绍叩诊法时,引入叩诊法的由来,既有助于学生对叩诊原来的理解,同时感受到医者为解救生命、减轻病痛而不断求索的执着精神。如在护理学导论教学中,引入南丁格尔对护理学发展的贡献案例,通过案例分析,引发学生对护理专业的思考、对南丁格尔无私奉献职业精神的敬仰,以及对其不断探索的科学精神的学习,达到润物无声,培养学生职业品格、职业价值感和科学精神。

（2）情景模拟教学法。护理学基础是一门理论与实践并重的课程，情景模拟教学是本课程常用的教学方法，在许多护理技能训练项目中，都需要学生扮演患者，或者使用训练的标准化患者进行模拟教学。在情景模拟教学中培养和考查学生对标准化患者的关心和爱护、良好的沟通、隐私保护以及冲突的处理与反思等思政要素。

（3）床边教学法。引导学生观察临床医护人员的行为特征和行为规范；在与临床真实患者及家属的沟通交流中感受护理专业的价值体现；通过反思讨论看到医学与护理学的快速发展和科技的进步，感受到国家的发展和制度的不断完善，同时引导学生看到还有很多需要不断攻克的难题，激发学生发奋学习的动力。

5. 教学评价

（1）从教师角度评价：教师善于将思政隐性蕴含于专业知识传授过程中，使得思政元素的导入和切换自然流畅，达到如盐化水、润物无声。

（2）从学生角度评价：坚持以学生为中心，产出导向的教学理念，学生从课程思政教学中受益，则是课程思政教学落到实处的重点体现，如提升了学生的专业学习兴趣、职业认同感及职业归属感，以及学生表现出敬佑生命、仁爱关怀、慎独严修、守正创新的优良品格等，都应是评价重点。

（二）专业核心课程

1. 课程范畴及功能　护理学专业核心课程包括内科护理学、外科护理学、妇产科护理学、儿科护理学、急危重症护理学、助产学、精神科护理学、社区护理学等；主要开设在大学三年级。旨在培养学生掌握护理专业与助产专业的核心理论知识和专科实践技能，运用所学知识、临床思维和评判性思维来发现问题、分析问题和解决问题的能力，加深对专业和职业素养的理解，为后期的临床实习奠定基础。

2. 教学目标　立足核心课程中的专业知识教育和专业技术能力培养，将思想政治元素融入各门课程的教学中，并使其不断强化与深化，使学生进一步坚定理想信念，增进专业认同感和自豪感，具有大卫生、大健康及预防为主的理念，对于实施健康中国战略和伟大复兴中国梦表现出强烈的责任感和使命感，在专业行为方面表现出良好的法治、道德与职业素养。

3. 教学重点　使学生通过对一系列融入专业教育内容的国家政策、典型人物、优秀传统文化、历史发展成就等的学习，促进对专业内容的理解，增进政治认同，提升道德、文化、法治与职业素养。

（1）政治认同：思政元素包括护理在实施健康中国和伟大复兴中国梦征途中的地位和作用，新中国成立以来所取得的医疗卫生伟大成就，我国医疗保障体系的优势，我国在应对重大突发公共卫生事件中所采取的措施和成效，医学科技的快速发展，人民群众医疗保健质量提升（护士总数、医护比、千人口护士数量等的变化）及大卫生、大健康和预防为主的观念等。

（2）家国情怀：思政元素包括党和政府将人民群众健康和生命安全放在优先发展的战略地位，实施健康中国战略的意义，健康中国战略与伟大复兴中国梦的关系，中国精神案例，护士在保障人民健康所肩负的责任感、使命感及做出的重要贡献等。

（3）文化素养：思政元素包括我国护理发展进程中涌现出一批先进典型的优秀品质、

发扬人道主义精神、对学科知识的不断探索等,整洁与端庄的形象、温馨与专业的语言、体贴与周到的关怀行为等也体现出护士文化素养。

(4)道德素养:思政元素包括护士在践行社会主义核心价值观、遵守社会公德和职业道德等方面的优秀案例与先进事迹等。

(5)法律素养:思政元素包括《中华人民共和国传染病防治法》《护士条例》《医疗纠纷预防和处理条例》《医疗事故处理条例》《中华人民共和国母婴保健法》《人类辅助生殖技术管理办法》等法律法规,以及相关法律法规的医学领域正反面案例。

(6)职业素养:思政元素包括在职业认同、职业品格、职业操守、职业精神及护理伦理等方面具有代表性的优秀人物、先进事迹、历史故事、临床案例等。

4.教学方法

(1)理论课教学:可采用案例教学法、影视片段导入、翻转课堂、基于问题等教学法,注意根据教学目的、内容和学生数量等,选择匹配的思政案例和适合的教学方法,提高学生的参与度。

(2)实验课教学:可采用情景模拟、角色扮演、标准化患者等教学法,注意要设计好贴近临床的具体情景,将护士的职业道德与医者精神等思政元素融入情景中,引导学生进入情景中学习专业技能、体验医者精神、培养良好的职业道德。

(3)临床见习教学:可采用床边教学法、案例教学法、示范教学法和讨论式教学法等,要注意合适的教学场所,发挥临床带教教师言传身教的示范作用。

5.教学评价 通过形成性评价如学生反思日记、成长日记等评价学生接受课程思政教育后的效果;通过终结性评价如案例分析、护理技术操作考核等评价考察学生是否将课程思政理念融入职业行为中;通过教师及学生自我评价等反映课程思政教学效果。

(三)专业实践类课程

1.课程范畴及功能 护理学专业实践课是以大学四年级学生在内科、外科、妇产科、儿科、急诊科、重症监护室、精神科、社区卫生服务中心等科室的临床实习为主,旨在使学生热爱护理,稳固专业思想,运用专业理论知识和技能解决临床实际护理问题,培养学生在实践中践行职业道德和职业精神,养成良好的护士素质,促使学生养成独立思考、分析判断和解决临床实际问题的能力。

2.教学目标 护理学专业实践课程思政教学目标的重点是引导学生在专业实践中更加坚定理想信念,进一步提升医德医风和护理职业精神等,并注重引导学生将家国情怀、文化素养、道德素养、职业素养、法治意识等融入专业实践,在实践行为中塑造正确的世界观、人生观和价值观。

3.教学重点

(1)政治认同:使学生体会到新中国成立后我国医疗卫生健康事业的快速发展和巨大成就的民族自豪感;"人类卫生健康共同体"背景下,尤其是疫情防控中,我国集中力量办大事的社会主义制度的优越性,增强"四个自信"。

(2)家国情怀:教育引导学生建立"生命至上"的理念,始终以患者为中心,将人民群众生命安全和身体健康放在首位,培养敬佑生命、救死扶伤、甘于奉献、大爱无疆的医者情怀。

（3）道德素养：在实践中引导学生遵守职业道德，依据伦理原则最大限度地维护患者利益。

（4）职业素养：在实践中感受专业价值从而提升专业认同，在环境浸润、教师影响下养成职业精神、科学品质和职业操守，提高法治意识，提升临床实际情景中依法行护的能力，做党和人民信赖的好护士。

4.教学方法  护理学专业实践课教学方法包含但不局限于下列方法。

（1）言传身教法：实践环境中，教师的职业认同、态度直接反映在教师的一言一行中，影响学生的职业认知；学生会模仿教师与患者的沟通交流、团队合作等护理行为。

（2）现场教学法：专业实践课中，教师可利用实践现场开展教学，如急诊科实习，现场给学生讲解我国急诊设立快速绿色通道，体现国家和政府对人民生命健康的重视和投入，诠释医务人员"敬畏生命，救死扶伤"精神。社区护理实习中预防保健、家庭访视等实践环节，贯彻三级预防、爱老敬老等思想。

（3）病例讨论法：借助实践中的典型病例、特殊病例中的思政点展开研讨、辩论等，或就其中的疑难复杂问题开展跨学科合作，体会团队合作的重要价值。

（4）反思日记法：引导学生针对专业实践中遇到的特殊或典型案例，记录护理过程中的反思日记，在自我对话中剖析、反省、提升自我修养。

5.教学评价  护理学专业实践课程思政的教学评价主要通过学生在专业实践中的真实表现来进行。重点考查学生牢固树立把人民群众生命安全和健康放在第一位的意识，积极投入健康中国建设的责任感和使命感的家国情怀；良好的职业道德，能依据伦理原则维护患者利益的道德修养；学生的职业认同，与患者沟通、人文关怀等职业品格，团队合作、慎独等职业精神，探寻实际问题解决办法的科学品质等职业素养；依法行护的法治意识和行为能力。

# 第二篇

# 实践探索

# 第一章
# 护理学基础

## 一、课程概要

### (一)课程简介

护理学基础是护理学专业课程体系中最基本、最重要的课程之一,也是护理学专业学生在学校学习期间的必修课程,在护理教育教学中发挥着重要的作用。在护理学基础课程的学习中,护生将学习从事护理工作所必需的护理基本理论、基本知识和基本技能。基础护理工作是临床各专科护理的基础,并贯穿于满足患者对健康需求的始终,其内容包括患者的生活护理、满足患者治疗需要的护理、患者病情变化的观察技术和健康教育技术等。课程的基本任务是以培养护生良好的职业道德和职业情感为核心,使护生树立整体护理的观念,掌握基础护理学中的基本理论知识和基本操作技能,并将所学的知识和技能灵活地运用于临床护理实践中,履行护理人员的角色和功能。

### (二)教学目标

1. 知识目标

(1)树立整体护理的观念,掌握护理学基础的基本理论、基础知识。

(2)熟悉护理学基础的基本任务、学习内容。

(3)了解国内外护理学科发展情况以及基础护理学领域的新技术、新方法和热点问题。

2. 能力目标

(1)能根据护理实践的内涵,阐述基础护理的基本知识、基本理论、基本技能。

(2)能熟练掌握各项基础护理技术操作。

(3)能够理论联系实际,运用所学知识和技能为护理对象服务。

(4)具备一定的创新精神,能够持续关注基础护理的新知识和新技术,并正确应用于临床护理实践中,顺应学科发展需求。

3. 情感目标(思政目标)

(1)激发学生热爱护理学专业的职业情感,培养学生良好的职业道德。

(2)培养学生高度的责任心、同情心、爱心。

(3)培养学生严谨求实的工作作风以及团结协作精神。

## 二、课程思政教学资源计划表

护理学基础课程思政教学资源计划见表1。

表1　护理学基础课程思政教学资源计划

| 章名 | 课程思政融入点 | 思政目标 | 案例资源 | 教育方法和载体途径 |
|---|---|---|---|---|
| 第一章 绪论 | 课程地位和基本任务 | 家国情怀 职业情感 职业道德 职业素养 | 从政策中看方向,从专业中悟政策 | 案例教学法 课堂讨论法 启发式教学法 |
| 第二章 环境 | 环境与健康 | 生态保护 | 建设生态家园——绿水青山就是金山银山 | 讲授法 |
| 第三章 预防和控制医院感染 | 医院感染概述 | 家国情怀 制度自信 职业情感 创新精神 | 中国速度——和时间赛跑,10天一座医院 | 案例教学法 启发式教学法 |
| | 隔离技术 | | 创新力量——与疫情赛跑的"航天造"口罩机 | 案例教学法 |
| 第四章 患者入院和出院的护理 | 患者入院的护理 患者出院的护理 | 科学精神 创新精神 人文关怀 | 精益求精工匠魂,勇于创新攀高峰 | 启发式教学法 小组讨论法 |
| 第六章 患者清洁卫生 | 压力性损伤的预防和护理 | 人文关怀 | 做有温度的爱心护士,行有温度的优质护理 | 角色扮演法 启发式教学法 |
| 第九章 生命体征的评估与护理 | 呼吸的评估与护理 | 生命至上 救死扶伤 社会责任 | 时间就是生命,口对口"抢"回婴儿生命 | 课堂讨论法 |
| 第十三章 药物疗法 | 注射给药法 | 职业道德 敬畏生命 生命至上 严谨细致 | 谨小慎微防止差错,细心负责敬畏生命 | 案例教学法 小组讨论法 |
| 第十四章 静脉输液与输血 | 静脉输血 | 无私奉献 家国情怀 社会责任 爱岗敬业 | 热血守护生命,传递人间温情 | 案例教学法 课堂讨论法 启发式教学法 |

续表1

| 章名称 | 课程思政融入点 | 思政目标 | 案例资源 | 教育方法和载体途径 |
|---|---|---|---|---|
| 第十五章 标本采集 | 常用标本的采集方法 | 制度自信 社会责任 创新精神 奉献精神 | 一份"核酸"报告的诞生 | 课堂教学法 |
| | | | 小发明发挥大作用 | 启发式教学法 |
| 第十六章 病情观察及危重症患者的抢救和护理 | 常用抢救技术 | 文化自信 守正创新 | 祖国医学急救技术——心肺复苏术 | 比较教学法 |
| 第十七章 临终护理 | 临终关怀概述 | 勇于探索 以人为本 大医情怀 爱国意识 民族自豪 | 勇于探索,催生崭新学科——中国临终关怀之父 | 案例教学法 |
| | 临终患者心理护理 | | 提升人文素养,助力全方位、全周期健康服务 | 讲授法 |
| 第十八章 医疗与护理文件 | 医疗与护理文件记录的原则和管理要求 | 严谨求实 法律意识 | 疫情之下,他们在病历中书写无悔答卷 | 案例教学法 课堂讨论法 启发式教学法 |

注:教学内容参照杨巧菊.护理学基础.4 版.北京:中国中医药出版社,2021.

## 三、课程思政案例

### 案例一　从政策中看方向,从专业中悟政策

1.课程思政融入点　第一章课程地位和基本任务。

2016 年 10 月 25 日,中共中央、国务院发布了《"健康中国 2030"规划纲要》(以下简称《纲要》),党中央、国务院高度重视人民健康工作,习近平总书记指出,健康是促进人的全面发展的必然要求,是经济社会发展的基础条件,是民族昌盛和国家富强的重要标志,也是广大人民群众的共同追求。建设健康中国以"共建共享、全民健康"为战略主题,核心是以人民健康为中心,以改革创新为动力,预防为主,中西医并重,把健康融入所有政策,推动人人参与、人人尽力、人人享有,落实预防为主,推行健康生活方式,减少疾病发生,强化早诊断、早治疗、早康复,实现全民健康。《纲要》坚持以人民健康为中心,站在大健康、大卫生的高度,紧紧围绕健康影响因素(包括遗传和心理等生物学因素、自然与社会环境因素、医疗卫生服务因素、生活与行为方式因素)确定了其的主要任务等。

2.思政案例育人成效　通过对《"健康中国 2030"规划纲要》政策的解读,培养学生弘扬"敬佑生命、救死扶伤、甘于奉献、大爱无疆"的医者精神和职业素养,树立全心全意为人民服务的职业信念,为维护和保障人民群众健康保驾护航的责任担当,同时帮助学

生自觉认同所学专业,不放弃对专业的追求。

3.教学方法、教学模式

(1)案例教学法:通过此案例的导入,彰显国家对健康事业的重视,激发学生的专业认同感和职业成就感,也进一步激发学生奋力向上、积极进取的学习热情。

(2)课堂讨论法:通过对《"健康中国2030"规划纲要》的简要解读,组织学生进行课堂讨论。在"共建共享,全民健康"的大环境中,我们如何发挥专业优势,向身边人普及健康知识,以哪些形式普及健康知识效果更好。通过课堂讨论,使学生增强专业意识,同时也教会学生如何做好健康教育,引导学生更好地利用专业优势维护人民健康。

(3)启发式教学法:以《"健康中国2030"规划纲要》为出发点,启发学生如何在政策中看到自身专业的发展,从而有效地发挥个人价值。让学生在国家政策中体会到所学专业未来的发展方向,从而在所学专业的某一领域内深入学习,有所建树,并推动专业和学科的发展。

## 案例二 建设生态家园——绿水青山就是金山银山

1.课程思政融入点 第二章第一节环境与健康。

在2018年5月18日召开的全国生态环境保护大会上,习近平总书记进一步指出:绿水青山就是金山银山。阐述了经济发展和生态环境保护的关系,揭示了保护生态环境就是保护生产力、改善生态环境就是发展生产力的道理,指明了实现发展和保护协同共生的新路径。"绿水青山就是金山银山"内涵丰富、思想深刻、生动形象、意境深远,是习近平生态文明思想的标志性观点和代表性论断。

对"绿水青山"与"金山银山"关系的深刻认识,正是源于习近平总书记长期对生态文明建设的实践与思考。20世纪80年代,他在河北正定工作的时候,就提出了"宁肯不要钱,也不要污染"的理念;在福建工作期间,他五下长汀,走山村、访农户、摸实情、谋对策,大力支持长汀水土流失治理,经过十几年的努力,长汀实现了从荒山到绿洲再到生态家园的历史性转变。

2.思政案例育人成效 结合国家提倡的环境保护战略——"绿水青山就是金山银山",引导学生重视生态保护。

3.教学方法、教学模式 讲授法:通过图片展示、视频播放等方式讲授国家对环境保护的政策,加深学生对国家提倡的环境保护战略的理解,引发学生对环境保护的思考,培养学生的生态保护意识。

## 案例三 中国速度——和时间赛跑,10天一座医院

1.课程思政融入点 第三章第一节医院感染概述。

2020年1月23日下午,武汉市城建局紧急召集中建三局等单位举行专题会议,要求参照2003年抗击严重急性呼吸综合征期间北京小汤山医院模式,在武汉职工疗养院建设一座专门医院——武汉蔡甸火神山医院。2020年1月24日,武汉蔡甸火神山医院相关设计方案完成;2020年1月29日,武汉蔡甸火神山医院建设进入病房安装攻坚期;2020年2月2日上午,武汉火神山医院正式交付解放军。2020年2月4日9点,武汉火

神山医院开始正式接诊新型冠状病毒感染的肺炎确诊患者。同日,国家医疗保障局宣布火神山医院已纳入医保定点,执行公立医院收费标准。

仅用 10 天时间,武汉火神山医院就拔地而起,雷神山医院也于 2 月 5 日建成。"火雷速度",凝结着广大建设者的心血与汗水,彰显了生命至上的价值理念。疫情形势复杂严峻,打赢这场生死攸关的阻击战,需要更多争分夺秒、雷厉风行的"火雷速度",把防控工作做细做实,用强大的执行力战胜疫魔。"火雷速度"凸显出社会主义制度的优越性和我国始终将人民的生命安全放在首位的理念。

2. 思政案例育人成效　通过讲述火神山医院建造过程,学生了解了中国速度,感悟社会主义制度的优越性,培养学生的家国情怀,增强社会主义道路自信、制度自信。

3. 教学方法、教学模式

(1)案例教学法:通过案例导入,学生认识到令人惊叹的中国速度背后,是一名名建设者日夜兼程的无怨劳作。他们的分秒必争,见证了中国人众志成城、齐心协力的力量,挺立起灾难面前不屈的脊梁,以及中国政府的领导力、组织力。

(2)启发式教学法:以火神山医院建设为启发点,让学生们通过查阅网络资料,分享医护人员在抗击疫情中舍生忘死、严谨慎独的抗疫事迹,让学生认识到医疗技术的发展促进了预防与控制感染管理更加高效和科学,以及中国各行业工作者在抗击疫情中的大无畏精神,培养学生在学习和临床工作中的科学精神和奉献精神。

### 案例四　创新力量——与疫情赛跑的"航天造"口罩机

1. 课程思政融入点　第三章第五节隔离技术。

新冠疫情发生后,口罩需求量激增,如何提升口罩的产能成了最大的难题,口罩机的性能水平和质量稳定性则是生产合格口罩的关键因素。航天科技六院 7103 厂及时关注口罩生产线动态,迅速布局技术跨界,火速组建技术团队,开展紧急攻关。在不到 1 个月的时间内成功研制出全自动、高水平、国内一流的"航天造"全自动、立体口罩生产线。

时间就是生命,"高效"成为口罩机研发的核心。7103 厂科技人员克服时间紧、任务重、配件供应难等困难,每天加班加点推进研发工作,不断优化完善设计方案。项目团队以"90 后"为主力军,在研制攻关的日子里,大家吃住在办公室,连夜奋战。6 人设计小组集思广益,边设计、边采购、边加工、边安排人员熟悉装配工艺,齐头并进,进行紧张的设备生产。在 4 天时间内,团队在原有图纸上对平面口罩机和智能 N95 口罩机制造方案进行完善优化。半个月后,他们完成了零件加工采购,装配调试出首批平面口罩生产线和全自动 N95 口罩机生产线。不到 1 个月时间,"航天造"口罩机跑出了战疫情的加速度!

极短的时间内,工厂研制生产的口罩机从无到有,顺利完成了跨行业设备研发生产。这得益于工厂多年沉淀的技术力量和在航天智能装备领域的不断探索,工厂雄厚的设备研发制造能力,再一次得到了验证。

2. 思政案例育人成效　讲述"航天造"全自动立体口罩生产线建造过程,激发学生的创新意识,提高学生勇于创新实践的积极性。不仅能激发学生的学习热情,提高学生对于专业知识学习的整体认识,同时培养学生的科技创新能力、社会责任感和民族使命感。

3. 教学方法、教学模式　案例教学法:通过案例导入,使学生认识到创新在引领经济社会发展中的重要地位,鼓励学生投入科研工作中,在创新实践中培养学生的探索兴趣和科学精神,激发学生的创新意识,培养不断探索的创新精神。通过学习航天科技六院在疫情面前,"跨界"研发口罩的精神,激发学生以国家和人民利益为先的家国情怀。

### 案例五  精益求精工匠魂,勇于创新攀高峰

1.课程思政融入点  第四章第一节患者入院的护理、第四章第四节患者出院的护理。

临床中为更好地促进患者休养,满足患者的住院需求,某医院开展了护理创新活动大赛,各个科室贴近临床,展示了各自的护理创新项目。如肿瘤内科接受奥沙利铂等特殊化疗药物治疗的患者,需避免患者肢体接触床栏、门把手等温度低的铁制品,否则会有神经毒性反应,如手、足和口周的突发感觉异常,甚至引起吞咽困难、呼吸困难、抽搐、牙关紧闭等异常。于是护士发明了"床栏防护套""门把手防护套",避免了患者肢体直接接触铁制品,得到了化疗患者的认可,凸显了对患者的人文关怀。另外,有科室发明了"夜光贴",在呼叫器及床头灯上贴夜光贴,极大地方便了患者。还有沙袋固定装置、尿管固定装置、出入院便利包……以小见大,对于从事严谨护理工作的我们,求实进取、精益求精非常重要,打破固有思维,培养匠心精神,善于思考,提升创新理念,促成创新成果在临床护理工作中的转化,以真正起到服务临床护理工作和满足患者需求的目的。

2.思政案例育人成效  通过创新大赛案例分享,激发护理专业学生的创新意识,提高勇于创新实践的积极性,推动护理科研创新工作。同时使学生认识到强化科研与创新方可引领学科发展,鼓励学生积极探索创新,提高专业水准,为护理学专业的建设和发展贡献力量。

3.教学方法、教学模式

(1)启发式教学法:以临床中不断呈现的创新发明为例,启发同学明白护理学是一门应用型学科,必须在临床实践中不断地探索、创新与发展。基于患者需求,护理工作中的小发明、小创造层出不穷,新产品、新材料、新方法、新技术不断问世,既减轻了患者的痛苦,又方便了临床工作,提高了护理效率。作为护理工作者的后备军,同学们应树立创新意识,提升创新能力,通过不断的学习和实践,培养自己的观察能力和思考能力,成为创新型人才,在社会主义新时代、新征程中奋发有为、担当作为。

(2)小组讨论法:学生以小组为单位,围绕护理工作中如何创新这一中心问题,各抒己见。通过讨论或辩论活动,讨论在暑假的临床见习活动中,根据自己的见习经历,回顾临床中有哪些问题可以改进,有哪些新的思路或方法。激发学生的学习兴趣,提高学生学习的独立性和观察、思考能力。

### 案例六  做有温度的爱心护士,行有温度的优质护理

1.课程思政融入点  第六章第四节压力性损伤的预防和护理。

患者李某,女,80岁。因"头晕、复视、声音嘶哑",以"脑梗死"收治入院。患者神志清,精神差,言语不清晰、不会说普通话,生活不能自理,一级护理,持续吸氧、心电监护、鼻饲饮食,给予营养脑细胞、促进脑代谢等对症治疗。入院时全身水肿,双下肢尤为明

显,患者自述有瘙痒疼痛感,骶尾部皮肤有浆液性水疱,右侧外踝处皮肤瘀红 6 cm×8 cm,按压后可变白,布雷登(Braden)压疮危险因素预测量表评分为 15 分。

压力性损伤是指由压力或压力联合剪切力导致的皮肤和(或)皮下组织的局部损伤,通常位于骨隆突处。据有关文献报道,每年约有 6 万人死于压力性损伤并发症,大多数患者为老年人,且伴有其他并发症,病情复杂,病程时间长。为了减少被感染的概率,护理人员要至少每 2 小时帮他们翻一次身体,同时需给患者换药、皮肤消毒、切开引流、红外线照射、填充敷料、包扎……并运用新型无菌压疮敷料如水凝胶敷料等悉心照顾患者,这尤其需要护理人员的耐心和爱心。经过护士轻柔熟练、细致入微的护理,患者压力性损伤终于慢慢好转。

2.思政案例育人成效 做一名有温度的护士,要时刻关爱患者,急他们所急,想他们所想,帮他们所需。不但要用精湛的技术给他们提供高标准的护理和服务,更要在生活上全面关心他们、关爱他们,走到他们的身边,走进他们心里。通过角色扮演培养护生仁爱之心,让学生明白以生命赴使命,以大爱护众生,用专业知识为患者健康保驾护航。

3.教学方法、教学模式

(1)角色扮演法:以临床中真实病例为基础,设计压力性损伤情景模拟案例,围绕人文关怀、优质护理的理念,在设计上嵌入患者皮肤疼痛难忍、焦虑明显、方言明显并且听力受限导致沟通不良等,要求护理操作者关注患者的生理、心理状态及关怀需求。学生根据案例展开角色扮演,分小组进行护理操作。操作结束后,教师分别让护患双方反馈体验、感受,讨论在患者诉求、心理、生理、人文关怀等方面容易忽略的地方。

(2)启发式教学法:根据上述情景案例,教师通过简明、生动的口头语言向学生传授知识、发展学生智力。循序渐进地引导学生思考:这位患者发生压疮的可能原因有哪些?危险因素是什么?属于哪一类临床分期?如何治疗及预防?如何做好患者的心理护理和健康教育等内容。通过叙述、描绘、解释来传授知识、阐明概念,引导学生思考、分析和认识问题。在这一过程中,不断设置提问,促使学生勤于学习和思考。

### 案例七 时间就是生命,口对口“抢”回婴儿生命

1.课程思政融入点 第九章第四节呼吸的评估与护理。

2018 年 7 月 30 日晚 7 点左右,一名产妇在腹痛并紧急到医院的途中在车上生产,眼看着婴儿全身都发紫,在交警开道护送下,赶往兰州市第二人民医院急诊科。接到家属求救后,兰州市第二人民医院急诊科医生立即在门口等候。车门打开时,眼前的一幕让大家都惊呆了,只见婴儿全身青紫,无心跳和呼吸。兰州市第二人民医院急诊科尤银刚医生,在紧急情况下立即用嘴将婴儿口腔内的分泌物和误吸的羊水吸出,然后为婴儿实施胸外按压,并给婴儿进行口对口人工呼吸。急救十分钟后,随着一阵响亮的哭声,婴儿脸色逐渐转红润。与此同时,急诊科马上联系儿科医生,为婴儿开辟绿色通道。

2.思政案例育人成效 通过对尤银刚医生紧急情况下口对口吸出窒息婴儿口中羊水的案例,培养学生生命至上、救死扶伤及医者仁心、大爱无疆的医者精神。

3.教学方法、教学模式 课堂讨论法:引入尤银刚医生紧急情况口对口吸出窒息婴儿口中羊水的案例进行课堂讨论,引导学生思考以下问题:“如果我在场,我会怎么做?”

"尤银刚的哪些品质值得我学习?""在缺少吸痰设备条件下,还可以紧急采用哪种方法吸痰?"这样既引发学生兴趣,并自然融入思政内容,引导学生学习身边的榜样,潜移默化中培养学生生命至上、救死扶伤的医者精神,以及医护人员应该具备的社会责任感。

### 案例八　谨小慎微防止差错,细心负责敬畏生命

1. 课程思政融入点　第十三章第三节注射给药法。

患者刘某,女,35岁,因"左侧急性乳腺炎"收治入院。当天下午5点医生开出医嘱"0.9%氯化钠注射液250 mL+美洛西林3.0 g静脉注射,每天两次",并在临时医嘱上注明"美洛西林皮试"。责任护士小李为患者做了药物过敏试验后,发现患者皮试结果为阳性,报告值班医生后,医生停止了医嘱,并打印出了两天的退药单。护士小李撤下了当天的美洛西林组液体,但是没有将次日的液体撤下,因工作繁忙忘记了给其他护士交代此事。第二天早晨,早班护士配置了美洛西林组液体并放在了治疗车上。医嘱班护士小王无意中发现退药单和退药数量不符,查看医嘱后发现,该患者是美洛西林皮试阳性。此时液体已配置,但是还没有给患者使用,于是立即撤下并向上级做了报告。由于及时发现并制止,此事未对患者造成任何伤害,也未造成任何医疗纠纷。

在安全给药的原则中,严格执行"三查七对"制度至关重要,尤其对于容易引起过敏反应的药物,使用之前要按要求做药物过敏试验,结果阴性方可使用。如果遇到阳性反应,可能会发生过敏性休克,通常都发生突然且剧烈,若不及时处理,常可危及患者的生命,这更需要护士提高警惕,做好交班及病案的书写,确保安全正确给药。因此,在临床护理工作中,各级护理人员都须具备慎独的精神,良好的沟通能力及高度的责任心,确保患者安全落到实处。

2. 思政案例育人成效　结合"由于过敏试验阳性,但没有及时告知而险些导致差错事故"的案例,培养学生树立安全给药的意识,引导学生敬畏生命、生命至上、严谨细致等职业品质与职业要求。

3. 教学方法、教学模式

(1)案例教学法:以临床中护士较为典型的用药错误,或因个体没有严格遵守查对制度而引起的差错事故等典型案例,引导学生从中吸取教训,发挥警示教育的作用。使学生牢记安全用药的必要性和重要性,加强相关教育,做到细心、耐心、责任心,促进学生具备良好的职业道德;另外,培养学生慎独的职业精神,避免护理工作中的差错事故,尤其是在差错的高危环节,应注意严格按照护理制度和操作流程工作,以避免差错事故的发生。

(2)小组讨论法:组织学生以小组为单位,讨论分析下列问题。本案例发生的原因是什么? 这事件对我们护理专业同学有何警示作用? 今后工作中遇到此类事件应该怎样处置? 作为一名临床护理工作者,应该如何预防用药不良事件的发生? 应重点加强哪些环节的监控? 通过讨论使同学们认识到安全用药的重要性。同时培养学生勤于学习、善于思考,利用所学知识提高理论联系实际的能力,树立学生严谨的工作态度和负责认真的工作作风。

## 案例九 热血守护生命,传递人间温情

1. 课程思政融入点 第十四章第二节静脉输血。

李慧文,广东省韶关市中心血站退休干部,获"全国无偿志愿献血金杯奖",3次荣获"全国无偿献血促进奖",11次荣获"全国无偿献血奉献奖金奖",2次荣获"全国无偿献血志愿服务终身荣誉奖",获"第八届全国道德模范提名奖(助人为乐)",是"全国先进工作者"和中国无偿献血领军人物。

1989年,李慧文从医院调到韶关市中心血站工作。当第一次看到体检合格的献血者挤在采血室门口却不敢献血时,他深深地感到推动无偿献血工作的重要性。此后,李慧文坚持每年定期无偿献血,每隔3个月就无偿捐献一次400 mL全血;定时捐献单采血小板,从最初每年捐献12次,到后来一年捐献单采血小板24次,30多年无间断,他累计无偿献血430多次、17万 mL;为广泛宣传献血,李慧文刻苦钻研业务,先后撰写并发表科普类文章300多篇,出版著作、编著和译著20多卷本,累计300多万字,带动了一大批无偿献血者和献血志愿者。

为了国家有关部门研究和修改相关法规提供依据,他自愿进行高龄试验性无偿献血,他年满60周岁后,仍然坚持定期无偿献血,"活着做推动无偿献血的标兵,死后作医学研究的标本,以自己的实际行动促进科学发展和社会文明进步"。

2. 思政案例育人成效 结合"第八届全国道德模范提名奖"获得者李慧文的事迹,培养学生无私奉献、助人为乐的家国情怀和社会责任感,以及医护人员救死扶伤、爱岗敬业的职业素养。

3. 教学方法、教学模式

(1)案例教学法:引入"第八届全国道德模范提名奖"获得者李慧文的典型事迹,以李慧文"热血守护生命""终身奉献医学科学"的人间大爱吸引学生对静脉输血内容的学习兴趣,并使学生认识到人道、博爱、奉献的精神实质,以及医务工作中的科学精神,激发学生主动投入无偿献血事业,宣传无偿献血,以点滴力量"传递人间温情"。

(2)课堂讨论法:通过分享李慧文无偿献血、宣传无偿献血的案例,组织学生进行课堂讨论。包括是否愿意进行无偿献血、是否愿意发动其他人进行无偿献血、无偿献血对挽救生命的重要性。通过课堂讨论,学生感同身受,认识到义务献血在救死扶伤、挽救生命中的重要作用,引导学生树立无私奉献、助人为乐的奉献精神和社会责任感,以及生命至上的职业情感。

(3)启发式教学法:以李慧文捐献全血、捐献血小板为启发点,启发学生思考成分血的优点、血液制品的种类、输注不同血液制品的操作方法,让学生在思政案例中探求专业知识,认识到科学技术的发展促进了更加高效和科学的血液管理,使学生在学习和临床工作中树立科学精神和严谨求实的职业素养。

## 案例十 一份"核酸"报告的诞生

1. 课程思政融入点 第十五章第二节常用标本的采集方法。

采集核酸标本后,人们就焦急地在手机上查询检测结果,因为很多人认为,核酸采样

后,直接用机器检测很快就能出结果了。其实,从采样护士在鼻部或咽部"轻捻慢拢"后,后续还有很多我们所不知的辛苦和危险工作。事实上,在这看似轻松的背后,还凝聚了社区工作人员、志愿者、基因扩增实验室(PCR实验室)检验人员的大量工作。一份核酸报告的诞生要经历采样、标本转运、标本签收、核酸提取、核酸转移、核酸扩增、结果审核……向你飞奔而来的报告背后是汗水和医务人员与新冠病毒"擦肩而过"的危险。

核酸检测时,我们看到了人民在政府号召下有序进行核酸检测的队伍,看到了医护人员在风雪和酷暑中在街头采集核酸标本的辛劳,看到了社区工作人员和志愿者的无私奉献,还有我们看不到的实验室核酸检测人员的超负荷工作……新冠疫情防控离不开社会每一份子的贡献!

2.思政案例育人成效　通过让学生了解核酸标本从采集标本到出报告的整个过程,认识到医务人员在新冠感染疫情防控中付出的汗水和无私的奉献,让学生感受到医务人员的社会责任和使命感,认识到中国新冠感染疫情防控中,每个岗位、每位民众的默默奉献,正是全国人民同心协力,才取得疫情常态化防控的成绩,使学生感受中国特色社会主义制度的优越性。

3.教学方法、教学模式　课堂讨论法:在案例学习中,组织学生进行课堂讨论。如:我在酸检测中能做些什么?让学生在讨论中认识到核酸检测对当时维护新冠疫情稳定的重要性,并鼓励同学们积极参与新冠核酸疫情防控工作,增强学生的社会责任感。

### 案例十一　小发明发挥大作用

1.课程思政融入点　第十五章第二节常用标本的采集方法。

核酸标本中,采样棒存在难折断的问题,医护需要依靠盖子折断采样拭子的头部,这一操作看似简单,但折断过程中有可能发生飞溅,存在感染风险,而且也可能因为采样棒难折断而耽误时间,而且这个动作一个班次下来就得重复数百次。

为降低标本飞溅外漏的风险,降低职业暴露感染发生率,缩短核酸采集的时间,广州市番禺区中心医院急诊科护士叶根、梁煜贤一起发明了一种新型的采样管,在采集管管口设计4个卡口,并重新设计螺帽保证密封性。他们表示,设计灵感是始于临床的,最终将灵感孵化、转化出来,希望为临床服务、为社会服务,为疫情防控做贡献。

2.思政案例育人成效　通过在教学中引入临床护理人员对核酸采集管设计的改造,大大提高临床工作效率、降低职业感染的风险,帮助学生树立评判性思维和创新意识。

3.教学方法、教学模式　启发式教学法:在教学中引入对临床护理用品改进的案例,让学生认识到在临床工作中发现问题、解决问题的重要性,从案例中启发思维,根据课程所学知识和临床预实习、见习经历,尝试创新临床护理用品,培养学生的创新精神和意识。

### 案例十二　祖国医学急救技术——心肺复苏术

1.课程思政融入点　第十六章第三节常用抢救技术。

心肺复苏术作为一项抢救生命的重要操作技术,每一位医护专业学生都能熟练掌握。1960 年 Kouwenhoven 等报道了利用胸外按压方法挽救患者生命,标志着现代胸外按压术的开始。1974 年美国心脏病协会开始颁布心肺复苏指南。人类对心搏、呼吸停止抢救有悠久的历史,我国古代医学著作中,自东汉时期《伤寒杂病论》中就有最早心肺复苏急救技术的记载,用于抢救自缢、溺死患者。

《金匮要略》杂疗方第二十三记载:"徐徐抱解,不得截绳,上下安被卧之。一人以脚踏其两肩,手少挽其发,常弦勿纵之。一人以手按据胸上,数动之。一人摩捋臂胫,屈伸之。若已僵,但渐渐强屈并按其之,并按其腹。如此一次顷,气从口出,呼吸眼开而犹引按莫置,亦勿劳苦之。"这是世界上最早的关于胸外心脏按压的复苏抢救技术最清晰详细的记载,时间早于西方 1 000 多年(1771 年,Tossach 发明成人口对口人工呼吸)。

晋代葛洪《肘后备急方》中救方曰:"徐徐抱解其绳,不得断之,悬其发,令足去地五寸许,塞两鼻孔,以芦管内其口中至咽,令人嘘之。有顷,其腹中碌碌转,或是通气也,其举手捞人,当益坚捉持,更递嘘之。若活了能语,乃可置。若不得悬发,可中分发,两手牵之。又方:皂荚末,葱叶吹其两鼻孔中,逆出,复内之。"对自缢患者的抢救中,在抢救环境、用药、人工呼吸等方面都有了较大发展。之后中国历代医学著作中都有心肺复苏术相关记载,发展至清代的心肺复苏技术日渐正规和完善,并广泛传播到海外,被国外的医学家们所接受及应用(如日本、朝鲜等),最终促成了后世心肺复苏术的更大发展。

2. 思政案例育人成效　通过了解现代心肺复苏现状和我国古代医学中关于心肺复苏的记载,让学生认识中国传统医学对心肺复苏术形成和发展的贡献,树立中医药文化自信,并在心肺复苏发展史中认识到中医药事业发展中守正创新的重要性。

3. 教学方法、教学模式　比较教学法:引入《伤寒杂病论》和《肘后方》中关于心肺复苏抢救技术的原文描述,让学生对现代心肺复苏技术与古代心肺复苏技术,比较现代心肺复苏技术对我国古代心肺复苏技术的相似和借鉴内容,使学生在比较中认识到中医药文化的灿烂和辉煌史,树立中医药文化自信。同时在比较中,认识到中医药发展中不仅需要传承,还需创新,中医药事业需要在守正创新中焕发更多的活力。

### 案例十三　勇于探索,催生崭新学科——中国临终关怀之父

1. 课程思政融入点　第十七章第一节临终关怀概述。

崔以泰,天津医科大学教授。1988 年崔以泰主持建立了中国第一家临终关怀研究中心并任主任;1990 年主持建立了我国第一家临终关怀病房;1993 年主持建立了中国心理卫生协会临终关怀专业委员会并任主任委员,被誉为"中国临终关怀之父"。其著作包括《临终关怀学》《国人对死亡和濒死的态度》等。

退休后,他为适应我国社会老龄化趋势和临终患者的迫切需求,于 2001 年又被聘为李嘉诚基金会天津市第一中心医院宁养院院长。在有关领导和医护人员的积极努力下,先后为 4 000 多名贫困的晚期癌症患者免费送医送药,同时还为住院的 2 000 余名临终患者服务,解除他们的癌痛和心理创伤。使临终患者舒适、无痛苦、安详、有尊严地离开人间,实现了"化爱心为晚霞的辉煌"。他说:"让人们最后的旅程仍然是光辉灿烂的,人虽然哭着来到世界,要让他们笑着离开人间。"

2.思政案例育人成效 结合中国"临终关怀之父"崔以泰教授事迹探索我国临终关怀之路,培养学生勇于探索、"以人为本"的人文精神与大医情怀。

3.教学方法、教学模式 案例教学法:以中国"临终关怀之父"崔以泰教授为典型案例的引入,结合层层深入的提问,既涵盖了临终关怀在我国的发展历程,又能启发学生思考,同时自然融入了思政内容,引导学生思考临终关怀的意义、理念,及其背后所蕴含的对生命的关爱之情、仁爱之心。

### 案例十四 提升人文素养,助力全方位、全周期健康服务

1.课程思政融入点 第十八章第三节临终患者心理护理。

《十九大报告》指出"人民健康是民族昌盛和国家富强的重要标志,要完善国民健康政策,为人民群众提供全方位全周期健康服务"。新中国成立后特别是改革开放以来,我国卫生健康领域改革发展成绩显著,城乡环境面貌明显改善,全民健身运动蓬勃发展,医疗卫生服务体系日益健全,人民健康水平和身体素质持续提高。全周期就是从围生期保健到生命的最后历程——临终。不仅要达到优生、还要实现优死。

冰心说:"爱在左,同情在右,走在生命的两旁,随时播种,随时开花,将这一径长途点缀得香花弥漫,使穿枝拂叶的行人,踏着荆棘,不觉得痛苦,有泪可落,却不觉得悲凉。"作为生命与健康的守护神,让我们去爱这个世界,爱我们身边的人,爱我们护理的每一位患者,用自己的心去播撒爱的种子。愿每位临终患者都能得到最温柔、最智慧的关怀,安详、无憾地走完人生旅程。

2.思政案例育人成效 通过引入十九大报告中关于人民健康的论述,引发同学们的爱国热情和幸福感,从而增强职业责任感和使命感;同时,通过引用冰心的话语,培养学生"共情-沟通-关怀"一体化的临床人文胜任力。

3.教学方法、教学模式 讲授法:通过对十九大报告中"人民健康是民族昌盛和国家富强的重要标志,要完善国民健康政策,为人民群众提供全方位全周期健康服务"的引入,引导学生关注国家大政方针,为健康中国战略贡献自己的力量。同时,将"全周期"健康服务引入本节课的内容,引发同学们的爱国热情和幸福感。通过课堂朗诵冰心的名句,升华学生感情,为课堂教学注入活力,培养学生的医学人文素养。

### 案例十五 疫情之下,他们在病历中书写无悔答卷

1.课程思政融入点 第十八章第一节医疗与护理文件记录的原则和管理要求。

2022年3月,疫情再次卷土重来,"黑暗"笼罩在吉林省的上空。随着方舱医院患者数量增加,病历书写也成了困难。

2022年3月29日零点起,长春市中医院东部医生们在卡伦方舱医院1、2号舱总指挥、副院长杨启光和副总指挥、护理部主任沙菲的领导下,组建成舱内病历组,由焦志玲主任负责,朱璐璐、王宁做小组长,组员有贺琳琳、石亚利、许晓敏、牛莉莉、王海滨、张洪全、于海龙。其主要任务是负责1 032名患者的病历书写。因方舱网络信号差,还要适时查缺补漏,不停地和舱内外医护、其他工作人员、患者电话及微信沟通,统计各种数据及时上报,确保病历记录的准确性、及时性、完整性、简要性和规范性。其间,最棘手的就是

短期内高强度的传染病申报卡的填报。焦志玲坚定地说："办法总比困难多,我们一定能解决困难!"就这样,各小组内外配合,连续多日加班加点,夜以继日,克服了重重困难,圆满完成了一个个艰难的任务。他们不辞辛苦,付出太多!终于顺利迎来了4月17日的休舱。

病毒无情,人有情,处于无声的战场,这里就是他们的阵地,只要人民召唤,他们将紧随党的步伐,义无反顾地为人民服务。

2. 思政案例育人成效　结合"疫情之下,他们在病历中书写无悔答卷"的典型事例,同时引入《医疗事故处理条例》有关医疗文件记录的要求,培养学生慎独、谨慎、求实的工作态度和奉献精神。

3. 教学方法、教学模式

(1)案例教学法:引入"疫情之下,他们在病历中书写无悔答卷"的典型案例,结合《医疗事故处理条例》有关医疗文件记录的要求,引导学生应重视医疗与护理文件的记录,提高自身素质,保持严谨的工作态度,增强执行法律、法规、规章、规范的自觉性。

(2)课堂讨论法:通过分享疫情之下,长春市中医院的医生们克服重重困难完成病历的书写,同时引入《医疗事故处理条例》有关医疗文件记录的要求,组织学生讨论:如果你在方舱医院,如果没有足够时间完成病历书写,该怎么办? 如何在工作中保证病历书写及时、准确、完整、简要规范? 通过课堂讨论,学生感同身受,明确工作中医疗与护理文件记录的重要性,学生在学习和临床工作中维护和尊重患者的权利,保持严谨求实的工作态度,增强法制观念,规范做好病历记录,切实保护医患双方的合法权益,有效防范医疗纠纷的发生。

(3)启发式教学法:以长春市中医院的医生们克服重重困难完成病历的书写为启发点,启发学生思考为什么要成立病历组及患者病历对疾病诊治的作用。让学生在思政案例中探求专业知识,明确医疗与护理文件记录的意义及重要性。使学生在学习和临床工作中具有一丝不苟的工匠精神,慎独、谨慎、求实的工作态度,塑造在临床护理工作中护士的法制观念和法律意识。

# 第二章
# 内科护理学

## 一、课程概要

### (一)课程简介

内科护理学是护理学专业的一门必修课程和核心课程,与其他专业基础课程、临床课程联系广泛。该课程是关于认识常见内科疾病及其预防和治疗、护理患者、促进康复、促进健康的学科。本课程要求学生全面系统地掌握内科护理学基本知识、基本技能,具备运用现代护理观实施整体护理的意识及能力,能够运用护理程序对患者进行整体护理,对常见内科急、重症患者进行诊疗配合,规范进行专科护理技术操作。工作中体现出爱心、耐心、细心、责任心的职业情感与职业态度。通过课程思政元素的融入,培养学生的家国情怀、道德情操、创新意识及严谨求实的职业素养和科学精神。

### (二)课程目标

**1.知识目标**

(1)掌握内科常见疾病患者的临床表现、治疗原则、护理评估、护理措施、健康教育。

(2)熟悉内科常见疾病的病因、辅助检查、诊断要点、常用药物种类及注意事项。

(3)了解内科常见疾病的发病机制、鉴别诊断、前沿诊疗技术等。

**2.能力目标**

(1)能运用护理程序对内科常见疾病患者进行正确评估,提出护理问题,并制定相应护理措施。

(2)能对内科急、重症进行观察、评估,具备对内科常见急、重症的配合抢救能力。

(3)能分析内科常见疾病患者的心理需求,提供适当的心理护理。

(4)能对内科常见疾病患者提供有效的健康指导。

**3.情感目标(思政目标)**

(1)引导学生树立科学的世界观和人生观,热爱祖国,热爱护理专业,养成良好的职业素质和行为习惯。

(2)引导学生关爱生命,尊重护理对象,培养人道主义精神和全心全意为护理对象提供健康服务的专业精神。

(3)培养学生的科学精神、慎独修养、严谨求实的工作态度和符合职业道德标准的职业行为,培养学生的团队协作及创新精神。

（4）培养学生严谨勤奋的学习态度，努力学习专业知识，为将来临床工作奠定坚实基础。

## 二、课程思政教学资源计划表

内科护理学课程思政教学资源计划见表2。

表2　内科护理学课程思政教学资源计划

| 章名 | 课程思政融入点 | 思政目标 | 案例资源 | 教育方法和载体途径 |
|---|---|---|---|---|
| 第二章　呼吸系统疾病患者护理 | 肺炎概述 | 文化自信 爱国情怀 爱岗敬业 职业素养 制度自信 社会使命感 | 用"中国方案"抗击疫情 | 翻转课堂 小组讨论法 |
| | 肺部感染性疾病患者的护理 | | 白衣执甲，"黑眼圈"逆行者 | 案例教学法 角色扮演法 |
| | 肺结核患者的护理 | | 防治肺结核，国家有政策 | 头脑风暴法 第二课堂 |
| 第三章　循环系统疾病患者护理 | 冠状动脉粥样硬化性心脏病概述 | 家国情怀 职业素养 科学精神 创新意识 理想信念 职业认同 | 一辈子研究一颗"心" | 案例教学法 影视片段导入 |
| | 心绞痛患者的治疗 | | 硝酸甘油的前世今生 | 案例教学法 启发式教学法 |
| | 心肌梗死患者的急救 | | 争分夺秒，抢救心肌 | 案例教学法 |
| 第四章　消化系统疾病患者护理 | 消化性溃疡 | 科学精神 高尚情操 职业素养 | 幽门螺杆菌的发现过程 | 案例教学法 |
| | 急性胰腺炎 | | 生命至上，患者第一 | 案例教学法 |
| 第五章　泌尿系统疾病患者护理 | 尿路感染——尿潴留患者的护理 | 文化自信 职业素养 科学精神 | 孙思邈葱管导尿法 | 启发式教学法 小组 |
| 第六章　血液系统疾病患者护理 | 白血病 | 文化自信 创新精神 | 砒霜变良药，治癌显神效 | 小组讨论法 文献分享法 |

注：教学内容参照尤黎明.内科护理学.7版.北京：人民卫生出版社，2022.

## 三、课程思政案例

### 案例一 用"中国方案"抗击疫情

1.课程思政融入点 第二章第四节肺炎概述。

"人民英雄"国家荣誉称号获得者、中国工程院院士、天津中医药大学校长张伯礼,通过中西医结合、中西药并用,将"中国方案"应用于抗击新冠疫情。这位召之即来、来之能战、战之能胜的"人民英雄",心中最惦念的永远是患者。"国有危难时,医生即战士。宁负自己,不负人民!"他在抗击"非典"立下的铮铮誓言在新冠疫情发生后又一次兑现。

2020年1月27日,农历大年初三,正在天津指导疫情防控工作的张伯礼临危受命飞赴武汉。深入了解情况后,张伯礼和专家组认为,要迅速采取措施,对疑似、发热、密接和确诊四类人,进行分类管理、集中隔离。还要采用"中药漫灌"的方式,让患者普遍服用治湿毒疫的中药汤剂。在张伯礼看来,整建制承包方舱医院,按中医的理论指导治疗,可以观察出中医药疗效特点和规律,更好地指导治疗。2020年2月12日,他率领来自天津、江苏、湖南、陕西、河南等地的350余名医护人员组成中医医疗团队,进驻武汉市江夏方舱医院。

看舌象、摸脉象……张伯礼白天指导临床会诊巡查病区,晚上召集会议研究治疗方案。在张伯礼的推动下,中医药全过程介入新冠病毒感染的救治。武汉16家方舱医院累计收治患者超过1.2万人,每个方舱医院都配备了中医药专家,同步配送中药方剂,中药使用率达90%。

截至2020年3月10日休舱,江夏方舱医院总共收治的564名患者中无一例转为重症,无一例复阳。2020年3月19日,武汉新增确诊病例、新增疑似病例、现有疑似病例首次全部归零。中西医结合,中西药并用,在新冠疫情防控中,中医药人守正创新、传承精华,交出一份漂亮的答卷。疫情防控期间,国家中医药管理局先后与意大利、德国、日本等几十个国家和地区交流中国的中医药诊疗方案、有效方药和临床经验。

2.思政案例育人成效 通过张伯礼院士抗疫期间带领医务人员采用"中国方案"治疗新冠病毒感染者,学生进一步认识到中医中药在治疗疾病和维护人类健康中发挥的重要作用,增强学生的文化自信及爱国情怀。

3.教学方法、教学模式

(1)翻转课堂:在讲授肺炎患者的护理时,让学生课下自学病毒性肺炎的治疗,课堂进行小组汇报。总结病毒性肺炎的临床特点、治疗原则及措施,涉及新冠病毒感染者治疗方法时,提醒查阅国家卫健委印发《新型冠状病毒肺炎诊疗方案(第十版)》,查阅关于中医药治疗的新闻报道,通过张伯礼院士在抗击新冠疫情中坚持中国智慧和中国方案,激励学生任何时候都应该坚持"道路自信"和"文化自信"。

(2)小组讨论法:通过分组讨论新冠病毒感染的防治方案,进一步了解中医药在疾病防治中的应用,增强文化自信;通过讨论张伯礼院士在抗击新冠疫情中的先进事迹,激发同学们献身医学事业的热情和动力。

## 案例二　白衣执甲，"黑眼圈"逆行者

1. 课程思政融入点　第二章第四节肺部感染性疾病患者的护理。

朱海秀,1997年8月出生,是河南中医药大学护理学院2015级护理学(民族传统体育与保健英语方向)学生,中共党员。在校期间,她勤奋好学,成绩优异,连续三年获"国家励志奖学金"。热爱体育,担任学生会体育部副部长、班级体育委员、护理学院"精武协会"会长,并获多项武术比赛奖项。她思想进步、积极乐观、热心公益,是一名德、智、体、美、劳全面发展的学生。2019年7月以优异的成绩毕业,之后到中山大学附属第三医院从事临床护理工作。

2020年1月24日,面对突如其来的疫情,毕业刚半年的朱海秀主动请缨报名参加该院医疗队,投身武汉防疫一线,成为中山大学附属第三医院支援武汉战"疫"中年龄最小的逆行者。在武汉抗击疫情的一线,连续奋战,再加上工作强度和压力较大,她有着重重的黑眼圈。当央视《新闻联播》记者采访她,让她在电视镜头前向爸妈报平安时,她婉言谢绝:"我不想哭,哭花了护目镜就不能做事了,对不起……"朴实的话语,让全国人民都记住了这位黑眼圈的大眼睛姑娘。

2020年2月15日,央视《新闻联播》用镜头讲述了朱海秀在抗疫一线护理患者最普通,却也最有力量的几个故事。这名已有3年党龄的90后女孩,用她的活力、善良、朴实、勇敢、奉献、担当,彰显了新时代河中医人"为国担难,为民尽责"的使命和担当,更让青春在战"疫"中熠熠生辉。

2. 思政案例育人成效　结合朱海秀在抗疫一线照护患者的记录视频,帮助学生了解肺部感染性疾病患者的主要护理问题及相关措施,同时通过朱海秀等抗疫英雄人物事迹,帮助学生认识到护理专业在抗击疫情中的重要作用,提升学生职业价值感和认同感。

3. 教学方法、教学模式

(1)案例教学法:以援鄂先进青年典型朱海秀的视频为典型案例,结合引导式提问,引导学生思考肺部感染性疾病患者的主要护理问题及护理措施,既涵盖了知识内容,又能启发学生思考,同时自然融入了思政内容,帮助学生了解护理人员在抗击疫情中的重要作用,以及体现出的敬畏生命、关爱患者的职业素养。案例最后组织学生对朱海秀援鄂期间夜以继日的工作状态发表感想,学习其无私奉献、临危受命的责任感和逆行的大无畏精神。

(2)角色扮演法:组织学生以小组为单位,模拟朱海秀照护患者的一天,通过观看视频,转换角色,进行角色扮演,让学生将所学的肺部感染性疾病患者护理问题及护理措施应用于情景模拟实践中,并拍成小视频观看反思,自然地将以患者为中心、不畏艰辛等思政元素进行融入。通过角色扮演和小组讨论,帮助学生更深入地理解肺炎患者护理的相关知识,更好地理解抗疫一线护理人员的辛苦,激发学生职业认同感和使命感。

## 案例三　防治肺结核,国家有政策

1. 课程思政融入点　第二章第六节肺结核患者的护理。

肺结核是一种古老的传染病,曾有"十痨九死"之说,被称为白色瘟疫。新中国成立

初期,我国结核病疫情非常严重,缺乏流行病调查资料,而防治工作主要在城市、企业、事业单位开展。1965 年开始试点组织防疫工作队。建立农村合作医疗后,逐渐将工作重心转向农村。1984 年卫生部下发《全国肺结核病防治工作暂行条例》,倡导建立县级防痨机构。随着督导化疗(directly observed treatment,short-course,DOTS)的不断推广,我国政府自 1992 年利用世界银行贷款开展了第一个疾病控制项目——传染病地方病控制项目,其中的结核病控制项目在 13 个省 1 161 个县中实施,对全部传染性肺结核病实行免费治疗和督导化疗,取得了显著成效,并与世界卫生组织专家共同研讨,把原先的督导化疗发展为目前世界卫生组织在全球推广的督导化疗策略。2001 年开始,我国对涂阳肺结核和重症涂阴肺结核患者实行免费治疗政策。2005 年全面对涂阴肺结核实施免费治疗。2006 年我国根据 WHO 对肺结核的应对策略升级做了相应更新,增加了对艾滋病病毒/结核分枝杆菌(HIV/TB)双重感染和耐多药结核病(MDR-TB)的内容,现代化结核病控制策略取得了一定成效。

目前,肺结核的疑似患者在全国的结核病定点医院初次就诊时可以得到免费的胸部 X 射线检查和痰涂片检查。在确诊后,非利福平耐药肺结核患者可以得到国家统一提供的一次免费抗结核药物。在各省或者省内各县之间流动的肺结核患者,提供在当地的常住居住证明后,可以不受户籍的限制,享受和当地居民一样的优惠政策。国家基本公共卫生服务对肺结核患者提供管理咨询。

经过一代代结核病防治工作者和社会各界的共同努力,我国的肺结核防治事业取得了巨大胜利,但不容忽视的是,我国仍是全球排名第二的结核病高负担国家,耐药结核疫情仍然严峻,尤其是西部地区和农村地区的结核疫情亟待进一步控制。总之,我国结核病防治工作者将薪火相传,以"不破楼兰终不还"的拼搏精神,拿出中国数据、中国方案,在世界上发出中国声音,和其他国家的同道齐心聚力,完成消灭结核病的历史使命。

2. 思政案例育人成效　结合我国肺结核防治历史及政策,让学生了解我国政府在世界防治肺结核工作中所起到的作用、付出的努力及当前防治的形势。增强学生制度自信,培养学生社会使命感、无私奉献的家国情怀及严谨求实、爱岗敬业的职业素养。

3. 教学方法、教学模式

(1)头脑风暴法:鉴于学生对传染病的认识,分组讨论在结核病防治中的举措,以及在社区、家庭延伸护理中的注意事项,培养学生爱岗敬业的职业素养。

(2)第二课堂:①通过查阅文献,寻找目前在肺结核防治工作中存在的一些问题,并尝试调查,提出相应对策。启发学生思考,培养学生严谨求实的职业态度。②进行社区调查,关于肺结核防治知识及防控政策的知晓情况。让学生认清现实,激发学生参与肺结核防治工作的热情及无私奉献的家国情怀和社会使命感。

### 案例四　一辈子研究一颗"心"

1. 课程思政融入点　第三章第七节冠状动脉粥样硬化性心脏病概述。

陈灏珠是我国工程院院士,"当代心脏病学之父"。1954 年他发表论文,在国内首先提倡用"心肌梗死"来命名这一疾病并沿用至今,成为目前我国心脏病学界公认的诊断称谓。他的科研与创新,为推动我国心血管病介入性诊治技术的发展做出了开拓性的贡献。他在我国率先施行左心导管、选择性染料和氢离子稀释曲线等检查,提高结构性心脏病的诊断水平。率先用电起搏和电复律治疗快速性心律失常;在国内开展第一例埋藏式起搏器的安置术,成功治疗完全性心脏传导阻滞患者。率先用活血化瘀法治疗冠心病并阐明其原理。1973 年 4 月在国内首先成功施行选择性冠状动脉造影,1991 年率先报告血管腔内超声检查,在冠心病诊断上具有里程碑式的意义。1974 年陈灏珠在临床工作中,通过仔细观察和分析,把治疗经验、文献知识与最佳证据结合起来,世界首创使用超大剂量异丙肾上腺素注射抢救"奎尼丁晕厥"(严重快速室性心律失常)成功,这种方法的推广应用,挽救了许多患者的生命。"勤学获新知,深思萌创意,实干出成果"是陈灏珠的座右铭。正是凭借这样的精神,他在医学事业上取得了令人瞩目的成绩。

2020 年 10 月 30 日,陈灏珠院士永远离开了我们。他一生为祖国的强大、国民身体素质的提高不懈奋斗,把毕生的热情投入救死扶伤的工作中。如今他虽然离开了,但他留给我们的精神力量,仍在鼓舞、鞭策着我们。

2. 思政案例育人成效 结合中国工程院院士、"当代心脏病学之父"陈灏珠院士生前的事迹,培养学生敢于创新、无私奉献的家国情怀及救死扶伤、勇担使命的职业素养。

3. 教学方法、教学模式

(1)案例教学法:在讲授"心肌梗死"相关内容时,分享中国工程院院士、"当代心脏病学之父"陈灏珠院士的生前事迹。结合陈灏珠院士的屡次创新,与学生一同回顾已学习的循环系统疾病章节相关内容,在串联知识框架的同时,启发学生思考,自然融入思政元素,引导学生思考医学创新对健康事业发展的作用,感悟医务人员应具备的救死扶伤、勇担使命的职业素养。

(2)影视片段导入:导入《"心脏病学之父"陈灏珠,一辈子研究一颗"心"》宣传视频片段,既能在视觉和听觉上给学生较强的感官刺激,吸引学生的注意力,激发其学习兴趣,也让学生在观看视频的同时,了解案例人物生前事迹并潜移默化地接受思想政治教育。

### 案例五 硝酸甘油的前世今生

1. 课程思政融入点 第三章第七节心绞痛患者的治疗。

硝酸甘油又称三硝酸甘油酯,俗称硝化甘油。它是一种黄色的油状透明液体,这种液体可因震动而爆炸,属化学危险品。在医药领域,它被稀释后制成 0.3% 硝酸甘油含片或气雾剂等,在临床主要用于缓解心绞痛。硝酸甘油的发现过程是非常具有传奇色彩的,硝酸甘油最早于 1846 年由意大利化学家索布雷洛在研究炸药的过程中发明合成。1867 年,阿尔弗雷德·诺贝尔发现极易挥发、爆炸性极强的硝酸甘油经硅藻土吸附后稳定性明显增加,从而研制出高稳定性、防误爆的安全炸药。1879 年,英国伦敦威斯敏斯特医院的威廉·莫雷尔首次将硝酸甘油用于心绞痛的治疗。如今,硝酸甘油已从兵工厂走向制药厂,成为冠心病患者改善缺血、缓解症状的常用药物。然而,硝酸甘油可谓是一把双刃剑,合理应用可迅速缓解心绞痛症状,应用不当反而会诱发心绞痛、低血压等不良反应。因此,冠心病心绞痛患者应正确合理应用硝酸甘油。

2. 思政案例育人成效　让学生了解硝酸甘油的发现过程,激发学生的学习兴趣和探索热情,训练学生的评判性思维,培养学生的创新意识和科学精神。

3. 教学方法、教学模式

(1)案例教学法:在讲授本章节心绞痛用药"硝酸甘油"相关内容时,引入硝酸甘油的发现过程这一案例,吸引学生的学习兴趣,阐述硝酸甘油用药护理的注意事项,同时以此案例启发学生思考,使之能够辩证地看待事物的发生与发展,激发学生的探索热情,培养创新意识和科学精神。

(2)启发式教学法:结合案例,课上组织学生讨论并分享案例给自己所带来的启示。课后让学生通过中国知网数据库,检索并下载文献《硝酸甘油的前世今生及其带给我们的启示》,对比文章分析与自己分析问题的视角有怎样的异同,启发学生多角度思考问题、分析问题,同时让学生熟悉文献检索的方法,提升科研兴趣。

## 案例六　争分夺秒,抢救心肌

1. 课程思政融入点　第三章第七节心肌梗死患者的急救。

中国医师协会出品的心肌梗死微电影公益短片《生命的选择》。电影按照一位男性心肌梗死患者发病后到得到抢救,脱离生命危险的时间顺序为线,展示了心肌梗死患者随时间推移的症状表现和心肌坏死程度,生动形象地传达了心肌梗死患者的抢救核心理念,牢记两个"120":及时拨打120急救电话和把握黄金救治120分钟。视频中患者发病后的每一次决策及救治结果,再次强调了心肌梗死急救要闯的三道关:第一道关,把握在患者自己手里,也是最关键的一关,有心肌梗死危险因素的人,出现胸痛等心肌梗死症状,一旦发病就应立刻停止任何活动,本人或亲属应立即拨打急救电话,送到胸痛中心,会是一路绿灯,比熟人通常要管用;第二道关,是指急救中心迅速出动救护车,将患者快速运往到有相关救治能力的医院;第三道关,则是患者来到医院后,急诊科、心脏科等相关专科医生迅速诊治,争取在发病120分钟内让患者接受再灌注治疗。

2. 思政案例育人成效　微电影公益短片《生命的选择》形象地展示了心肌梗死患者的发病前兆、临床表现和主要治疗方法及护理,帮助学生深入理解相关知识及内容,同时视频中患者每个小时的病情变化,让学生直观地了解心肌梗死发病后未能及时就医的危险性及严重后果,体会心肌梗死急救黄金120分钟内争分夺秒的急迫感。启发学生要刻苦学习,打好扎实的专业基础,保障在急救时为患者的生命争取更多的机会和时间,培养救死扶伤、生命至上、人民至上的理念和精神。

3. 教学方法、教学模式　案例教学法:以《生命的选择》中的心肌梗死患者为典型案例,引导学生思考心肌梗死时首要的急救及护理措施,既学习了心肌梗死的核心知识内容,同时自然融入了思政内容,帮助学生认识到心肌梗死等重要疾病面前医护人员的重要角色作用,培养救死扶伤的责任感和职业素养。案例中患者到达胸痛中心后,一路绿灯、医护人员一路护送急救室的场景,启发学生培养生命至上、人民至上的理念。最后组织学生针对视频内容进行主题讨论和发表感想,学习视频中医护人员精湛的专业技术及认真负责的职业素养。

### 案例七 幽门螺杆菌的发现过程

1. **课程思政融入点** 第四章第五节消化性溃疡。

1979年,病理学医生 Warren 在慢性胃炎患者的胃窦黏膜组织切片上观察到一种弯曲状细菌,并且发现这种细菌邻近的胃黏膜总是有炎症存在,因而意识到这种细菌和慢性胃炎可能有密切关系。1981年,消化科临床医生 Marshall 与 Warren 合作,以100例接受胃镜检查及活检的胃病患者为对象进行研究,证明这种细菌的存在确实与胃炎相关。此外他们发现,这种细菌还存在于所有十二指肠溃疡患者、大多数胃溃疡患者和约一半胃癌患者的胃黏膜中。经过多次试验,1982年4月,Marshall 终于从胃黏膜活检样本中成功培养和分离出了这种细菌。为进一步证实这种细菌就是导致胃炎的罪魁祸首,Marshall 和另一位医生 Morris 亲自喝下含有这种细菌的培养液,几天后开始腹痛、呕吐,10天后通过胃镜证实了胃炎和大量幽门螺杆菌的存在。

基于这些结果,Marshall 和 Warren 提出幽门螺杆菌是导致胃炎和消化性溃疡的主要病因。1984年4月5日,他们的成果发表于世界权威医学期刊《柳叶刀》(Lancet)。通过人体试验、抗生素治疗和流行病学等研究,幽门螺杆菌在胃炎和胃溃疡等疾病中所起的作用逐渐清晰,科学家对该细菌致病机制的认识也不断深入。2005年,Marshall 和 Warren 因为发现幽门螺杆菌及这种细菌在胃炎和胃溃疡等疾病中的作用方面的杰出贡献被授予诺贝尔医学奖。

2. **思政案例育人成效** 在正确认识幽门螺杆菌以前,胃溃疡患者通常会以中和胃酸及减少胃酸分泌的药物来治疗,但经此方法治疗后大多会复发。幽门螺杆菌的发现,促进了医学界解决此项难题的进度,极大地造福了人类健康;为了证实幽门螺杆菌是消化性溃疡的罪魁祸首,科学家们勤于观察、勇于探索,反复试验,为了求实求真,最终不惜以身试菌,引导学生体会医者勇于探索及大无畏的科学精神、职业素养。

3. **教学方法、教学模式** 案例教学法:通过案例讲述及幽门螺杆菌图片展示,加深同学们对幽门螺杆菌的认识;口服幽门螺杆菌,体现了科学家求真求实的精神,以及大无畏的科学精神和职业素养。

### 案例八 生命至上,患者第一

1. **课程思政融入点** 第四章第十三节急性胰腺炎。

黎介寿是中国工程院院士、原南京军区南京总医院副院长,行医60多载,他始终坚守着一个平凡而又崇高的行医理念:生命至上,患者第一。

2010年11月20日,长沙一对年轻人刘炳炎和李立平正在筹备婚礼,刘炳炎患上了急性胰腺炎!仅仅2天时间,胰腺脓肿、破裂出血、多次出现呼吸困难和休克症状,湖南的两所大医院先后下达了12次病危通知书。"我是黎介寿。患者还有希望,赶紧送来!"但胰腺炎患者转运时间不能太长、途中不能颠簸,只能空中转运,怎么办?患者家属接到了黎介寿的电话:"患者只要还有一口气,医生就要使尽全部力气。"在他的协调下,SOS 国际救援飞机飞抵南京,引流、血透、手术……一个个早已深思熟虑的治疗方案,紧张有序地展开。手术取得了成功,5天后刘炳炎从昏迷中苏醒过来。48天后,他获得了新生。

"人的生命只有一次,治疗和手术失误了,没有推倒重来的机会!"从医以来,黎介寿一直这样警醒自己,并严谨地对待每一台手术、每一位患者。无数患者在他的精心治疗下转危为安,康复出院。黎介寿院士用自己的知识和能力救治患者,更用自己的关怀与体贴温暖患者,以一颗无比珍贵的仁者之心,谱写着一首首挽救患者于水火的诗。

2. 思政案例育人成效  通过分享黎介寿院士坚守"生命至上、患者第一"的信念,利用空中转运,治疗重症胰腺炎的小伙,"只要患者还有一口气,医生就要用尽全力"的案例,培养学生"以人为本、敬佑生命、救死扶伤,甘于奉献"的职业责任感和使命感。

3. 教学方法、教学模式  案例教学法:讲述案例,剖析急性胰腺炎的临床表现、并发症、治疗及预后,加深同学们对急性胰腺炎的认识;通过案例中黎介寿院士对患者"生命至上、患者第一"的态度,对"人的生命只有一次,治疗和手术失误了,没有推倒重来的机会!"职业信念的深刻认识,引导同学们思考医德、医术对患者健康的重要性,进而要求同学们在将来的临床工作中为患者负责,严谨认真、甘于奉献,践行"生命至上、患者第一"的医者信念。

### 案例九  孙思邈葱管导尿法

1. 课程思政融入点  第五章第六节尿路感染——尿潴留患者的护理。

孙思邈是我国唐代著名的医药学家,他所著的《千金方》对后世影响极大,他也是我国第一个使用导尿法的医生。一次,一位患者得了尿潴留,腹胀如鼓、异常痛苦,他请求孙思邈说,神医快救救我吧,我的肚子快要胀破了。孙思邈仔细打量这位患者,只见他的腹部像鼓一样高高凸起,双手捂着肚子,呻吟不止。孙思邈见状心里非常难过,他想:尿流不出来,大概是排尿的通道哪里堵了吧,吃药恐怕不管用,如果想办法从尿道插进一根管子,尿也许就能排出来。孙思邈决定试一试。可是,尿道很窄,到哪儿去找这种又细又软、能插进尿道的管子呢? 正为难时,他忽然瞥见邻居家的孩子拿着一根葱管吹着玩。孙思邈眼睛一亮,自言自语道:"有了! 葱管细软而中空,我不妨拿来用。"于是,他找来一根细葱管,切下尖头,小心翼翼地插入患者的尿道,并像那小孩一样,鼓足两腮,用劲一吹,果然,患者的尿液从葱里缓缓流了出来。待尿液放得差不多后,他将葱管拔了出来,患者这时也好受多了,直起身来,连连向孙思邈道谢。葱管导尿术就是这样传扬至今。《备急千金要方·卷二十·胞囊腑》中对此事有记载:"津液不通,以葱叶除尖头,纳阴茎孔中深三寸,微用口吹之,胞胀,津液大通便愈。"

2. 思政案例育人成效  通过学习我国唐代著名的医药学家孙思邈"葱管导尿"的故事,增强学生救死扶伤、治病救人的职业责任感,激发学生勤于思考、勇于探索的科学精神。

3. 教学方法、教学模式  启发式教学法:在泌尿系统疾病患者的护理尿路感染一节中插入孙思邈葱管导尿的故事,组织学生进行小组讨论,启发提问,引导学生思考医护人员的根本任务及职责是什么。重温医学生誓言中"健康所系,性命相托"的承诺,进一步领会其深刻含义。

**案例十　砒霜变良药，治癌显神效**

1. **课程思政融入点**　第六章第五节白血病。

砒霜,化学名称是三氧化二砷($As_2O_3$),是最具商业价值的砷化合物。在中国古代,砒霜是一种炼丹药、毒药,也是传统中药之一。中医记载:砒霜味辛,性大热,有大毒。2015年度"求是杰出科学家奖"的张亭栋,是使用砒霜治疗白血病的奠基人。在砷剂治疗白血病的课题研究上,张亭栋探索了一辈子。他从20世纪70年代基于中医药方开始探索研究,并于20世纪90年代与上海血液病学研究所等单位进一步开展研究,确认三氧化二砷是药剂中治疗白血病的有效成分,对急性早幼粒细胞白血病(APL)患者效果最佳。目前,张亭栋团队开创的课题依然被哈尔滨医科大学附属第一医院的传承者们继续探索。我国每年20多万支二氧化砷生产量挽救了大量白血病患者的生命。砒霜治血液病主要用于急性早幼粒细胞白血病的治疗当中,是中国对世界血液学的一个巨大贡献。如今,耄耋之年的张亭栋每周仍出诊两次,他的医学成就给全球白血病患者带来了福音。1996年,张亭栋和中国科学院院士陈竺一起到美国参加血液病年会,陈竺向国际相关领域的专家正式介绍了张亭栋:"请大家记住,在砷剂治疗白血病的道路上,请不要忘记这位同样来自中国的中医专家,正是他的发现,才有了今天的成就。"但张亭栋自己并不觉得有多"伟大"。他说"砒霜并不是我发明出来的。"在他心里,比获奖更重要的是:掌握中西医方法,一辈子能治好一种病。

2. **思政案例育人成效**　引入张亭栋从民间偏方中发现砒霜可以治疗白血病的案例,一方面说明中医药的博大精深,提升学生对中医药的文化自信心;另一方面,对传统中药的研究开发,体现了研究者承古拓新的科研精神,培养学生的求实创新精神。

3. **教学方法、教学模式**

(1)小组讨论法:学习张亭栋研发抗砒霜治疗白血病的故事,小组讨论中医药的毒性,及治疗白血病化疗药物的毒副作用。

(2)文献分享法:查阅用中医药及中医护理适宜技术解决白血病患者脱发、静脉炎、减轻药物不良反应等问题的文献,通过课堂进行文献分享,启发学生的科研思维。

# 第三章
# 外科护理学

## 一、课程概要

### (一)课程简介

外科护理学是护理学专业的主干课程之一,是临床护理实践的基础。课程教学内容以我国常见病、多发病的外科治疗和护理为重点。通过讲授、实训、临床见习等方法,学生可了解外科常见病、多发病的病因和发病机制,熟悉其临床表现和处理原则;能运用护理程序对外科患者进行整体护理。通过本课程的教学,学生可掌握外科护理学的基本知识、基本理论和基本技能,同时开拓学生独立思考和分析问题的能力,形成外科临床护理思路,提高临床观察、分析、判断和解决实际问题的能力。

### (二)教学目标

#### 1.知识目标

(1)能够阐明外科围手术期的护理重点。

(2)能陈述外科护理学常见疾病病因,解释其发病机制。

(3)能将外科常见疾病的理论知识应用于外科疾病案例解析中,评估并识别临床表现,说出相应的治疗要点,并综合分析形成针对性的护理诊断与护理措施。

#### 2.能力目标

(1)掌握外科护理学基本操作技能。

(2)能按照护理程序对外科常见疾病患者进行整体护理。

(3)能运用评判性思维分析并解决外科临床护理实践中的问题,初步具备临床决策能力。

(4)能初步具备配合团队进行外科危重患者抢救的能力。

#### 3.情感目标(思政目标)

(1)培养学生遵从护理职业道德标准,具备严谨求实、慎独的工作态度。

(2)培养学生关爱生命的职业素养,树立科学的世界观、人生观和价值观,明确护理专业的责任与使命,为推进健康中国行动助力。

(3)培养学生具备良好的团队精神和跨学科合作意识,初步形成评判反思精神。

## 二、课程思政教学资源计划表

外科护理学课程思政教学资源计划见表3。

**表3　外科护理学课程思政教学资源计划**

| 章名 | 课程思政融入点 | 思政目标 | 案例资源 | 教育方法和载体途径 |
|---|---|---|---|---|
| 第三章 外科休克患者的护理 | 休克微循环变化 | 爱国精神 奉献精神 | 南水北调故事 | 启发式教学法 |
| 第五章 手术室管理 | 手术室管理 | 科学精神 生命教育 慎独意识 | 外科手术的变化 | 启发式教学法 |
| 第六章 麻醉患者的护理 | 麻醉患者的护理 | 专业素养 职业抱负 | 麻醉护士的前世今生 | 讲授法 |
| 第八章 外科感染患者的护理 | 破伤风 | 人文关怀 制度自信 | 关注破伤风,守护人民健康 | 案例教学法 启发式教学法 |
| 第九章 损伤患者的护理 | 烧伤 | 家国情怀 奉献精神 守正创新 | 敢为人先、勇于创新——中国烧伤护理学奠基人陶祥龄 | 案例教学法 小组讨论法 情景模拟教学法 |
| 第十一章 移植患者的护理 | 肾移植 | 家国情怀 人文关怀 | 21岁女孩用另一种方式继续美丽 | 案例教学法 启发式教学法 |
| 第十七章 乳房疾病患者的护理 | 乳腺癌 | 人文关怀 制度自信 | 进行"两癌"筛查,关爱女性健康 | 案例教学法 启发式讨论法 |
| 第二十一章 食管疾病患者的护理 | 食管癌 | 家国情怀 奉献精神 | 摸清情况,研究出对策 | 案例教学法 |
| 第二十九章 大肠和肛管疾病患者的护理 | 大肠癌 | 人文关怀 职业情感 | 护理的是伤口,温暖的是心灵 | 案例教学法 任务驱动式教学法 |
| 第三十章 肝脏疾病患者的护理 | 肝癌 | 科学精神 人文关怀 | 赤子之心游刃肝胆 | 案例教学法 启发式讨论 |
| 第三十九章 骨科患者的护理 | 骨折 | 家国情怀 | 中医骨伤成就选粹 | 临床见习 |

注:教学内容参照李乐之.外科护理学.7版.北京:人民卫生出版社,2022.

### 三、课程思政案例

#### 案例一 南水北调故事

1.课程思政融入点 第三章休克微循环变化。

当有效循环血液锐减时,血压下降,机体发生应激反射,交感神经兴奋。一方面,心搏加快、心排出量增加;另一方面,全身除心脑之外的脏器微血管平滑肌收缩,以保证心脑重要器官的血液供应。此时称为微循环收缩期,也称休克代偿期。如果及时采取措施,休克可以逆转。

微循环收缩期全身微血管的收缩以供心和脑的血液供应,像极了我们个体牺牲个人利益以保证国家的发展需要,当个人利益与国家利益发生冲突时优先维护国家利益。当我国北方水资源缺乏的时候,河南南阳淅川百姓不惜牺牲自己的住所,牺牲自己世世代代传承的家乡,搬迁他处。通过南水北调,改变中国南涝北旱、北方地区水资源严重短缺的局面,促进中国南北经济、社会与人口、资源、环境的协调发展。水系的沟通,让中华民族的每一位同胞都能够体会到国家统一带来的巨大力量。我们的身体细胞也是如此,当机体缺血、缺氧时,机体的血液优先流向心和脑这些最重要器官,以让机体维持意识清晰、血压正常的状态。

2.思政案例育人成效 通过讲解休克患者的护理——微循环缺血期病理生理过程,带学生一起回忆起南水北调移民的故事,学生在互动中对前辈们的牺牲精神所打动,激发学生的爱国情怀,培养学生为人民服务的意识和无私奉献的精神。

3.教学方法、教学模式 启发式教学法:通过讲解休克患者的护理——微循环缺血期病理生理过程,为大家讲述南水北调的故事,通过一张张移民的照片、一个个南水北调纪实情景,为学生展开一段段动人的故事,激发学生的爱国情怀,培养学生的大局意识和奉献精神。在授课过程中,尤其是家乡是南阳的学生积极互动,增加了师生间的互动交流。

#### 案例二 外科手术的变化

1.课程思政融入点 第五章手术室管理。

医学是用微弱的光,试图对抗疾病和死亡。原始人类祖先为了生存守望相助,开始探索,寻找身体和疾病的本质关系。几千年来,在一片蒙昧与黑暗中,在一片世俗冷眼中,医学先驱们用一点点微光来探索我们自身的躯体,建立起人类在这个广阔世界中的坐标。认识自己或许是医学永不停止的主题。从19世纪X射线的发现,到今天的机器人微创手术,在短短200年间,外科发生了翻天覆地的变化。手术的边界在医生们的推动下不断拓展。柳叶刀向着身体内部长驱直入,创造出了一个个生命的奇迹。医学的理想是彻底征服疾病,尽管我们离这一目标依然遥远,甚至永远难以达到。但在科学与理性的引导下,怀抱着对生命的巨大热忱,今天的我们已经站在了正确的道路上,并且将继续奋斗。我们期待更加美好的未来。

2.思政案例育人成效 学生课下观看《手术两百年》纪录片视频,在观看脑部手术、心脏手术、器官移植及脊柱三维重建手术等剧集之后发表自己对医学、对外科手术、对医务工作者的感悟。学生惊叹医学先驱冲破混沌时期的胆识，惊叹科学技术发展给人类生命轨迹带来的巨大改变，惊叹现代医学发展成果的来之不易，激发学生内心强烈的职业认同感、价值感和使命感。

3. 教学方法、教学模式　启发式教学法：引入优秀视频资源，为学生提供了生动活泼、丰富多彩的学习资源和学习途径。优秀的视频资源不仅加大了有效信息量，增加了书本内容的形象性、生动性，同时借助视听并举的先进技术，一方面为教师提供直观、高效的教学手段，另一方面也为学生的课堂学习和素质提高提供了有效途径。在学习手术室管理一章时结合央视的优秀纪录片《手术两百年》，极大地激发了学生的学习兴趣，调动了学生的活跃思维。课堂教学以视频资料为载体，借助启发式、讨论式、互动式等教学方法，对手术室的发展史进行梳理，不仅增进了师生间的互动与交流，而且力争实现学生对理论知识的内化。

### 案例三　麻醉护士的前世今生

1. 课程思政融入点　第六章麻醉患者的护理。

专科护士是指在某一特殊或者专门的护理领域具有较高水平和专长的专家型临床护士。2005 年卫生部颁布的《中国护理事业发展规划纲要(2005—2010 年)》第三条中明确指出："根据临床专科护理领域的工作需要，有计划地培养临床专业化护理骨干，建立和发展临床专业护士。"

麻醉专科护士是近年来适应现代麻醉学科发展而设立的工作岗位，国际上麻醉专科护士早在 1861 年就开始出现，到 19 世纪 80 年代，麻醉护士成为护理专业一个被认可的领域，因为护士特别擅长于病情观察、临床症状的判断以及在手术过程中对患者的护理。我国麻醉护理于 1998 年开始逐步发展，北京安贞医院自 1998 年开展麻醉护理工作，主要涉及特殊麻醉物品的管理，麻醉科毒麻贵重药品的管理，急诊、抢救物品和药品的管理及配合麻醉科新技术、新项目的开展等方面。随后几年，山东、广东、上海等省市的医院陆续成立麻醉护理单元。

我国麻醉护理教育发展较晚，1993 年徐州医学院在国内开设了第一个三年制麻醉与急救护理专业，随后几年，上海、山东、江苏等地区少数几个院校也陆续开展麻醉护理专科、本科及研究生教育。麻醉护理毕业生在一定程度上填补了我国麻醉专科护士的空缺，但这还远远不能满足临床麻醉护理工作的需求，继续教育是现阶段培养麻醉专科护士的主要方式。

2. 思政案例育人成效　通过对专科护士、麻醉专科护士的讲解，学生可以充分认识到护理学专业大有可为，消除对护士职业发展空间有限的认识误区，树立远大理想，明确自己的职业规划。

3. 教学方法、教学模式　讲授法：对麻醉专科护士发展和我国麻醉护理教育的介绍，让学生对未来的职业选择有了更好的认识，更加明确自己的职业规划。

### 案例四 关注破伤风,守护人民健康

1. 课程思政融入点 第八章第五节破伤风。

56 岁的环卫工人李女士,工作中不慎被铁钉扎伤手指。她觉得伤口不大,只自行进行了简单的消毒包扎处理。10 天后,她出现四肢僵硬、脖子转不动、嘴巴张不开等症状,就医后被诊断为破伤风。

破伤风是由破伤风梭菌引起的一种特异性感染,目前仍是一个严重的公共卫生问题。日常生活中,发病原因以外伤较为常见。开放性伤口均有发生破伤风的风险,尤其是被污物、泥土、粪便等污染的伤口,或含有坏死组织的伤口等。破伤风以局部和全身肌肉持续性痉挛和阵发性抽搐为主要特征,并可发生骨折、尿潴留、肺部感染、水、电解质和酸碱平衡失调,心肌受损等并发症,严重威胁着患者的生命,是一种极为严重的潜在致命性疾病。

外伤后破伤风是非新生儿破伤风的最主要类型。伤口处置和合理使用破伤风免疫制剂对预防外伤后破伤风、降低破伤风发病率和病死率至关重要。由于公众对破伤风认知不足,缺乏必要的防治意识和防治知识,很多人对小伤口的重视程度不足,从而导致感染破伤风。

2018 年中国创伤救治联盟和北京大学创伤医学中心共同制定了《中国破伤风免疫预防专家共识》。2019 年 3 月 24 日,我国首部团体标准《外伤后破伤风预防规范》正式发布。在全球公共卫生策略中,消灭孕产妇及新生儿破伤风占据了重要位置。2019 年《外伤后破伤风疫苗和被动免疫制剂使用指南》和《非新生儿破伤风诊疗规范(2019 年版)》的发布,为临床决策提供了依据。

2. 思政案例育人成效 介绍破伤风对人健康的危害,使学生了解预防和治疗破伤风的必要性和迫切性,培养学生敬佑生命、救死扶伤的职业价值感、认同感和使命感。介绍我国在破伤风预防和治疗中的重要事件和理念,使学生了解我国医学事业的发展和成就,坚定"四个自信",激发青年学子为医学事业奉献的决心。

3. 教学方法、教学模式

(1)案例教学法:以临床常见案例引入,引导学生认识破伤风对人体健康的危害。结合我国发布的《外伤后破伤风预防规范》《外伤后破伤风疫苗和被动免疫制剂使用指南》《非新生儿破伤风诊疗规范(2019 年版)》等,了解我国在降低破伤风发病率,提高治疗效果,改善群众的健康状态方面做出的巨大努力,增强制度自信。

(2)启发式教学法:随着人们的健康意识不断提高和现代医疗水平的提升,破伤风的发病率和死亡率得到了有效控制,但是破伤风依然是严重威胁人们健康的感染性疾病。通过课程学习,启发学生思考:生活中哪些情况容易发生破伤风? 破伤风治疗的主要策略包含哪些方面? 是不是所有的伤口都需要注射破伤风抗毒素? 护士在护理破伤风发作期患者时,需关注患者的哪些需求,并采取哪些护理措施? 通过对问题的思考,引导学生进行反思,培养学生关心关爱患者、坚持以人为本的护理理念。

**案例五　敢为人先、勇于创新——中国烧伤护理学奠基人陶祥龄**

1. 课程思政融入点　第九章第二节烧伤。

烧伤是生产生活中常见的一种损伤。早在晋代,祖国医学已有治疗水、火烫伤的相关记载。20世纪50年代,我国烧伤外科从普通外科分离后发展迅速。1958年,上海广慈医院(现上海交通大学医学院附属瑞金医院)医务人员成功救治了烧伤总面积89%、Ⅲ度烧伤面积23%的钢铁工人邱财康,打破了当时国际上公认的"烧伤面积烧过80%便不可治愈"的定论,创造了这一史无前例的医学奇迹。在抢救中,瑞金医院的医务人员创立了以瑞金公式为基础的早期液体复苏技术、混合移植创面修复技术、亚低温治疗为主的应激调控技术等烧伤救治的核心技术,形成了国际医学界公认的中国烧伤治疗模式。经过半个多世纪的发展,我国的烧伤医学取得了举世瞩目的成绩,烧伤诊疗队伍不断壮大,烧伤治疗水平日趋成熟,在休克复苏、吸入性损伤治疗、创面处理、脓毒症防治及危重症管理等多个方面建立了一套具有中国特色、适应我国国情的烧伤救治体系,为世界烧伤医学做出了重要贡献。

我国著名护理学家、烧伤护理学奠基人之一、为我国烧伤护理学做出卓越贡献的陶祥龄教授,就曾参与抢救钢铁工人邱财康。作为瑞金医院烧伤学科第一任护士长,她敢为人先,勇于创新。针对烧伤患者静脉穿刺难,她创造的指压法、推行法和已成活皮片下以及疤痕组织下静脉穿刺的方法让大量严重烧伤患者得到救治,她首创《瑞金医院烧伤科气管套管更换的规范》,用于烧伤患者气道管理。陶祥龄教授带领瑞金护理团队建立的护理常规和护理工作标准,至今仍被广泛推广和应用。陶祥龄教授用生命阐释了"南丁格尔誓言",她对护理事业的热爱和探索追求的精神值得我们每一名护理人学习。

2. 思政案例育人成效　介绍我国烧伤外科的发展过程,培养学生的自豪感、乐于奉献的职业精神。介绍烧伤救治中涌现的先进人物陶祥龄,培养学生"敬佑生命、救死扶伤、乐于奉献、大爱无疆"的医者仁心和科学精神

3. 教学方法、教学模式

(1)案例教学法:引入抢救烧伤患者邱财康案例和我国烧伤外科的发展历程,结合烧伤救治过程中的重点和难点,探讨烧伤的病理生理过程和治护要点,启发学生主动思考,深入理解教学内容,同时也使学生感受到我国烧伤医学和烧伤护理发展的优势,激发学生的自豪感。通过介绍陶祥龄教授的事迹,培养护理专业学生敬畏生命、乐于奉献、严谨求实、精益求精的职业精神,提升职业素养。

(2)小组讨论法:在完成线上教学内容的基础上,线下教学中,针对烧伤救治护理中的重难点,采用小组讨论法分析烧伤患者的并发症和护理要点,提高学生的学习兴趣,变被动学习为主动学习,提升学生的评判性思维、分析问题和解决问题的能力,同时培养学生的团结协作意识。

(3)情景模拟教学法:在实践教学中,依据教学目标创设真实的烧伤实践情景,通过预设的问题与任务,引导学生自主探究性学习,以提高学生分析和解决实际问题的能力,同时培养学生沉着冷静、团结协作的职业素养,增强学生救死扶伤、人文关怀的意识。

## 案例六　21 岁女孩用另一种方式继续美丽

1. 课程思政融入点　第十一章第二节肾移植。

重庆市沙坪坝区 21 岁女孩陈俊丽(化名)因突发脑出血,抢救无效,不幸离世。父亲陈小勇和家人决定把女儿有用的器官捐献给需要的人,让她的生命以另一种方式延续。在陆军军医大学西南医院 OPO(人体器官获取组织)团队和重庆市红十字会共同见证下,陈俊丽的父亲陈小勇含泪签下了《器官捐献同意书》。陈俊丽捐献的一枚肝、一枚肺、两枚肾挽救了 4 名器官衰竭患者的生命(视频)。

器官移植是治疗各类终末期内脏器官功能衰竭的有效方法。我国器官移植始于 20 世纪 50 年代末。1960 年著名泌尿外科专家吴阶平院士完成了我国首例尸体供肾移植,由于术后无有效的免疫抑制措施,患者未能长期存活。1972 年,中山医学院梅骅教授完成了我国第一例亲属肾移植手术,患者存活超过 1 年。此后,肾移植在我国开始推广,其他类型的器官移植也开始蓬勃发展。21 世纪以来,随着对机体免疫系统认识的不断完善,新型免疫抑制药物的研发应用,移植肾长期存活率逐年提高。2007 年 5 月 1 日,卫生部颁布了《人体器官移植条例》。2015 年被誉为中国器官捐献移植"里程碑式"转型的一年。2015 年 1 月 1 日起,我国全面停止使用死囚器官,公民自愿捐献成为器官移植唯一合法来源。目前,我国人体器官移植总量居世界第二位,但供体严重不足,待移植患者数量巨大。由于捐献器官数量有限,器官紧缺已成为制约我国器官移植发展的重要问题之一。

2. 思政案例育人成效　通过陈俊丽的事迹和我国器官移植的历史现状,培养学生"敬佑生命、救死扶伤"的职业价值感和良好的职业认同感,同时促使学生深入思考生命的价值和意义,引导学生尊重生命、珍惜生命、保护生命、关爱生命,做一个有温度、有爱心的优秀护士。

3. 教学方法、教学模式

(1)案例教学法:介绍器官移植的目的、意义和现状,使学生了解我国在器官移植方面取得的巨大成就。引入 21 岁女孩陈俊丽的事迹,促使学生思考生命的价值和意义,让学生在"人道、博爱、奉献"的精神境界中,理解生命的延续与传承的意义。

(2)启发式教学法:器官移植技术为许多器官衰竭的患者提供了新的生存机会,但同时也冲击着人们的传统观念,提出了许多尖锐的伦理问题和道德争论。引导学生讨论器官移植中关于供体来源、受体分配等问题,探讨器官移植中的供者免疫学和非免疫学的要求、器官的保存、免疫抑制剂的使用、排斥反应的评估和监测等问题,激发学生学习兴趣,引导学生反思总结,培养临床思维能力。

## 案例七　进行"两癌"筛查,关爱女性健康

1. 课程思政融入点　第十七章第三节乳腺癌。

乳腺癌居我国女性恶性肿瘤发病率首位,发病率逐年上升,而且呈年轻化趋势。《人间世》第二季第五集《抗癌之路:癌症的黑匣里仍有微光》就讲述了一位高校教师兼乳腺癌患者闫宏微艰辛的抗癌故事。事实上,定期检查(包括乳房自我检查)有助于及早发现

乳房病变,及时治疗,治疗有效及保留乳房的可能性更高。为进一步规范乳腺癌筛查工作,国家卫生健康委员会2021年研究制定了《乳腺癌筛查工作方案》,计划到2025年底,实现以下目标:①逐步提高乳腺癌筛查覆盖率,适龄妇女乳腺癌筛查率逐年增加。②普及乳腺癌防治知识,提高妇女乳腺癌防治意识。适龄妇女乳腺癌防治核心知识知晓率达到80%以上。③完善乳腺癌筛查模式,提高筛查质量和效率,乳腺癌筛查早诊率达到70%以上。各省市也将妇女"两癌"(宫颈癌、乳腺癌)筛查列入民生实事,如河南省计划利用5年时间对本省农村适龄妇女、纳入城市低保范围的适龄妇女免费开展1次宫颈癌、乳腺癌筛查。其中,仅2018年筛查140万人。做好"两癌"筛查工作是落实十九大精神、推进健康扶贫的重要举措,是护佑妇女健康的迫切需要,也是提升基层服务能力的有效手段。

2.思政案例育人成效　结合乳腺癌患者艰辛抗癌视频,让学生了解乳腺癌对女性生命健康造成的危害,增强关爱意识。了解乳腺癌筛查方法,使学生了解国家政策,形成关爱女性健康的意识。引导学生结合自己所在地区"两癌"筛查政策,了解国家在"两癌"预防保健领域的巨大投入,坚持人民至上的理念,增强制度自信。

3.教学方法、教学模式

(1)案例教学法:课前学生自行观看《人间世》乳腺癌患者视频,收听音频《为了降低患癌风险,她切掉了健康的双乳》,了解乳腺癌对女性生命健康造成的危害,对生活、工作造成的影响,引导学生从多角度认识疾病影响,走近患者,增强关爱意识。通过分享国家及各地"两癌"筛查政策,使学生了解国家对女性健康和预防保健的重视,体现我们国家人民至上的理念。

(2)启发式讨论:虽然现代医疗水平的发展,使得乳腺癌患者的生存率逐年提升,但是对于常用的乳房切除治疗方法而言,癌症遗留的心理创伤可能与身体伤害一样令女性感到不安。引导学生思考乳腺癌术后除了术后常规护理,女性还面临哪些问题。讨论乳腺癌治疗后的心理疗愈方法,尝试角色互换,体会患者痛苦,增加共情同理心,增强关爱意识。

### 案例八　摸清情况,研究出对策

1.课程思政融入点　第二十一章第一节食管癌。

1957年,原林县县委书记杨贵向上级反映,说林县有"三不通":水不通、路不通、食管不通。在一些病情严重村庄,几乎家家都有人患食管癌。1959年在党和政府的关怀下,周恩来总理指示"摸清情况,研究出对策",并派出北京医疗队进驻林县,河南省人民政府派出了河南省医疗队深入林县现场,林县人民政府同时成立了"林县食管癌防治研究委员会"和"林县食管癌医院"(肿瘤研究所/肿瘤医院前身),从此拉开了中国食管癌防治的序幕。1971年,我国著名病理生理学家陆士新参加医疗队到达林县。为了找到食管癌高发的原因,陆士新利用简陋的条件创建实验室。为了解当地人的生活习惯,他与同事们走村串户,跑遍了食管癌高发区姚村49个大队,在近5 000口井上做了标记。终于,一种能特异引起人和动物食管癌的亚硝胺被证明是食管癌患病的主要化学病因。原河南医学院病理教研室教授、著名病理学家沈琼,于1961年首创食管癌早期诊断新方法——食管癌脱落细胞采取器(俗称拉网),从此开创了食管癌早期诊断的新纪元。

如今,林州市食管癌防治工作已经走过了60多个年头。经过几代科学家和基层肿瘤防治工作者的不懈努力和无私奉献,林州已取得了食管癌的发病率和死亡率双下降50%的显著成绩,并创建了"政府主导,专家引路,群众参与,防治结合"的林州肿瘤防治模式,提出了"防霉、去胺、治增生、施钼肥、改变不良生活习惯"的5项防癌措施。在食管癌的防治上,中国取得了世界瞩目的成就。

2. 思政案例育人成效 河南省林州作为曾经的食管癌高发区,党和政府高度关注,周总理亲自指示"摸清情况,研究出对策",形成领导—专家—群众相结合,群防群治,林州食管癌防治事业从无到有,从小到大,从弱到强,成为我国肿瘤防治战线的一面旗帜。通过回顾我国在食管癌防治方面攻坚克难,作出世界瞩目成就,让学生充分认识到人民群众健康是党和政府历来高度关注的民生问题,当代医学生当不辱使命,学习前辈的奉献精神和创新精神,实现健康中国梦。

3. 教学方法、教学模式 案例教学法:了解食管癌诊断、治疗的发展历程,如民间称"噎食病",即食管癌典型的症状为吞咽困难,从早期食管癌的检查和治疗方法的发明,到如今诊断和治疗技术的不断进步,让学生认识到医学创新永无止境。在学习食管癌的病因时,了解林县人民当时的饮食生活习惯,"粗、硬、热、烫、快和酸菜"可能与食管癌的形成有关,从而认识到如何预防食管癌的发生,做好健康宣教。

## 案例九 护理的是伤口,温暖的是心灵

1. 课程思政融入点 第二十九章第一节大肠癌。

造口是根据病情的需要,手术切除身体病变部位,并在腹壁上人为开口并将一段肠管拉出开口,翻转缝于腹壁,其功能是排泄粪便或尿液。排泄粪便的俗称"人工肛门",排泄尿液的俗称"小便造口"。这些造口没有控制功能,它们必须依靠特殊的袋子(造口袋)贴在造口上来收集粪便或尿液。造口不仅会改变患者的排便/排尿习惯,也会给患者的生活、心理带来巨大冲击。

微电影《心灵造口师》是根据金山医院全国先进工作者、全国道德模范提名奖获得者蔡蕴敏事迹改编。描述了蔡蕴敏遇到身患"假性腹腔黏液瘤"的花季少女小雪,正在她绝望之际,蔡蕴敏主动上门,不仅竭尽所能去治疗她,还鼓励并引导她重新燃起了对生命的希望。整整11个月,蔡蕴敏为小雪上门换药共84次,她团队中的其他同事上门共36次,120次风里来雨里去的奔波,蔡蕴敏护理的是伤口,温暖的却是人的心灵。虽然无情的病魔并没有放过年轻的小雪,但温暖的关怀让小雪最终带着尊严和微笑走向了没有痛苦的天堂。

2. 思政案例育人成效 利用微电影《心灵造口师》引入情景,学生通过真实案例,感受护理工作对造口患者的意义,视频结尾"这份工作就是让患者活得有质量、有尊严;护理的是伤口,温暖的是心灵",让学生感受护士对患者的关爱,护理人文关怀对患者的特殊意义,增强职业情感。

3. 教学方法、教学模式

(1)案例教学法:课前观看《心灵造口师》微电影,收听音频《患癌父亲戴上人工肛

门,我为他做的选择错了吗?》,体会造口对患者身体、心理造成的冲击,了解造口患者的心路历程。通过学习榜样人物蔡蕴敏的事迹,感受护理工作对造口患者的意义,"护理的是伤口,温暖的是心灵",感受护士对患者的关爱。结合造口专科护士发展现状,激发学生的职业情感。

(2)任务驱动式教学法:通过案例引出学习任务,教师通过造口护理现场演示,将护理技术和护理关爱相融合,并将护理关键点总结成口诀,便于学生掌握。通过操作练习,提升专业护理技能,同时引导学生尊重患者、保护患者隐私。学习过程中让学生感悟护理过程中的匠心与仁爱。

### 案例十　赤子之心游刃肝胆

1. 课程思政融入点　第三十章第二节肝癌。

肝脏这个器官,是全球医学界眼里的"大魔王"。20 世纪初的中国医学界,肝脏手术被视为生命禁区,成功率几乎为零。但一个叫吴孟超的年轻医生决心闯一闯这片未知的荒原。70 余年的从医生涯,他拯救了超过 16 000 名患者的生命,创造了无数个第一:他带领同伴完成了我国第一例肝脏外科手术,为新中国开创肝胆外科奠定了基础;完成了世界上第一例中肝叶切除手术;完成了世界上第一在腹腔镜下直接摘除肝脏瘤的手术……经年累月,吴老的手指严重变形,右手示指像个钩子,但这却是握住手术刀最平稳的姿势。即使已经 96 岁高龄,吴孟超仍坚守在手术台上,保持着每年进行 100 余台手术的惊人工作量。

每年的大年初一清晨,吴孟超总会第一个赶到病房,将新年的第一声祝福送给住院患者。1986 年担任第二军医大学副校长后,由于兼做手术、科研、带教研究生、肝胆外科主任等工作,吴孟超忙得连气都喘不过来。即使身兼数职,每周二上午的专家门诊,他也数十年雷打不动。

"哪里人呀?""做什么的?""家里几口人呀?"……吴孟超看病先同患者聊家常。温馨的话语,让患者的紧张心理得以放松。若需要检查,他会细心地拉上屏风,冬天还会把手搓热,轻轻摁下患者的腹部,轻声询问患者哪里痛。做完检查,他习惯地弯腰将患者的鞋子摆在最适宜患者下床穿着的位置。若能够做 B 超明确诊断的,绝不做其他昂贵的检查。

2. 思政案例育人成效　以 2011 年"感动中国"十大年度人物吴孟超的事迹,激发学生开拓创新、勇攀高峰的科学精神和关怀患者、为患者着想的仁爱之心,激发学生为守护人类健康而不断学习奋斗的责任感和使命感。

3. 教学方法、教学模式

(1)案例教学法:学生课前观看 2011 年"感动中国"十大年度人物吴孟超颁奖视频,了解吴孟超生平事迹,结合肝胆外科知识对学生提问。在学习专业知识的同时启迪学生:医护分工虽有不同,但作为在自然科学领域服务人民健康的同人,都应向吴孟超前辈学习,常怀好学之心、进取之心、谦卑之心,心中有爱,脚下有根。激励学生脚踏实地,不断提高自身专业技能,在各自领域深耕细作,提高为人民服务的本领。

(2)启发式讨论:肝胆外科解剖结构复杂、专业性强、风险高,术后精心护理对患者至关重要。引导学生自问自答,相互讨论,不断反思,梳理知识脉络的同时激发学生学习兴趣、学以致用。学习肝脏疾病同时,引导学生从日常实际出发,结合吴孟超院士的事迹,组织讨论:在护理患者时,如何从患者利益出发,从细微之处关怀、体贴患者,培养学生关怀患者、为患者着想的仁爱之心,用不竭的爱照亮受苦的灵魂。

## 案例十一 中医骨伤成就选粹

1. **课程思政融入点** 第四十五章第二节骨折。

以隋朝大医学家巢元方为首编著的《诸病源候论》为中国第一部病因、症状学的专著,同时也是我国骨伤科第一部内容较丰富的病因、症状学著作。该书展示了我国在公元七世纪世界最先进的外科技术,其中骨伤科学方面的成就,走在世界前列。巢元方认为创伤是一种复合伤,皮肉、骨髓、筋脉常同时受损,主张清除创口中的碎骨、坏死组织和异物。这比十四世纪英国医生约翰·阿德恩所提出的清创手术早800年。他还提出对骨折片固定缝合,而后伸直禁止活动("碎骨便更缝连,其愈后直不屈伸"《金疮伤筋断骨候》),这是对骨折实施内固定治疗思想的萌芽。该书在骨伤科学上取得了巨大成就,不仅展示了公元七世纪初叶在治疗开放骨折方面世界最先进的技术,而且将对现代和未来的骨伤科学基础理论和临床研究发挥重要作用。

2009年5月21日,中央电视台上映四十集大型电视剧《大国医》,其题材均来自历史和民间,起源于清朝乾隆五十八年(1793年)的洛阳平乐正骨世家历代传人,200多年来,医德、医术誉满天下。剧中反映的洛阳平乐郭氏正骨的传奇故事,在河南洛阳都有对应的原型。洛阳正骨(平乐郭氏正骨)为国家级非物质文化遗产,创始人为郭祥泰,郭家世代居家乡行医,族内秘传,新中国成立前盛传五世,以疗效独特、医德清廉而闻名。1958年,国家卫生部在洛阳建立我国第一所骨科大学——平乐正骨学院。洛阳正骨是我国中医骨伤科最大的学术流派,其第六代传人郭维淮是全国著名的中医骨伤科专家,荣获卫生行业最高荣誉奖"白求恩奖章"。新中国成立后,郭维淮和身为平乐郭氏正骨第五代传人的母亲高云峰一起,无私地把家传秘方"展筋丹""接骨丹"和医术绝技献给了国家。郭维淮受人敬仰,不仅因为他拥有高超的医术,也因为他拥有高尚的医德。在几十年的从医生涯中,他始终全心全意为患者着想。为了给予患者更好的治疗,他徒手在X射线下为患者正骨,以致双手多处被烧伤;为了解患者恢复情况,他经常和其他医生一起翻山越岭,上门对曾诊治过的患者进行回访……

2. **思政案例育人成效** 让学生了解中医骨伤源远流长的历史,中医骨伤取得的杰出成就是远古生活在中国大地上的中华民族祖先,在与大自然的搏斗中、险劣的生活环境和艰辛的劳动中取得的。我们的祖先在与创伤疾病斗争的过程中,摸索出医治创伤疾病的方法,逐渐形成了对骨创伤病理病机的认识,并总结出了中医骨伤的独特方法与理论。通过学习中医骨伤的悠久历史与杰出成就,激发学生民族自豪感和传承中医药文化的责任与决心。

3. **教学方法、教学模式** 临床见习法:组织学生临床见习,准备典型的骨伤科病例,在取得患者同意前提下,临床教师带领学生进行病房床边教学,在学习对骨折患者如何进行整体护理的同时,了解中医正骨疗法如夹板、中医正骨手法及中药的独特优势。

# 第四章
# 妇产科护理学

## 一、课程概要

### （一）课程简介

妇产科护理学是一门诊断并处理女性对现存和潜在健康问题的反应，为妇女健康提供服务的科学，是一门实践性学科。在教学全过程强调理论联系实际，使学生掌握妇科、产科常见疾病护理及计划生育护理相关的基本理论、基本知识、基本技能。本课程具有系统性、应用性等特点，可培养学生全面掌握现代妇产科护理学的理论，形成科学的妇产科护理临床思维，提高临床观察、分析、判断和解决实际问题的能力；注重对学生的思想品德教育，引导学生树立科学的价值观与职业道德品质，培养学生在临床实践中勇于探索创新和为祖国健康卫生事业执着追求的精神。该课程的设置为护理专业学生进入临床、适应临床护理工作打下了良好的基础。

### （二）教学目标

1. 知识目标

（1）掌握女性解剖及生理特点，妊娠、分娩及产褥期母体生理、心理变化。

（2）掌握妇科常见病的病因、临床表现、处理原则和护理措施。

（3）熟悉异常的妊娠、分娩、产褥的临床表现及处理原则。

（4）了解不孕症、辅助生育技术及计划生育妇女的常见护理问题和护理措施。

2. 能力目标

（1）正确执行产前保健措施，为孕产妇提供个性化护理，并能识别高危妊娠个案，给予重点监护，降低围产期母婴的发病和死亡率。

（2）识别妇科常见疾病的发病原因及临床表现，学会按照护理程序为护理对象制订有效的护理计划及健康指导。

（3）能为不同生理时期的护理对象提供保健咨询指导，指导个案选择适合的避孕措施和终止妊娠的方法。

（4）能运用沟通技巧采集准确、完整的健康资料，能采用适宜的专科技术为护理对象进行评估和护理。

3. 情感目标（思政目标）

（1）培养学生对妇产科护理学的职业情感，养成良好的职业素质和行为习惯。

（2）培养学生树立"大卫生""大健康"的观念和团队协作意识、创新精神。

（3）培养学生树立全生命周期护理的理念，尊重生命的良好职业素养，以及尊重关心护理对象、保护护理对象隐私的人文关怀精神。

（4）通过了解妇女保健相关政策，激发学生的爱国热情，坚定正确的政治信仰和职业信念。

## 二、课程思政教学资源计划表

妇产科护理学课程思政教学资源计划见表4。

**表4 妇产科护理学课程思政教学资源计划**

| 章名 | 课程思政融入点 | 思政目标 | 案例资源 | 教育方法和载体途径 |
| --- | --- | --- | --- | --- |
| 第一章 绪论 | 妇产科护理学的实践特点 | 科学精神 探索精神 奉献精神 | 大爱无疆——万婴之母林巧稚 | 案例教学法 启发式教学法 |
| 第四章 妊娠期妇女的护理 | 产前筛查 | 国家意识 职业责任 | 立法定规，关爱母婴健康 | 小组讨论法 案例教学法 |
| 第五章 分娩期妇女的护理 | 分娩期妇女的护理 | 尊重生命 敬畏生命 孝敬父母 | 一门之隔，生离死别 | 小组讨论法 角色扮演法 |
| 第六章 产褥期管理 | 正常新生儿的护理 | 职业责任 人文关怀 | 促进母乳喂养，携手向未来 | 主题辩论法 人物访谈法 |
| 第九章 胎儿及其附属物异常 | 胎膜早破 | 敬畏生命 专业使命 奉献精神 | 最美的跪姿，生命的托举 | 案例教学法 视频教学法 主题讨论法 |
| 第十章 妊娠合并症妇女的护理 | 妊娠合并症妇女的护理 | 团结协作 职业责任 | "疫"场爱的接力 | 小组讨论法 |
| 第十三章 产褥期疾病妇女的护理 | 产后抑郁症 | 人文关怀 职业责任 | 关爱精神健康，远离产后抑郁 | 讨论式教学法 角色扮演法 |
| 第十七章 腹部手术患者的护理 | 子宫颈肿瘤 | 文化自信 探索精神 | "无名英雄"周建——用生命换来第一支宫颈癌疫苗 | 小组讨论法 启发式教学法 |
| 第十九章 妇女保健 | 妇女各阶段保健 | 专业使命 职业责任 | 健康中国行动，促进妇幼健康 | 讲授法 小组讨论法 |
| 第二十章 不孕症与辅助生殖技术 | 辅助生殖技术及护理 | 价值观 健康观 | 生命的价值 | 小组讨论法 |

注：教学内容参照安力彬、陆虹.妇产科护理学.7版.北京：人民卫生出版社,2022.

## 三、课程思政案例

### 案例一 大爱无疆——万婴之母林巧稚

1. 课程思政融入点 第一章妇产科护理的实践特点。

林巧稚(1901—1983 年),医学家,中国妇产科学的主要开拓者之一。她献身医学事业,有着丰富的临床经验,深刻敏锐的观察力,对妇产科疾病的诊断和处理有高超的本领和独到的见解。她全面深入地研究了妇产科各种疑难病,确认了癌瘤为危害妇女健康的主要疾病,坚持数十年如一日地跟踪追查病例,积累了丰厚的供后人借鉴的资料。20 世纪 30 年代初,她对胎儿宫内呼吸、女性盆腔疾病进行研究;20 世纪 40 年代末,她开始对滋养细胞肿瘤和其他妇科肿瘤的研究;20 世纪 50 年代她提出和进行了大规模的妇科病普查普治,对新生儿溶血症诊治成功;20 世纪 60 年代成功为一患者切除 56 斤 7 两巨瘤;20 世纪 80 年代潜心编纂《妇科肿瘤》。她的一生都奉献给了妇产医学事业。

她的精湛医术,不断探索科学领域新课题、救治患者时的坚韧作风,不耻下问的全心全意为人民服务的敬业精神,深受人民群众的崇敬和爱戴。林巧稚把毕生精力无私地奉献给人民,是一位忠诚的爱国者、人民的科学家、医务界的楷模,是中华民族的好女儿,当代妇女的杰出代表。作为中国妇产科学的主要开拓者、奠基人之一,林巧稚一生未婚未育,却获得了"万婴之母"的尊称。

她献身医学事业,把毕生精力无私地奉献给人民。追悼会遗像两旁垂下 4.5 m 高的幛联,上面写着"创妇产事业,拓道、奠基、宏图、奋斗、奉献九窍丹心,春蚕丝吐尽,静悄悄长眠去;谋母儿健康,救死、扶伤、党业、民生,笑染千万白发,蜡炬泪成灰,光熠熠照人间"。60 个字反映了她 60 余年的业绩。

2. 思政案例育人成效 结合中国妇产科学开拓者之一林巧稚医生的事迹,培养学生科学精神、探索精神、奉献精神及良好的医德医风,为将来的学习和临床工作奠定良好的专业素质基础。

3. 教学方法、教学模式

(1)案例教学法:以林巧稚的事迹作为典型案例引入,结合层层深入的提问,既涵盖了妇产科护理学的知识内容,又能启发学生思考,同时自然融入了思政内容,引导学生思考妇产科护理工作中的责任感、奉献精神及良好的医德医风,对母婴生命的关爱之情和仁爱之心。此外,还拓展林巧稚编写科普读物案例,引导学生深入思考医务人员的社会责任和专业价值。

(2)启发式教学法:引导学生结合案例进行讨论,并启发学生进一步思考,在不同的社会背景及医疗技术发展的不同时期,医护人员应如何实现自己的专业价值,利用自己的专业知识进行探索和科学研究,为专业发展做出更多贡献。

### 案例二 立法定规,关爱母婴健康

1. 课程思政融入点 第四章第五节产前筛查。

为了保障母亲和婴儿健康,提高出生人口素质,我国第八届全国人民代表大会

1994 年通过了《中华人民共和国母婴保健法》。该法于 1995 年施行,并于 2017 年进行修正。该法强调国家要发展母婴保健事业,提供必要条件和物质帮助,使母亲和婴儿获得医疗保健服务,对于边远贫困地区的母婴保健事业给予扶持;对孕产期保健的服务做了明确的要求,包括孕妇、产妇保健,胎儿、新生儿保健,且重视产前检查;对医疗机构提出要建立母婴保健工作,建立医疗保健工作规范,提高医疗技术水平,采取各种措施方便人民群众,做好母婴保健工作。《"健康中国 2030"规划纲要》也将孕产妇死亡率、婴儿死亡率作为主要健康指标,提出了明确任务目标。2017 年,国家卫计委发布了《关于加强母婴安全保障工作的通知》,文件强调建立督查制度,强化母婴安全责任落实。其中一项重要内容就是从源头严防风险,全面开展妊娠风险筛查与评估,要求开展助产技术服务的二级以上医疗机构要对妊娠风险筛查阳性孕产妇进行妊娠风险评估分级,按照风险严重程度进行"五色管理"。

为了救治急危重症孕妇,多家医院建立"绿色生命通道"。据长沙晚报报道,2020 年 9 月 5 日,在长沙交警和湘雅二院的"绿色生命通道"无缝衔接协作下,一名大出血孕妇顺利娩出一名健康儿童"小幸运"。由此可以发现,绿色通道不仅仅是一条"道",而是一切以患者为中心的原则,保障患者生命安全、缩短就医等待时间,为急危重症孕产妇及新生儿开辟的快速生命通道,是高效管理、合理人员配置及急危重症救治技术的综合体现。这些行为也充分体现了国家政策的优越性。

2. 思政案例育人成效　讲解母婴保健相关法律、政策,使学生了解国家对母婴健康的重视。通过新闻报道让学生看到政策落实对人民切实的利益影响,帮助学生增强国家意识和民族自豪感,同时也更明确医务人员的职业责任。

3. 教学方法、教学模式

(1)小组讨论法:为学生提供《中华人民共和国母婴保健法》《关于加强母婴安全保障工作的通知》等文件,组织学生结合课本内容讨论关于产前筛查的意义和要点。

(2)案例教学法:利用反面案例(未做产前筛查生育畸形婴儿)给予学生警示,强调妇产科医护人员对孕妇及其家属进行健康宣教的重要性,树立自己的职业责任感。

### 案例三　一门之隔,生离死别

1. 课程思政融入点　第五章第二节分娩期妇女的护理。

孕育我们的母体,有一道生命之门,胚胎成熟,瓜熟蒂落,生死之间,一门相隔。但往往,就有一些生命,并不能通过自然分娩或者简单的剖官产,而顺利地降生到这个世间。因此,穿越这道生死之门,就如穿越一道万丈的鸿沟。从准妈妈到家属,从医生到护士,莫不小心翼翼,如临大敌。在斗智斗勇中,稍有不慎,便会功亏一篑,这是一场看不到硝烟,却同样鲜血淋漓、生死未卜的战斗,这就是纪录片《生门》所讲述的故事,一个有关生育的故事,更准确地说,是有关产房内 4 个准妈妈的早产和难产的生命战事。

在《生门》中,有一群白衣天使,他们是江南地区最负盛名的产科医生李家福和他的医护团队,面对着一个又一个从天南地北求诊不得,将最后希望寄托于此的疑难病症患者,施展着一次又一次的救援式接生。生育,本身就是一件惊心动魄的事情,再伴上准妈妈们的各种前置胎盘、早产、双胎、重症糖尿病、大出血等意外状况,足以让每一个难产妈妈的分娩,都变成一部惊险大片。在看到夏锦菊在生产过程中发生血崩,手术下来失血总计 20 000 mL,等于全身血液换了好几遍的时候,镜头再冷静,也无法压抑我们内心的激动与后怕,产房手术台的每一刻,莫不是在与死神抗争之中,命悬一线。

《生门》所聚焦的,不仅仅是生死之门,更是每一个家庭的生命之门,从影片中我们看到,4 个妈妈所在的家庭,生活水平差距很大,有的毫无顾虑地承担一切医疗费用;有的为了 5 万块的救命手术费,而求亲告友地借遍了全村;有的为了 1 万块的 ICU 监护费,而放弃了幼小的生命……我们常说,生命面前人人平等,但就在这个人类面临生命的第一道门前,却有着太多不由自主的选择,生命的无常,生存的无奈。

2. 思政案例育人成效 让学生提前观看相关视频、查阅资料,使学生认识到医护人员在女性分娩过程中的重要性,体会到生命的伟大,生存的艰难,由此培养学生尊重生命、敬畏生命的伦理意识,并更加珍惜自己当今来之不易的生活,继而引导学生发扬孝敬父母、尊重长辈的中华传统美德。

3. 教学方法、教学模式

(1)小组讨论法:向学生介绍《生门》,并让学生提前有选择性地观看,课上结合视频内容积极开展讨论式教学法,以学生为中心,以教师为引导,启发学生思考。提出问题"如果你是当时在场的护士,你会怎么做?""这种情况下,你会如何处理""你会如何和孕妇或家属沟通?"引导学生思考,培养学生的临床思维和探索精神。

(2)角色扮演法:通过理论课学习及观看视频,可选取某一情景进行角色扮演,让学生扮演不同的角色,产妇、产妇的爱人及其他家属和护士等。角色扮演可以加强学生对基础知识的记忆,同时通过自行查阅资料拓展知识面。对观看角色扮演的学生,表演给予他们直观的视觉冲击,也能让他们能更深刻地体会到不同身份、社会背景、社会角色人员的感受。

### 案例四 促进母乳喂养,携手向未来

1. 课程思政融入点 第六章第三节正常新生儿的护理。

母乳喂养对于促进婴幼儿生长发育,降低母婴患病风险,改善母婴健康具有重要意义。为落实《健康中国行动(2019—2030 年)》和《国民营养计划(2017—2030 年)》,保障实施优化生育政策,维护母婴权益,促进母乳喂养,2021 年 11 月,国家卫生健康委员会等部门发布《母乳喂养促进行动计划(2021—2025 年)》,计划到 2025 年,推动政府主导,部门协作,全社会参与的母乳喂养促进工作机制,支持母乳喂养的政策体系,服务网络、场所设施更加完善;公众获取母乳喂养知识渠道多样顺畅,健康素养明显提高,母乳喂养指导服务科学规范,母亲科学喂养主动行动,家庭成员和用人单位积极支持,母乳喂养率不断提高,全国 6 个月内纯母乳喂养率达到 50% 以上。

2019 年,中国发展研究基金会发布的《中国母乳喂养影响因素调查报告》显示,我国 6 个月内纯母乳喂养率 29.2%,远低于世界平均水平的 43%。究其原因,除了母乳代用品过度营销,剖宫产比例高,早产率升高,母乳喂养知识普及不够,职场妈妈母乳喂养困难多也是重要原因之一。"背奶妈妈"成为一个专用名词,但是背奶族面临多种困境,没有合适时间、场地挤奶,多数妈妈在厕所、杂物间、办公桌底下挤奶,"有些人觉得我们在

偷懒,占用上班时间干私事""熬夜加班,产奶量减少""太忙了没时间挤奶,多次乳腺炎",这些都是背奶妈妈的困境。

2.思政案例育人成效　通过真实案例,学生了解"背奶族"的尴尬和困境;了解国家政策,认识到国家对母乳喂养的重视,各级政府和部门采取了各种措施,给母乳喂养提供更强有力的社会支持。使学生关爱产妇,做好母乳喂养健康宣教,及时了解国家政策动态,用自己行动促进相关计划的实施。

3.教学方法、教学模式

(1)主题辩论法:以"是否应该坚持母乳喂养"进行小组辩论,在辩论中使学生了解母乳喂养的优点,及在实施过程中的难点,掌握母乳喂养知识。

(2)人物访谈法:给学生布置作业,访谈一名母乳喂养的母亲和一名奶粉喂养的母亲,了解她们产生不同喂养方式的原因,具体的喂养方式,自己在喂养中存在的问题和孩子目前的生长发育情况。访谈并提交访谈报告,促使学生了解影响母乳喂养的因素,激发学生思考如何利用自己的专业知识改变某些影响母乳喂养的因素。

## 案例五　最美的跪姿,生命的托举

1.课程思政融入点　第九章第六节胎膜早破。

脐带脱垂是分娩期非常凶险的并发症,一旦发生,应采取紧急措施,以挽救新生儿生命。对于宫口未开全产妇,助产士应经阴道上推胎先露,监测胎心同时,尽快行剖宫产。

2019年9月19日,江苏苏州一名产妇在产房待产时,突发脐带脱垂,苏州科技城医院助产士谷素洁为救胎儿,单手托举胎头30多分钟。在手术过程中,谷素洁全程半蹲半坐确保胎儿安全。最终,胎儿脱离危险。

2021年2月10日,河北沧州一产妇脐带脱垂命悬一线,献县中医院妇产科怀孕医生坚持跪姿托举胎头,因抢救及时,手术顺利,母子平安。

2.思政案例育人成效　让学生观看相关视频和查阅资料等,使学生深刻感受到脐带脱垂的危害性,并根据真实医护人员的行为认识到医护人员及时有效的抢救措施对结果的重要意义,培养学生敬佑生命、救死扶伤的职业精神;树立学生敢于担当、甘于奉献的专业价值观;培育学生的临床思维能力和团结协作能力。

3.教学方法、教学模式

(1)案例教学法:通过1分30秒的真实案例的视频观看,采取"知识讲授+案例启发+思政融入"的教学设计模式,临床情景案例穿插于课堂教学,在讲授理论知识的同时以专业价值观和专业精神为主线,结合课前、课中及课后3个教学环节,有助于学生对所学知识的理解和运用。教师通过设计思政问题,引导学生在掌握知识目标的基础上,全方位、多角度、多层次考虑临床问题,培养学生的责任担当和无私奉献的职业精神,引导学生恪守"生命至上"的助产伦理准则,树立崇高的职业理想和信念。

(2)视频教学法:在课堂中通过引入"助产士单手托举胎头,成功抢救脐带脱垂产妇"的案例视频,讲解脐带脱垂抢救流程和操作要领,使学生在学习过程中更加身临其境,有助于知识的理解和记忆。课堂中组织小组讨论,在教师的引导下,使同学们感受到助产士在真实临床护理工作中为保障母婴安全所发挥的巨大的作用,培养学生敬佑生命、救死扶伤的职业精神,形成维护和促进妇女健康为己任的专业价值观和社会责任感。

(3)主题讨论法:教师课后布置学生主题讨论如何看待助产士这个职业。对助产士职业精神进一步升华,启发学生更深一步的思考。视频中助产士采用很不舒适的姿势,单手托举胎头达30分钟,最终母婴平安,充分展现了助产士的责任心和敬业精神。通过教师课堂组织小组讨论,潜移默化地渗透职业价值观,帮助学生培育职业责任感和无私奉献的职业精神,自觉运用所学的专业知识,实现救死扶伤的神圣医学使命。通过视频使学生了解到在产科的临床工作经常会面临紧急的救治情景和突发情景,帮助学生领悟临床实践过程中"时间就是生命"的理念,培养学生在急危重症救治过程中的临床能力和团队协作能力。同时向学生强调个人力量的渺小和团队协作在临床救治过程中的重要性。

### 案例六 "疫"场爱的接力

1. 课程思政融入点 第十章妊娠合并症妇女的护理。

2020年1月27日上午,中部战区总医院收治了一名31岁新冠肺炎确诊孕妇,这名孕妇妊娠34周零5天,目前出现发热、呼吸困难,生命体征非常不稳定,情况危急。医院党委果断决定:调动一切力量救人! 新生儿科、妇产科、麻醉科、感染控制科、中西医结合科等各科专家,紧急会诊。"想尽一切办法,保证母子平安!"一场守护两个生命的战斗开始了。1月27日下午,孕妇病情加重,肺部炎症范围扩大,专家紧急决定剖宫产手术,手术中如何防护? 医院感染控制科制定了严格的感染控制措施,妇产科会同手术室、血液科、中医科等,紧急研究孕妇剖宫产方案。历经一小时手术,母子平安。医院感染科迅速开设婴儿隔离病房,为新生儿实施14天隔离。2月9日,婴儿经两次核酸检测结果均为阴性。从传染病房到手术室,从手术室到婴儿隔离病房,医疗团队争分夺秒,接力救治,守护生命14昼夜,这是"疫"场生命接力,更是一场创造奇迹的战斗。

2. 思政案例育人成效 通过案例讲述,学生了解多学科团队的协作在患者救治中的重要性,同时了解医务工作者在疫情暴发期间,舍生忘我救治患者的精神。

3. 教学方法、教学模式 小组讨论法:利用新冠肺炎发生初期,医务工作者冒着风险抢救确诊孕妇的案例,组织小组利用数据库资源思考新冠肺炎感染孕妇的管理流程及分娩时注意事项,培养学生在工作中善于思考、及时总结的科研精神。

### 案例七 关爱精神健康,远离产后抑郁

1. 课程思政融入点 第十三章第二节产后抑郁症。

"害怕,不开心,不被家人重视,不被家人和朋友理解,突然觉得自己不再是自己了。"这是产后抑郁症患者的真实心理写照。目前我国产后抑郁患病率平均为14.7%,产后妇女可出现情绪低落、焦虑、恐惧、孤独等情绪,而且容易因各种事情如乳腺炎而不能喂养孩子、照顾不好孩子等自责内疚,觉得生活没有意思,而出现自杀或杀婴倾向,导致严重后果,甚至多起产妇携孩子自杀的事件被报道。作为医务工作者应重视产妇的心理健康,及时发现问题给予处理。作为护理人员我们可以指导产妇做好新生儿护理,尽快适

应妈妈角色,做好产妇和家属的健康教育,使她们了解产妇可能会出现的异常情绪,引起家属重视,给予产妇足够的支持。挽救一名产后抑郁患者,等于挽救了一个家庭,虽然我们的工作任务繁重,但是作为一名护理人员,只有怀揣对患者的关爱之心,才能真正促进个体健康、家庭和谐和社会稳定。

利用新闻报道和短视频向学生介绍产后抑郁症,视频截取 2021 年广东卫视《你会怎么做》节目中关于产后抑郁的访谈片段和《女心理师》中关于产后抑郁的部分片段,使学生了解产后抑郁的真实表现。同时推荐同学查阅资料,了解关于产后抑郁的最新治疗和护理进展,运用于日常工作中,真正服务患者。

2. 思政案例育人成效 通过相关视频播放和查阅资料等,学生体会到了护理工作中人文关怀精神的重要性,怀揣关爱之心,护理之路才能走得更加长远。

3. 教学方法、教学模式

(1)讨论式教学法:积极开展讨论式教学方法,以学生为中心,以教师为引导,启发学生思考。结合视频,同时提出问题"如果是你,你会怎么做",引导学生思考哪些因素会引起产后抑郁,如何有效地处理产后抑郁。督促学生查阅关于产后抑郁最新的研究资料,培养学生的探索精神。

(2)角色扮演法:通过理论课学习,可选取某一情景进行角色扮演,让学生分别扮演产后抑郁的产妇、产妇的爱人、家属和护士,模拟患者发病时的情景,对比不同的家属反应(支持型和无视型),模拟护士应如何给予指导和照顾。对参与角色扮演的学生,角色扮演加强了他们对基础知识的记忆,同时查阅资料也增加了相关知识的积累。对观看角色扮演的学生,这种表演给予他们直观的视觉冲击,对比性的情景也引导他们思考如何对患者,其爱人和家属进行更有效的指导。

### 案例八　用生命换来第一支宫颈癌疫苗——"无名英雄"周健

1. 课程思政融入点 第十七章第二节子宫颈肿瘤。

33 岁,立志攻克宫颈癌疫苗。1980 年德国海德堡癌症研究中心的海拉德·豪森教授研究证实几乎所有的宫颈癌都是由于人乳头状瘤病毒(HPV)的持续性感染引起的。中国科学家周健认为,既然已经确定是由病毒感染所致的癌症,那应该就可以通过发明疫苗来进行预防。于是他一头扎进了实验室,潜心研究宫颈癌疫苗。

击败 2 000 多名科学家,率先突破难点。在研究中,周健认识了事业上的好伙伴昆士兰大学免疫和代谢研究所的伊恩·弗雷泽教授,二人经常一起交流心得,验证新的想法。当时,在世界范围内共有 2 000 多名科学家在研究 HPV 和宫颈癌,他们都面临同样的问题——如何在体外培养 HPV 病毒。因为 HPV 病毒只能在活细胞内繁殖生存,一旦被抽取就会死亡。无法获得病毒就意味着无法获得基因组,自然也就无法研究疫苗。经过一次又一次的失败,周健在某日和夫人孙小依散步时突然提出了一个大胆的想法:"病毒外壳 L1、L2 表达都很好,将两个蛋白都加到试管里,看看是否能合成病毒颗粒?"最终,在周健的指导下,他的妻子亲手在实验室将它们合成,他们成功突破了 HPV 疫苗研制路上的难点。

胜利就在眼前,却积劳成疾罹患肝病离世。研究有了突破后,周健依旧没有停下脚步,多年来他一直致力于世界各地的宫颈癌疫苗的临床试验,包括在中国推动临床试验。因为到处奔波,周建不止一次对妻子说"很累"。在疲惫不堪的情况下,他依然坚持回国查看国内的临床试验。胜利就在眼前,周健却因积劳成疾,在 1999 年 3 月因病不幸离世,年仅 42 岁。

在周健离世的 6 年后,宫颈癌疫苗临床试验成功,2006 年率先在澳大利亚上市。2016 年,宫颈癌疫苗进入我国。在世界范围内共有 130 多个国家在使用周健参与发明的宫颈癌疫苗,约有上亿人次接种,疫苗惠及了诸多女性。在如今宫颈癌疫苗造福我国公众的同时,我们应该铭刻并感恩中国科学家周健博士。

2. 思政案例育人成效　讲授宫颈癌的病因及预防时,介绍宫颈癌疫苗的研发过程,让学生认识到宫颈癌疫苗的发明过程中我国科学家做出的巨大贡献,培养学生的文化自信;并结合当今国内宫颈癌疫苗的使用情况,让学生感受到职业使命和担当,从而激发学生持久积极的学习动力,鼓励同学努力实现自己的专业价值和职业理想。

3. 教学方法、教学模式　小组讨论法、启发式教学法:很多同学对宫颈癌疫苗的认知还停留在"稀缺""进口"的认知上,通过讲授我国科学家周建的故事,改变学生的错误认知,并引发学生的思考;通过小组讨论、启发式教学的方式,让学生学会专业知识的同时,激起学生的科研热情和勇于创新的动力。

### 案例九　健康中国行动,促进妇幼健康

1. 课程思政融入点　第十九章第一节妇女各阶段保健。

《健康中国行动(2019—2030 年)》妇幼健康促进行动目标:我国妇幼健康促进行动目标是到 2022 年和 2030 年,婴儿死亡率分别控制在 7.5‰ 及以下和 5‰ 及以下;5 岁以下儿童死亡率分别控制在 9.5‰ 及以下和 6‰ 及以下;孕产妇死亡率分别下降到 18/10 万及以下和 12/10 万及以下;产前筛查率分别达到 70% 及以上和 80% 及以上;新生儿遗传代谢性疾病筛查率达到 98% 及以上;新生儿听力筛查率达到 90% 及以上;先天性心脏病、唐氏综合征、耳聋、神经管缺陷、地中海贫血等严重出生缺陷得到有效控制;7 岁以下儿童健康管理率分别达到 85% 及以上和 90% 及以上;农村适龄妇女宫颈癌和乳腺癌筛查覆盖率分别达到 80% 及以上和 90% 及以上。提倡适龄人群主动学习掌握出生缺陷防治和儿童早期发展知识;主动接受婚前医学检查和孕前优生健康检查。倡导 0 ~ 6 个月婴儿纯母乳喂养,为 6 个月以上婴儿适时合理添加辅食。

2. 思政案例育人成效　介绍《健康中国行动(2019—2030 年)》妇幼健康促进行动目标并提出问题引导学生思考:在健康中国行动中我们能利用自身的专业知识做出哪些贡献?让学生感受到职业使命和担当,从而激发学生的学习动力,激励学生在今后的学业过程中利用所学知识实现职业理想和专业价值的决心。让其感受自身的职业使命和担当,利用自己的专业知识对身边的女性进行健康教育和知识宣传,实现专业价值和职业理想。让学生认识到出生缺陷严重危害儿童生存和生活质量及对家庭带来的影响。学习出生缺陷防治知识可以有效降低出生缺陷的发生概率。同时,学习科学育儿和儿童早期发展知识,有助于提高养育照护能力,充分开发儿童潜能,促进儿童体格、心理、认知、情感和社会适应能力的全面发展。

3. 教学方法、教学模式 讲授法、小组讨论法：介绍妇女保健工作的目的、意义和方法，介绍相关的政策法规，结合健康中国行动中妇幼健康促进行动提出问题引导学生思考，学生通过小组讨论的方式集思广益，最后教师对小组发言给予点评和补充，提炼要点。

## 案例十 生命的价值

1. 课程思政融入点 第二十章第二节辅助生殖技术及护理。

2017 年 6 月 15 日，国家卫生和计划生育委员会联合最高人民法院、最高人民检察院、公安部等 12 个部分共同印发《开展查处违法违规应用人类辅助生殖技术专项行动工作方案》（以下简称《方案》）。《方案》强调，对非法开展人类辅助生殖技术、非法采供精、非法采供卵、非法性别鉴定及代孕活动的机构和人员进行查处打击；对非法开展人类辅助生殖技术、非法采供精、非法采供卵及代孕宣传的广告、信息等进行清理和查处。工信部门、网信部门、电信部门、工商行政管理部门将及时清理处置违法违规广告，加强网站平台监管。同时要求卫生计生部门对各级各类医疗机构开展人类辅助生殖技术服务的情况进行监管和核查，查处违法违规开展人类辅助生殖技术、采供精、采供卵和代孕相关服务的医疗机构和医护人员；加强行业监管，促进医疗机构和医护人员行为自律。

江苏新闻报道，浙江大学附属第一医院妇科治疗一名 20 岁女性患者。该患者卵巢异常增大，腹水、胸腔积液严重，呼吸困难，怀疑卵巢过度刺激征，因抢救及时，该女性慢慢康复。后与患者沟通，该患者承认卖卵。

2. 思政案例育人成效 通过讲述相关案例和国家政策，帮助学生建立正确的价值观和健康观，做好自我保护的同时，积极宣传相关政策；临床工作中严格遵守法律法规和护理伦理要求。

3. 教学方法、教学模式 小组讨论法：提供非法卖卵、代孕案例，学生小组讨论其中的健康问题和伦理问题，帮助学生了解辅助生殖技术的常见并发症，并理解这些并发症不仅影响妊娠结局，还会影响妇女的生活质量甚至生命健康。同时认识到非法的辅助生殖技术更存在较多伦理问题，应坚决抵制。

# 第五章
## 儿科护理学

## 一、课程概要

### （一）课程简介

儿科护理学是一门从整体护理概念出发,研究儿童生长发育规律、儿童保健、疾病防治和护理,促进儿童身心健康的护理学专业课程。本课程的主要任务是培养学生良好的职业素养和护理技能,能为健康儿童及患病儿童提供整体护理,帮助儿童获得最大程度的身心健康。理论方面,要求学生掌握儿童生长发育规律、不同年龄阶段儿童的保健措施及儿童常见疾病的防治原则与护理措施等;实践能力方面,要求学生掌握儿科常用护理技术,培养学生分析问题及解决问题的能力。同时,将人文关怀理念、评判性思维精神等贯穿于整个儿科护理学的学习过程中。

### （二）教学目标

1. 知识目标

（1）能说出儿童生长发育规律,并结合案例给以具体的分析与评价。

（2）能向儿童及其家庭普及儿童保健知识,常见疾病预防与护理知识。

（3）能陈述常见儿童疾病病因,解释其发病机制。

（4）能将儿童常见疾病的理论知识应用于儿童案例解析中,评估并识别临床表现,说出相应的治疗要点,并综合分析形成针对性的护理诊断与护理措施。

2. 能力目标

（1）具备儿科护理基本操作技能。

（2）能进行有效的自主探究性学习,主动加入团队研讨并表达观点。

（3）能对儿科常见疾病进行全面的病情观察,形成护理评估与诊断。

（4）能对患儿及家属进行健康教育。

（5）能运用评判性思维分析并解决临床护理实践中的问题,初步具备临床决策能力。

（6）能初步配合团队进行危重新生儿抢救。

3. 情感目标(思政目标)

（1）培养学生遵从儿科护理职业道德标准,具备严谨求实、慎独的工作态度。

（2）培养学生关爱生命的职业素养,培养学生树立正确的世界观、人生观和价值观,明确儿科护理职业的责任与使命。

（3）培养学生具备良好的团队精神和跨学科合作意识,初步形成评判思维。

（4）引导学生树立终身学习的观念,有主动获取新知识,不断自我完善的态度。

（5）培养学生具备救死扶伤的人道主义精神和全心全意为儿童健康服务的专业精神,为推进健康中国行动助力。

## 二、课程思政教学资源计划表

儿科护理学课程思政教学资源计划见表5。

**表5 儿科护理学课程思政教学资源计划**

| 章名 | 课程思政融入点 | 思政目标 | 案例资源 | 教育方法和载体途径 |
|---|---|---|---|---|
| 第三章 儿童保健 | 计划免疫 | 社会责任 奉献精神 | 以身试毒创业难,医学硕果惠人间 | 案例教学法 探究式教学法 |
| 第四章 儿童营养 | 母乳喂养 | 人文关怀 制度自信 | 让每个儿童有更好的未来 | 启发式教学法 沉浸式教学法 |
| 第五章 患病儿童护理 | 儿童用药安全 | 科学精神 践行使命 | 孩子不是你的缩小版 | 启发式教学法 |
| 第六章 新生儿疾病 | 早产儿护理 | 科学精神 践行使命 | 生命的奇迹 | 案例教学法 情景模拟教学法 |
| 第十章 呼吸系统疾病 | 儿童肺炎 | 文化自信 关爱意识 | 预防肺炎,守护呼吸 | 案例教学法 情景模拟教学法 |
| 第十一章 循环系统疾病 | 先天性心脏病 | 制度自信 家国情怀 | 爱佑童心 | 案例教学法 循证教学法 |
| 第十二章 泌尿系统疾病 | 儿童肾病综合征 | 关爱意识 制度自信 | "大脸小胖"救助工程 | 案例教学法 小组汇报 |
| 第十四章 神经系统疾病 | 儿童脑瘫 | 关爱意识 制度自信 | 脑瘫患儿在融合教育里重获"新生" | 案例教学法 |
| 第十五章 内分泌系统疾病 | 先天性甲状腺功能减退症 | 制度自信 关爱意识 | 一次筛查,终身受益 | 讲授法 启发式教学法 |
| 第十六章 免疫性疾病 | 过敏性紫癜 | 文化自信 践行使命 | 国医大师丁樱和她的"四重身份" | 启发式教学法 |
| 第十九章 感染性疾病 | 麻疹、水痘 | 尊重科学 责任意识 | 接种疫苗,守护一生 | 案例教学法 启发式教学法 |

注:教学内容参照崔焱.儿科护理学.7版.北京:人民卫生出版社,2022.

## 三、课程思政案例

### 案例一 以身试毒创业难，医学硕果惠人间

1. 课程思政融入点 第三章第五节计划免疫。

疫苗是人类在医学领域里最伟大的发明。为了研制疫苗，我国一代代医学科技工作者薪火相传，取得了许多享誉世界的成就。回顾过往，展望前路，不能不让我们想起汤飞凡的名字。

汤飞凡从中南大学湘雅医院博士毕业后到哈佛大学学习细菌学和免疫学。毕业后毅然放弃美国优越的学习和生活条件，回到祖国参与抗日战争及新中国的防疫事业。20世纪50年代初期，汤飞凡在简陋的条件下研制出牛痘疫苗，推动了全国规模的普种牛痘疫苗运动。1961年天花病在中国绝迹，比世界普遍消灭天花病早了16年。汤飞凡另一个杰出的贡献是发明了消灭沙眼的疫苗。20世纪早期，中国沙眼发病率55%左右，时有"十眼九沙"之说。汤飞凡在简陋的科研条件下分离出世界上第一株沙眼衣原体，并在自己的眼睛上做试验，成功研制出沙眼疫苗，使沙眼的发病率从95%骤然降低至不到10%。汤飞凡作为中国微生物科学的奠基者，被誉为"东方巴斯德"，更被誉为中国的"疫苗之父"。

2. 思政案例育人成效 结合"疫苗之父"汤飞凡先生的事迹，将自强不息的钻研精神，勇于献身的爱国情怀，心系人民健康的宏图远志融入学生心中，在传授专业知识的同时，同步实现思政价值引领。适当引入社会热点问题，如"假疫苗事件"，培养学生正确的世界观和价值观，让学生们树立强烈的社会责任感。

3. 教学方法、教学模式

(1)案例教学法：以中国"疫苗之父"汤飞凡先生在疫苗研制过程中做出的巨大牺牲与奉献为启发点，引发学生对我国计划免疫制度的重视，同时结合新冠疫苗接种的亲身经历，促使学生反思疫苗接种的重要性。通过案例结合儿童计划免疫理论内容学习，激发学生的专业使命感和社会责任感。

(2)探究式教学法：通过课前设疑，"免疫接种是根除传染病的唯一有效方法，因此计划免疫要强力推行，无一例外"，引导学生用循证的方法，查阅疫苗接种相关指南，学习各种疫苗接种的注意事项。在此过程中培养学生的循证思维及科学求实的精神。

### 案例二 让每个儿童有更好的未来

1. 课程思政融入点 第五章第二节母乳喂养。

金水，银水，不如妈妈的奶水。1990年卫生部决定将每年的5月20日作为全国母乳喂养宣传日；1992年起，国际母乳喂养行动联盟(WABA)将每年8月1日—7日确定为世界母乳喂养周，旨在推动全方位、多层次大力开展母乳喂养宣传教育，突出健康教育和社会支持对促进母乳喂养的重要作用，拓宽母乳喂养的内涵，创造一种爱婴、爱母的社会氛围。

据统计，2013年我国6个月内婴儿的纯母乳喂养率仅为20.7%，低于全球发展中国

家 37.0% 的平均水平。2021 年 11 月国务院发布《母乳喂养促进行动计划（2021—2025年）》（以下简称《计划》），倡导社会各界共同承担责任，携手构建支持母乳喂养的友好氛围与支持体系。《计划》提出，到 2025 年，母乳喂养核心知识知晓率达到 70% 以上；家庭成员母乳喂养支持率达到 80% 以上；公共场所母婴设施配置率达到 80% 以上；全国 6 个月内婴儿纯母乳喂养率达到 50% 以上。为达成此目标，医护人员需科学精准传播母乳喂养知识和技能，促进母婴家庭成员知晓母乳喂养科学知识，掌握母乳喂养基本技能，引导母亲坚定母乳喂养信念，家庭成员从营养、心理等多方面创造条件支持新手妈妈实现母乳喂养。

2. 思政案例育人成效 结合"全国母乳喂养日""世界母乳喂养周""我国母乳喂养促进行动计划"等母乳喂养支持政策，使学生充分认识到母乳喂养对儿童健康的重要性，感受政府对促进儿童健康方面做出的努力，让学生认识到医务人员在宣传和支持母乳喂养方面的责任与使命，从而培养学生的责任担当意识和人文关怀精神。

3. 教学方法、教学模式

（1）启发式教学法：列举出我国多年来在支持和宣传母乳喂养方面所做出的一系列努力，充分体现出政府重视和关怀儿童事业的决心和态度。通过每年儿童母乳喂养日宣传主题的学习，潜移默化地激发学生的专业使命感和社会责任感，感受人文关怀精神。

（2）沉浸式教学法：提供母乳喂养指南作为拓展学习资源，同时以小组任务的形式要求学生开展母乳喂养宣传汇报，之后到社区针对目标人群进行精准宣教和答疑，同时写出反思报告。在此学习过程中培养学生理论结合实际解决问题的能力、专业自信和社会担当意识。

### 案例三　孩子不是你的缩小版

1. 课程思政融入点 第六章第六节儿童用药安全。

李毛毛，出生 50 余天，因患有先天性心脏病在小儿心胸外科接受了手术治疗，病情稳定后给予出院。然而，因主治医生的疏忽，在出院带药的医嘱上，术后重要的洋地黄类强心药物"地高辛滴剂"的剂量，误写为每次 2.5 mL（应为 0.25 mL），导致 10 倍剂量的地高辛错服了 5 天。医院得知后立即给予排毒治疗，但毛毛仍在术后两个半月因"多器官功能衰竭"不治身亡。案例中，医生缺乏审慎的态度是导致事故的直接原因，但护士或许能凭借丰富的用药知识和评判性思维能力，将这起事故防患于未然。譬如，在发药时，发现地高辛的剂量超过平时 10 倍，能提出质疑，向医生反复确认；在用药宣教时，能耐心教会家属使用的方法，包括测脉搏、抽取准确的剂量等，这样或许就能避免悲剧的发生。护士常常是医疗事故的最后一道防线，我们不应轻易放过工作中的任何疑问和反常现象，不随意合理化，应即刻提问、反复核实，真正成为患儿的"健康卫士"和生命的"守护神"。

2. 思政案例育人成效 结合儿童用药事故频发案例及央视令亿万人泪目的儿童用药安全公益宣传片——《因药致聋女孩的无声诉说》，给学生以警示。儿童作为社会的特殊群体，儿童安全用药，不仅是社会关心下一代的义不容辞的义务，更是医护人员责无旁贷的责任，激发学生的社会责任感和认真负责的工作态度。

3.教学方法、教学模式　启发式教学法:通过一个个儿童用药安全事故的真实案例及国家儿童用药安全报告,给学生以心灵的震撼。提示作为一名儿科护士,应该具备审慎、严谨务实的职业素养、敢于质疑的批判性思维、热爱儿童的职业情感。在日常护理工作中需要细致和谨慎,不轻易放过任何疑问和反常现象,真正成为患儿的"健康卫士"和生命的"守护神"。

### 案例四　生命的奇迹

1.思政融入点　第八章第二节早产儿护理。

在北京大学第三医院新生儿重症监护病房,正在进行着一场惊心动魄的抢救,一个小婴儿突然停止了呼吸,这个男婴刚刚出生,出生体重仅仅 610 g,只有巴掌大小,皮肤呈半透明状,薄的血管透明可见,小脚跟成人的拇指一样大。在我国的医学报道中,甚至还没有这么小的巴掌婴儿能够存活的先例。但是,这个被称为"巴掌婴儿"的脆弱生命,却有一个坚强的名字——小石头。小石头每天发生十几次呼吸暂停,因为是早产儿,肺部本身发育不成熟,所以必须依靠气管插管和呼吸机帮助他呼吸。这个出生只有一斤多的小生命,能够像小小的石头一样,坚硬地生存下去吗? 在 25 名 NICU 医护人员每天 24 小时的守护下,小石头挺过了呼吸关、感染关、喂养关,出生 30 天时,小石头体重达到1 000 g,已经能自主呼吸。每天的吃奶量从最开始的每次 0.5 mL 增加到每次 11 mL,出生 70 天,小石头体重达到 2 000 g,终于从 NICU 暖箱里出来,第一次回到了妈妈的怀抱。在这 70 天里,NICU 的医护人员与小石头度过了无数次生死时刻,小石头一共战胜了呼吸衰竭、吸入性肺炎、脑室出血、呼吸性酸中毒等 19 种疾病,仅仅呼吸衰竭的生死抢救,就经历了 700 多次,正是小石头的坚强和医护人员不遗余力的努力,小石头创造了奇迹。

中国妇幼健康事业发展报告指出,为加强危重新生儿救治,要求每个分娩现场有1 名经过新生儿复苏培训的专业人员在场。对早产儿进行专案管理,推动早产儿袋鼠式护理工作的开展,改善早产儿生存质量,推广新生儿早期基本保健、新生儿复苏等适宜技术,提高新生儿保健工作水平。2003—2014 年,全国婴儿出生窒息死亡率、新生儿因出生窒息 24 小时内死亡率和因出生窒息 7 天内死亡率下降幅度分别达到 75.1%、81.3% 和 76.9%。

2.思政案例育人成效　观看北医三院纪录片《生命缘》,早产儿抢救片《小石头历险记》,通过医护人员全力救治,一个体重仅 610 g 早产儿成功存活,创造医学奇迹,体现医务人员精湛的救治和护理技术,让学生充分感受到作为一名护士的成就感和自豪感。新生儿监护病房护士作为患儿的"临时妈妈",不仅要密切监测患儿的病情变化,还需要高度的责任心和爱心,不仅需要专业精湛的技术,更意味着爱与守护的责任。

3.教学方法、教学模式

(1)案例教学法:以《生命缘》早产儿抢救成功纪录片导入,启发学生思考在救治危重新生儿过程中,需要护理人员哪些精湛的护理技术及职业操守,从而鼓励学生刻苦学习专业知识,拼搏进取,提升专业技能,同时培养高度的责任心与爱心,强化医学人文关怀意识。

（2）情景模拟教学法：应用新生儿模型及学生的角色扮演重现新生儿窒息场景，使学生身临其境，切身体会临床环境，有效提高其对有关新生儿复苏理论知识的掌握程度，使其能够全面地了解新生儿复苏操作中的重点及难点。在抢救过程中培养学生临床思维、解决问题的能力。以沉浸式的仿真模拟练习培养学生救死扶伤、团队合作及人文关怀精神。

### 案例五　预防肺炎，守护呼吸

1. 课程思政融入点　第十一章第三节儿童肺炎。

《中国妇幼健康事业发展报告（2019）》指出，肺炎排在我国5岁以下儿童死亡原因的第2位。世界卫生组织将肺炎列为可用疫苗预防的疾病中"极高度优先"使用疫苗预防的疾病，也就是说，它跟麻疹、百日咳一样是可以通过注射疫苗加以预防的。为了助力儿童肺炎疾病防控，国家疾控中心广泛调研，形成《中国儿童肺炎发病及疫苗普及白皮书》（以下简称《白皮书》）。《白皮书》调研结果显示：中国肺炎疾病负担沉重，肺炎球菌是社区获得性肺炎（CAP）的主要病原；约23%的家长对肺炎球菌疫苗不了解；超过60%的孩子未接种肺炎球菌疫苗，特别是近70%的2周岁以下儿童未接种肺炎球菌疫苗。这意味着疫苗普及工作需加大力度，进一步提高免疫人群覆盖。

河南中医药大学第一附属医院儿科医院在儿童呼吸疾病方面充分发挥了中医特色，对儿童大叶性肺炎、哮喘及闭塞性细支气管炎以"辨病＋辨证＋辨体质"三辨模式，采用"清肺解毒、化痰定喘、通闭祛瘀、调补肺脾肾"序贯治疗的原则，配合中药进行辨证论治，每收桴鼓之效。儿科中医护理团队积极开展中医特色技术30余种，如儿童呼吸操、扶阳助长灸等特色技术，充分发挥中医护理特色，保障儿童健康。

2. 思政案例育人成效　通过分享《中国妇幼健康事业发展报告（2019）》，使学生明确儿童肺炎严重威胁儿童健康，干预失当或不及时则发病者易走向重症肺炎结局，成为儿童群体致死主要成因之一。强化学生学好关于儿童肺炎知识的意识，苦练基本功，培养过硬的专业本领，同时通过案例分析及情景模拟训练，培养学生的人文关怀能力和沟通能力。

3. 教学方法、教学模式

（1）案例教学法：案例以儿童及其家庭为中心，以问题为引导，以护理程序为框架的模式引入，将单纯的疾病防治护理延伸到个体儿童健康的各个方面，注重对儿童心理、情感发育问题的干预和认知行为问题的护理。案例需紧密围绕儿童患病特点，重点突出儿科护理学特色，如多耐心、多爱心，能与家长良好沟通，以达到教学目标。

（2）情景模拟教学法：设计儿童肺炎高仿真模拟教学病例，模拟儿童肺炎病情变化，设计患儿家长角色，表现家长的焦虑、知识缺乏和照护技能不足；设计护士与家长沟通的环节；提供引导性提纲及儿童模拟人的功能。在案例模拟环节，学生以小组形式进行角色扮演，教师作为观察者，在控制室对操作组学生进行观察。模拟环节有家长与学生的互动，根据学生表现进行相应反馈，以推动案例运行，适当对学生进行引导。模拟结束后学生以小组为单位进行反思、讨论和汇报，增强学生的批判性思维能力、团队合作能力、沟通能力与健康教育能力。

## 案例六　爱佑童心

1. 课程思政融入　第十二章第二节先天性心脏病。

先天性心脏病是我国发病率最高的出生缺陷疾病,发病率达10‰,其中20%～30%在新生儿和婴儿时期出现心力衰竭、反复肺炎等并发症,未及时诊治可导致死亡,是造成新生儿和婴幼儿死亡的主要原因。近年来,我国儿童重大疾病医疗保障体系及各类慈善基金会的公益项目,为先天性心脏病患儿及家庭一直在保驾护航,使他们燃起"心"希望。

2021年11月3日,郑州阜外华中心血管病医院在"润心培根项目西藏专项"中,接收了首批来豫接受治疗的先天性心脏病患儿22名,他们将接受免费治疗和手术。润心培根项目是由中国青年创业就业基金会发起实施,旨在开展孤贫缺陷青少年的医疗救助活动。从踏上郑州的热土到办理入院手续,从生活起居到医疗检查,医护人员和工作人员细致入微的关爱,让从青藏高原上远道而来的亲人们感到很贴心、很温暖。11月12日上午,8岁的罗桑卓嘎和同伴齐声演唱着经典歌曲《一个妈妈的女儿》,脸上洋溢着欢乐和喜悦,首批22名患儿顺利完成手术,这也是"青春逐梦行动·润心培根项目西藏专项"工作取得的阶段性进展。

2. 思政案例育人成效　通过播放阜外华中心血管病医院在引入儿童先天性心脏病先进技术及救治成功的视频,迅速抓住学生的注意力,激发学生的学习兴趣。通过阜外华中心血管病医院儿童心脏科护士蔡建平分享护理藏族先天性心脏病患儿的经验介绍,使学生理论结合实际,同时也了解到护士在护理藏族患儿时,考虑到了藏族特有的宗教信仰与饮食习惯,提供了个性化护理。提醒学生在面对患者时要充分尊重不同文化和信仰,践行护理使命。在学习先天性心脏病的同时了解现代化专科医院开展的新技术,拓宽国际视野,增强专业自信。

3. 教学方法、教学模式

(1)案例教学法:了解阜外华中心血管病医院"润心培根项目"的实施及临床护士蔡建平通过视频给学生分享护理西藏先天性心脏病患儿护理的经验介绍,体现医护人员对患儿及家庭全方位的关心和精心的治疗与护理,展示社会主义大家庭的温暖。

(2)循证教学法:要求学生以先天性心脏病患儿家长的心理体验为主题搜索相应的科研论文,引导学生关注家长的心理反应,使学生意识到要制订个性化的护理方案,对患儿家长进行有效的心理干预,不但要消除家长紧张、多疑、悲观无助、依赖型等心理问题,也要减少家长对孩子的过分溺爱,主动去影响患儿的心理,提高患儿治疗的依从性。使学生认识到在心理护理过程中医护人员应注意语言得体谦恭、态度随和亲切,树立良好医护形象,争取家长对医护人员的信任和支持。同时,创造温馨的病房环境,营造一种温馨的气氛也可减轻家长及患儿焦虑。

## 案例七　"大脸小胖"救助工程

1. 课程思政融入点　第十三章第三节儿童肾病综合征。

肾病,被称为"沉默的杀手"。疾病反复发作,影响儿童成长,被人们认为是"烧钱"也未必能够看好的病症。近几年,我国肾病的发病率逐年增高,已成为许多家庭因病致贫、因病返贫的主要慢性病之一。其中,青少年肾病患者已超过300万,儿童慢性肾衰竭每年以13%的速度递增。而肾病早发现、早治疗效果显著、容易治愈,一旦发展为尿毒症,就只能通过透析或肾移植维持生命,给家庭和社会带来严重的经济负担。2019年,中华少年儿童慈善救助基金会"大脸小胖"救助工程正式启动,旨在帮助0~18岁肾小球肾炎、肾衰竭、肾病综合征、肾功能不全等各类肾病的患儿家庭缓解经济问题,并为他们提供规范、系统的治疗,帮助他们早日康复,回归正常生活。想要更好地帮助贫困肾病儿童,单凭某一方的力量是不够的。需要社会大众共同关注,也需要更多的人参与到关爱救助活动中,从经济、精神、治疗等方面帮助患儿,为护佑肾病儿童健康成长贡献自己的力量。中华少年儿童慈善救助基金会爱心公益大使孙茜说,她希望通过自己的努力,带动更多爱心朋友一起,给广大肾病儿童带来最实际的帮助,也希望社会各界都来关注和关心肾病儿童这个群体,让他们的生命之花重新绽放。

2. 思政案例育人成效　针对肾病患儿长期服用激素带来的身体、心理变化,结合中华少年儿童慈善救助基金会"大脸小胖"救助工程对肾病儿童的帮助,引导学生坚定制度自信,关爱肾病患儿。通过组织学生查阅文献,从日常生活及专业层面探索具体举措,引导学生思考如何让关爱与科学相结合,增强关爱意识。

3. 教学方法、教学模式

(1)案例教学法:以肾病患儿故事导入,抓住学生的注意力,加深对肾病患儿的直观印象,在学习知识的同时,了解患儿及家属的心路历程,引起情感共鸣。结合中华少年儿童慈善救助基金会"大脸小胖"救助工程,了解公众对贫困肾病患儿的帮助和支持,引导学生坚定制度自信。

(2)小组汇报:组织学生以小组为单位,在课后查阅文献,选取某一个或几个点,阐明具体的护理措施,进行小组汇报:在关爱肾病患儿及家属、提高用药依从性、给予情感及心理支持方面,护理人员可以发挥什么样的作用?引导学生关注肾病患儿治疗护理进展,关注患儿及家长的心理问题,寻找具体的疏导方法,让关爱与科学相结合,增强关爱患儿、服务患儿的意识。

### 案例八　脑瘫患儿在融合教育里重获"新生"

1. 课程思政融入点　第十五章第四节儿童脑瘫。

小松涛出生后不久身体就表现出异样,奶奶说:"他总是站不稳,吃饭也得大人喂……"后来,他被确诊为脑瘫,从此辗转于各家医院和康复机构。除了站不住、走不了,他握笔也十分吃力,一度遇到无学可上的困境。2018年,哈尔滨市积极开展融合教育,为基本具备接受正常教育的特殊孩子开辟"绿色通道",小松涛有幸成了一名小学生,和正常的孩子一起上学,随班就读,从此既能参加康复训练,又能正常读书。这些孩子们在老师、同学们的帮助下努力成长,也用坚韧的精神感染着身边健全的孩子。同学们在帮助他们的过程中,也学会了坚强、助人为乐,明白了奉献的价值。

融合教育最早于1994年提出,关注所有有特殊需求的学生,包括残障、天才、疾病者等各种群体,通过一体化的教育满足其需求。2017年,融合教育被写进我国《残疾人教育条例》,我国在普通学校就读的残疾学生人数由2013年的19.1万人,增加到2018年的

33.2万人,残疾学生在普通学校就读的比例超过50%。融合教育的实行是在我国管理体制与治理模式下采取的切实可行的促使特殊儿童融入社会、参与共享的策略,是促进社会公平正义、增进人民福祉的创新社会治理的体现。

2.思政案例育人成效　脑瘫发病率为1.5%～5.0%,由于相当部分脑瘫患儿有运动障碍及智力低下,脑瘫患儿的康复锻炼又是一个长期的过程,给患儿家庭带来极大的心理负担和经济负担。通过了解我国对于脑瘫患儿的救助及关怀政策,包括一些脑瘫患儿身残志坚,在社会的关怀及家长永不放弃的支持下自食其力,甚至考上博士的案例报道,学生感受社会的温暖,父母的伟大,残障儿童自强不息的精神,从而自我激励好好学习专业知识,回报社会及家庭。

3.教学方法、教学模式　案例教学法:以脑瘫患儿故事导入,抓住学生的注意力,加深对脑瘫患儿的直观印象,在学习知识的同时,了解家属焦虑、急躁等心路历程,引起情感共鸣,使学生意识到要以高度的同情心去关爱家属和患儿,不但要在疾病护理、基础护理、生活护理上给予人文关怀,更要在精神上鼓励和安慰患儿及家属,使其感受到关怀、重视、尊重,更好地配合治疗和护理。结合我国对残障儿童的融合制度,培养学生的制度自信和关爱意识。

## 案例九　一次筛查,终身受益

1.课程思政融入点　第十六章第一节先天性甲状腺功能减退症。

先天性甲状腺功能减退症(简称甲减),在疾病早期往往症状不明显,可是一旦发病不是危及生命,就是造成智力或机体永久性的损伤,给家庭及社会带来一辈子的负担。及早发现疾病是决定能否及时治疗、防止进一步损害的关键。新生儿疾病筛查是指在新生儿期对严重危害新生儿健康的先天性、遗传性疾病施行专项检查,提供早期诊断和治疗的母婴保健技术。2009年,原国家卫生部发布了《新生儿疾病筛查管理办法》,规定了全国新生儿疾病筛查病种包括先天性甲状腺功能减退症、苯丙酮尿症等新生儿遗传代谢病和听力障碍。新生儿疾病筛查是简易、快速和廉价的筛查方法。对于先天性甲状腺功能减退症的筛查,常用血斑试验,即在新生儿出生72小时后,7天之内,充分哺乳后,按摩或热敷新生儿足跟,并用75%乙醇消毒皮肤,待乙醇完全挥发后,使用一次性采血针刺足跟内侧或外侧,深度小于3 mm,用干棉球拭去第1滴血,从第2滴血开始取样,至少采集3个血斑。这种筛查可以及早发现孩子是否患有先天性甲状腺功能减退症,并进行及时治疗,使其健康成长。

2.思政案例育人成效　通过了解各地针对新生儿疾病筛查的免费政策,引导学生意识到国家在疾病预防领域的巨大投入,彰显了国家经济实力与对人民健康的高度重视,激发学生坚定制度自信,增强民族自豪感。

3.教学方法、教学模式

(1)讲授法:介绍国家《新生儿疾病筛查管理办法》,讲述早期新生儿疾病筛查的意义,引导学生增强责任意识,向全社会普及新生儿疾病筛查知识。提供资源《新生儿疾病筛查技术规范(2010年版)》,引导学生课下自学,掌握先天性甲状腺功能减退症的检查方法。课后让学生调查各地新生儿疾病筛查的政策,引导学生认识到国家在疾病预防领域的巨大投入,以彰显国家经济实力和对人民健康的高度重视,增强民族自信心。

(2)启发式教学法:介绍甲减患儿故事,走近患儿及家属,了解他们的心路历程,讨论思考护理人员可以在哪些方面给患儿及家庭提供帮助,引导学生关注弱势群体,走进患儿及家长身边,帮助解决具体问题,让关爱落到实处。

### 案例十 国医大师丁樱和她的"四重"身份

1. **课程思政融入点** 第十七章第三节过敏性紫癜。

2022年7月20日,河南中医药大学第一附属医院儿科医院院长丁樱教授当选第四届"国医大师",为河南省首位女国医大师。国医大师是我国中医药行业的最高荣誉。从基层医生到博士生导师,最后当选国医大师,53年从医路,丁樱走得坚定、踏实。

丁樱1968年卫校毕业后,先后在林县、安阳基层医院工作,3年后到河南中医学院第一附属医院主攻儿科,开始她的"四重生涯"。她,为医,数十年如一日,倾注爱心,以低廉的费用解患者病痛,是患者心中亲切的"医生奶奶";她,为学,开创性地提出儿童肾病"扶正祛邪,序贯辨治"理论,推行儿童紫癜性肾炎的中医阶梯诊疗方案,创新性地把雷公藤制剂引入儿童临床;她,为师,坚持中医药师承教育,力破传承难题,培养出百余名硕士研究生、博士研究生、博士后及学术继承人;她,为"帅",将儿科从起初只有25张床位发展到目前9个病区,开放床位639张。儿科已成为国家中医临床重点专科,临床规模、专业特色、业务水平等在国内同行业稳居第一位。

熟悉丁樱的"老病号"都知道,她开方有个原则:能用一味药绝不用两味药;疗效一样,能用便宜药就不用贵的药,尽可能减轻患者的经济负担。她常对学生和年轻医生说:"看病是个良心活儿,要有医术,更要有医德。"临床之外,她还坚持科研创新实践,在儿童疑难病领域提出了很多开创性的见解:创新性地提出儿童肾病"扶正祛邪,序贯辨治"理论;创立儿童紫癜性肾炎的中医阶梯治疗方案,在全国广泛推广应用;为了不让患儿错失"便宜有效的救命好药",首倡儿童规范应用雷公藤制剂的临床治疗方案。

为师,她宽严并济,倾尽全力。她深知,个人能力终归有限,要想服务更多的患者、将中医药学发扬光大,就必须做好师承教育。"中西医结合是中医发展的必由之路,西医辨病,中医辨证,病证结合,才能扬长避短。"丁樱在带教过程中反复强调,"只有两条腿走路,才能走得更稳、更快。"

2. **思政案例育人成效** 通过学习丁樱教授夜以继日坚守临床,对重患生命的救助,细微处彰显的大医情怀,丁樱教授甘为人梯,激励后来者居上,与光同行,为民向党的精神,激发学生向榜样学习,不忘初心、恪尽职守,不断追求精益求精的技能,模范践行崇高职业精神。

3. **教学方法、教学模式** 启发式教学法:课前感化,教师线上发布关于丁樱老师事迹的报道和视频链接,有来自患者的事例报道,有来自学生的采访,同时建议学生到医院儿科病区进行参观学习,从不同的角度感知丁樱教授作为一个医学大家的风范。从丁樱教授的"三株苗"精神,即在临床一线护佑千万儿童健康"护苗",在科研一线培植核心技术"育苗",在教学一线传承中医药学术思想"种苗",学习丁樱教授的为医之道、为学之道、为师之道、为人之道。丁樱教授从最初的西医出身,最后成为中医药文化的潜心传道者,她古稀之年依然学中医、爱中医、传承中医,是薪火相传、生生不息的中医药文化传承创新的具体体现,激发学生学习、继承和发扬中医药文化的决心。

## 案例十一　接种疫苗,守护一生

1. 课程思政融入点　第二十章第一节麻疹、水痘。

麻疹作为儿童最常见的急性传染病之一,截止目前,应对麻疹还没有特效药。疫苗接种是预防疾病最有效的方法之一,每年可以预防 200 万～300 万人死亡。自美国 2000 年在全国基本消灭此病后,2019 年麻疹又"死灰复燃"并席卷了美国 23 个州,感染人数也创下了 25 年来新高。美国食品药品监督管理局(FDA)发表声明称,美国麻疹疫情的暴发是由于疫苗接种不足。而据美国媒体报道,美国近年来进行的"反疫苗运动"是这次麻疹疫情大规模暴发的重要原因。这场"反疫苗运动"的始作俑者是一位肠胃病学家安德鲁·韦克菲尔德。他在 1998 年 2 月在世界权威医学杂志《柳叶刀》上发表了一篇论文,声称接种疫苗会引发孤独症。一些有孤独症孩子的名人,例如好莱坞明星吉姆·凯瑞,坚信韦克菲尔德的理论,更起到了推波助澜的作用。特朗普更是曾在竞选美国总统前多次发布推特表示,接种疫苗是儿童孤独症大幅增加的原因。加之美国多州可以因为宗教信仰、医学、价值观等理由申请豁免,越来越多的父母拒绝给孩子接种疫苗。

接种疫苗真的会导致抑郁吗?研究证明,疫苗并没有那些"反疫苗运动"人士说得那样夸张。发表论文声称"接种疫苗会引发孤独症"中最初 13 名共同署名的作者中,有 10 人推翻了此前的观点:"文章并不能得出结论说麻腮风疫苗将导致孤独症,因为有关数据不充分。"《柳叶刀》也在 2004 年 3 月以证明韦克菲尔德弄虚作假为由,撤销了这篇论文并道歉。英国和瑞典的两项研究也表明,疫苗的注射并没有导致孤独症的患病率增加。疫苗并不会引发孤独症,而不接种疫苗真的可能丧命。

2. 思政案例育人成效　引入美国麻疹反弹事例,结合当前新冠疫情防控形势,引导学生以正确的态度看待疫苗接种,尊重科学,积极履行个人在传染病控制中的责任。

3. 教学方法、教学模式

(1)案例教学法:案例导入 2019 年美国麻疹病情大范围暴发与"反疫苗运动"事件,引起学生注意,激发学习兴趣。学习麻疹危害的同时,启发学生思考:麻疹疫苗,打还是不打?以具体事例引导学生理解国家在传染病控制方面所采取的举措,尊重科学,正确看待疫苗接种,积极配合。

(2)启发式教学法:结合传染病护理措施,明确护士在传染病管理中可以发挥的作用,引导学生在掌握护理传染病患儿知识、技能的同时,培养社会责任感及大局意识,着眼社会群体,预防感染传播。对于症状轻微、居家观察的传染病患儿,结合实际生活发起讨论:面对传染病患儿,家长应具备怎样的健康素养?启发学生思考家长在面对传染病时应具备的责任意识,引导学生认识到传染病防控需要医院、家长等多方联动,共同行动,履行各自的责任。

# 第六章
# 中医护理学基础

## 一、课程概要

### (一)课程简介

中医护理学基础是中医院校护理本科专业的主干课程和特色课程,也是中医学基础课程与中医临床护理学课程之间的桥梁课程。本课程以中医护理临床需求为导向,旨在探求中医理论指导下的护理方法与护理技术,阐明具有中医特色的护理理论,发挥其在中医基本理论与临床辨证施护之间承上启下的桥梁作用。课程教学立足立德树人,紧扣中医药院校护理本科生培养目标,树立中医护理传承与创新理念,结合理论与实践,在培养学生牢固掌握中医护理基本理论、基本知识和基本技能,树立整体观念和辨证施护理念的同时,培养学生对中医药学、中医护理学的文化自信,牢固中医护理职业情感,坚定为中医护理发展努力的信念。

### (二)教学目标

1. 知识目标

(1)掌握中医护理学的基本知识、基本理论。

(2)掌握常用中医护理技术的应用方法、操作原理及注意事项。

2. 能力目标

(1)能熟练掌握并规范实施拔罐法、刮痧法、蜡疗法、耳穴压豆法、灸法等 15 种常用中医护理操作。

(2)能运用中医护理学理论和知识,辩证地为患者提供整体的中医护理措施。

3. 情感目标(思政目标)

(1)引导学生树立对中医护理学牢固的专业情感,对中医药学和中医护理学的文化自信。

(2)引导学生认识到中医护理在健康中国建设中的重要作用,培养学生作为中医护理人员的社会责任感和家国情怀。

(3)培养学生在中医护理课程学习中的传承创新精神和意识,激发学生的创新意识和科学精神。

## 二、课程思政教学资源计划表

中医护理学基础课程思政教学资源计划见表6。

表6 中医护理学基础课程思政教学资源计划

| 章名 | 课程思政融入点 | 思政目标 | 案例资源 | 教育方法和载体途径 |
|---|---|---|---|---|
| 第一章 绪论 | 中医护理学基础的任务与内容 | 文化自信 守正创新 职业情感 工匠精神 人文关怀 | 守正创新,中医护理守护人民健康 | 案例教学法 课堂讨论法 |
| | 中医护理学发展史 | | 新冠肺炎防治,中医护理大显身手 | |
| 第三章 中医基本护理 | 饮食调护 | 文化自信 环保意识 国际视野 严谨治学 | 中医食养守护中华民族健康之路 | 理实一体教学法 第二课堂 |
| | | | 《伤寒论》方剂煎服法的奥秘 | 问题式教学 课堂讨论法 |
| 第四章 经络腧穴 | 经络 | 高尚医德 创新精神 奉献精神 | 皇甫谧以身试针著《针灸甲乙经》 | 案例教学法 |
| | 腧穴 | | 探索创新,孙思邈命名阿是穴 | |
| 第六章 常用中医护理技术 | 刮痧法 | 文化自信 职业情感 创新精神 | 截肢危境,刮痧治疗显奇效 | 案例教学法 课堂讨论法 |
| | 耳穴压豆法 | | 创新中医护理技术,发挥传统特色优势 | 启发式教学法 案例教学法 |
| 第八章 辨体施护 | 九种常见体质的辨体施护 | 文化自信 家国情怀 社会责任 传承创新 | 体质辨识防控慢性病,点亮健康"指路灯" | 案例教学法 翻转课堂 |

注:教学内容参照王俊杰,高静.中医护理学基础.3版.北京:人民卫生出版社,2022.

## 三、课程思政案例

### 案例一　守正创新,中医护理守护人民健康

1.课程思政融入点　第一章第一节中医护理学基础的任务与内容。

费景兰,主任护师,硕士研究生导师,国家区域中医(肝病)诊疗中心党总支副书记,肝病诊疗中心护士长,李氏砭法师承班班长。

她努力挖掘中医药宝库,结合实践创新技术;她热心科普,深入基层开展讲座,2019年被评为"出彩河南人"第五届最美护士,2022年被评为"中国好医生、中国好护士"、河南省"女职工建功立业先进个人",还先后荣获河南省"中医护理标兵",郑州市"五一劳动奖章",郑州市"医德标兵"等荣誉称号。费景兰老师是对中医护理守正创新、坚持用中医护理守护人民健康的先进典型代表。

她注重民间特色疗法的学习引进。先后创新使用"荷叶中药封包"技术治疗肝硬化和肝腹水、药食同源药膳改善肝硬化患者营养状态。她还改良了脐火疗法,创立并发行了疏肝健脾养胃操,掌握了虎符铜砭刮痧、易医脐针等技术;她积极传帮带,2020年她指导的学生参加河南省中医护理技能岗位竞赛荣获特等奖,2021年肝病中心护士获"出彩河南人"第六届最美护士,2022她指导的护士获河南省第一届护理技能大赛一等奖。2022年带领护理团队成功申报河南省医学科技攻关计划项目12项(李氏砭法虎符铜砭刮痧)。

她用爱心为生命守护。连续72小时护理一名危病患者;组织科室护士为经济困难的患者捐款;从家带食材为食欲减退的患者做营养粥;她每周坚持2天的中医治疗门诊,经常把治疗安排在周末或者中午等休息时间,最大限度满足千里迢迢外地患者的就诊需求。

她热心科普公益。20年来,坚持举办中医科普知识讲座及耳穴贴压、虎符铜砭刮痧等活动,利用休息时间带领护理团队到基层举办中医科普知识讲座及中医适宜技术推广。近3年,她共收到患者感谢信100多封、锦旗上百面。

2.思政案例育人成效　结合"出彩河南人"第五届最美护士费景兰老师案例,以榜样的力量,让学生感受中医护理"工匠精神",培养学生的守正创新精神,增强中医护理文化自信,牢固中医护理职业情感。

3.教学方法、教学模式

(1)案例教学法:在中医护理学的发展任务中引入费景兰老师坚守中医护理临床一线,对中医护理技术传承创新,用中医护理技术服务大众,受到社会好评,并被评为"最美护士"的案例,使学生认识到中医护理人员同样具备"工匠精神",可以用独立的护理措施为患者解除病痛,为患者和社会所敬重,树立学生强烈的文化自信心,使其对中医护理发展充满信心,增强专业自信心,认识到中医护理在健康中国建设中的社会责任。费景兰老师对民间中医技术传承、创新、发展,用自身行动关爱病患的精神,使学生明白中医护理发展中守正创新的重要性,培养学生创新意识,以及关心、关爱、关怀患者的人文关怀精神。

（2）课堂讨论法：引导学生讨论对中医护理发展任务的认识，结合国家对中医药事业发展的政策优势，讨论中医护理未来的发展方向、自己的职业发展规划，使学生树立对中医护理未来的发展信心，坚定中医护理职业情感。

### 案例二　新冠肺炎防治，中医护理大显身手

1. 课程思政融入点　第一章第二节中医护理学发展史。

2020 年，在抗击新冠肺炎疫情中，中医药发挥了极其重要的作用。"三分治疗，七分护理"，中医护理作为中医药的重要组成部分，同样发挥着不可替代的作用，中医护理特色治疗、呼吸操等锻炼项目被引入定点医院、隔离病房、方舱医院。新冠感染患者大多出现乏力、胸闷、喘憋、咳嗽、失眠等症状，中医护理人员为患者进行穴位按摩、耳穴贴压、开天门、穴位贴敷等中医非药物疗法，症状改善效果明显；呼吸导引操，可有效增强患者体质、提高心肺功能，加速患者康复，重症、轻症患者分别进行坐式、立式呼吸导引操；八段锦也成为"网红操"，既能增强身体素质，又能缓解心理压力。

2020 年，为加快新冠肺炎恢复期康复，国务院应对新型冠状病毒肺炎疫情联防联控机制医疗救治组组织专家制定了《新型冠状病毒肺炎恢复期中医康复指导建议（试行）》，除中药治疗外，还包括中医适宜技术、膳食指导、情志疗法、传统功法等中医护理内容，用于指导新冠肺炎出院患者恢复期的护理康复工作。

2. 思政案例育人成效　在现代中医护理学的发展概况中，引入中医护理学在新型冠状病毒感染防治中发挥的重要作用，让学生客观认识中医药和中医护理学在新冠肺炎病毒感染防治中的特色和优势作用，提高学生对中医护理学的职业认同感，以及作为中医护理人在新冠感染防治中的社会责任感，使学生感受中医护理人的家国情怀。

3. 教学方法、教学模式

（1）案例教学法：通过图片展示武汉方舱医院医护人员为患者实施中医护理治疗情景，让学生直观感受中医护理在新冠感染中的作用。

（2）课堂讨论法：组织学生讨论 2020 年发布的《新型冠状病毒肺炎恢复期中医康复指导建议（试行）》中对符合解除隔离和出院标准患者的康复指导中的中医护理相关内容，使学生树立辨证施护和整体护理的理念，认识到中医学和中医护理学在新冠病毒防治中不可或缺的作用，树立对中医药文化的文化自信。

### 案例三　中医食养守护中华民族健康之路

1. 课程思政融入点　第三章第四节饮食调护。

2018 年中央电视台推出《舌尖上的中国》系列节目，其中《舌尖上的中国（三）》第四集将中国美食和中医药食同源理念相结合推出"养"，让我们能够近观饮食之美，远眺中华文化的魂魄。中国人以饮食养生来保健，发展出独特的植物学、医学、营养学体系，创造出赋予自然哲思的养生佳肴。食养正气，随手可得的平常食材，蕴含着健康的奥秘，守护着中华民族的身心平安之路，药食同源的观念深深影响着中国人的饮食生活，这些意义非凡的食物形成了中国人餐桌上最为独特的体系。其中的五汁膏、枣泥山药糕、艾叶豆腐、当归生姜羊肉汤、祛湿汤、蛋酒汤、山药鸡子黄作为地方或特色家常食物和食疗食

物,在视频中让人熟悉又亲切,尤其是郝万山教授讲授的张仲景当归生姜羊肉汤让人印象深刻。在中医药的殿堂里,有学子在探索着中医食养的精髓,并为亲人的疾病进行调养;也有国际学生和老师在尝试中医食疗的神奇效果,整个视频是对中医饮食调护、药食同源思想的生动阐释。

2. 思政案例育人成效　通过让学生观看《舌尖上的中国》中医药膳养生专题节目"养",并通过实训课程实践"中医食疗",提高学生对药食同源理论的理解,让学生深刻认识到中医食养在中国人餐桌中的地位,加强弘扬和培养大学生民族精神,增强学生的文化自信;对药膳食材收集和制作过程进行讲述,让学生客观认识到人与自然的和谐关系,学生树立保护环境、守时守位意识,建立起天人相应、天人合一的生存法则;通过中医学子通过所学中医药知识,为母亲进行药膳保健的故事,让中华民族优秀传统美德"孝道"观念进一步深入学生思想深处;在国际学生和老师对中医药膳的痴心研究中,激发学生对中医药文化的自信心,并树立为中医药文化国际化传播的意识。

3. 教学方法、教学模式

(1)理实一体教学法:让学生课下自行观看推荐资源《舌尖上的中国》——养,使学生在视频中认识中国餐桌文化的与食养文化的完美交融,通过视频内容的观看,让学生自觉培养正确的饮食习惯,培养学生对中医药文化的强烈自信心、环境保护意识和社会主义核心价值观,具有将中医药文化国际化传播的意识。实训课程中为学生准备丰富的药食同源中药材,利用实训室条件经过辨证和选药,分组煎煮药茶。

(2)第二课堂:借助第二课堂,利用图片、视频等方式,在假期开展中医药膳比赛,通过亲自动手实践,加深学生对中医药膳、饮食调护的认识,并在未来临床工作中深入实践,帮助患者通过饮食调护恢复健康、解除痛苦。

### 案例四　《伤寒论》方剂煎服法的奥妙

1. 课程思政融入点　第三章第五节用药护理。

中药汤剂是临床最常用的剂型,临床施治过程中辨证准确、用药精当固属重要,但不能如法煎服,亦会影响疗效,达不到预期的效果。合适的药物煎服方法可以促进药物有效成分的析出,增强疗效,减轻毒性,缓解不良反应,影响疾病预后,是治疗的关键环节和取得效果的重要保证。历代医家均非常重视汤剂的煎煮方法,张仲景的《伤寒论》作为我国第一部理法方药完备的医学著作,其汤剂煎服之法同样深藏玄机。

煎药溶媒作为方剂的重要组成,对药物功效的发挥有着独特而不可替代的地位,张仲景在《伤寒论》中擅长灵活选用煎药溶媒,其涉及的煎药溶媒多达10余种,较常用的有水、酒、蜜等,而水又有潦水、清浆水、甘澜水、长流水、泔水、泉水之分,酒有清酒、白酒、苦酒之别,精准的辨证用药配以恰当的煎药溶媒,使药效发挥尽致。煎药过程,又根据药物特性和治疗目的提出特殊煎药方法,如麻沸汤渍药、煎汤代水、去滓再煎、先煎、后下、煎煮丸、散等;《伤寒论》还以加入水量和煎取药量等信息来体现煎药时间,如大黄在大承气汤中后下,耗时三升,发挥其泻下通腑之力,在大陷胸汤中大黄先煮,耗时四升,煎药时间延长,削弱泻下之力,发挥泻水逐瘀之效。此外,他还对服药量、服药频次、服药时间、药后调护等内容颇有见地,做了详尽说明。

《伤寒论》所载诸方不仅用药精当,配伍严谨,加减灵活,功效卓著,中药煎服法也与病脉证治、理法方药浑然一体,寓含了丰富的辨证思维,为后世临床用药的典范,不愧为"方书之祖"。

2.思政案例育人成效　通过探究《伤寒论》煎煮方法之奥秘,让学生领略张仲景在诊治疾病中细致全面、注重细节、善于钻研的医者精神,体会中医经典著作的博大精深,引导学生树立中医药文化自信和严谨治学的学习态度,认识到中医药高质量发展需传承精华方可守正创新。

3.教学方法、教学模式

(1)问题式教学:以《伤寒论》中药汤剂煎服方法为例,让学生认识到适当的煎服方法对药物疗法发挥的重要作用,以具体案例强化教学重点、难点。同时引导学生回顾并思考大黄的功效,以及方剂学相关代表方如何煎煮大黄才能发挥不同功效。

(2)课堂讨论法:组织学生课堂讨论,对比传统中药煎煮方法,机器煎药的优缺点,从而培养学生严谨治学的态度和中医辨证思维能力。

### 案例五　皇甫谧以身试针著《针灸甲乙经》

1.课程思政融入点　第四章第一节经络。

皇甫谧,魏晋著名学者、医学家、史学家,在文史、医学等方面均建树非凡。他出身东汉名门世族,自幼贪玩不思进取,20岁仍游荡无度,犹不好学,人以为痴。经叔母教诲,幡然醒悟,改弦易辙,矢志奋进,著《帝王世纪》《年历》等著作。但他认为:若不精通于医道,虽有忠孝之心,仁义之性,君父危困,赤子涂地,无以济之。放弃仕途,弃文从医,潜心于针灸医学的研创,42岁时患了严重的行痹病,仍然手不释卷,精研《黄帝内经》《明堂孔穴针灸治要》等书,将前人研究针灸学的成果进行整理总结,"删其浮辞,除其重复,论其精要",并无数次以身试针,不断探索试验性针灸,"究天人之际,通古今之变,成一家之言",编撰出了我国医学史上第一部针灸学专著——《针灸甲乙经》,厘定腧穴349个,明确了穴位的归经和部位,统一了穴位名称,奠定了中医针灸学科理论基础。

2.思政案例育人成效　引入晋时期著名医家皇甫谧编撰《针灸甲乙经》的故事,皇甫谧以"济世"为己任,放弃仕途,弃医从文,体现了他经世致用、悬壶济世、不务虚名的求实精神;他精研前人针灸学成果,并分类整理,寻找规律,在自己身上进行了成百上千次针灸试验,启发学生作为一名医护人员,要有甘于奉献和自我牺牲的精神,才能换来社会大众的健康。

3.教学方法、教学模式　案例教学法:在经络系统概论中,引入皇甫谧弃文从医,钻研针灸著作,以身试针著《针灸甲乙经》的故事,让学生在故事中体会皇甫谧悬壶济世、不务虚名的高尚医德,以及为针灸医学发展而甘于奉献的精神,培养学生高尚职业情操和勇于探索的精神。

### 案例六　探索创新,孙思邈命名阿是穴

1.课程思政融入点　第四章第二节腧穴。

相传孙思邈70岁那年,一天他正在撰写《千金要方》,有一个乡邻急匆匆地走了进

来,说:"陈阿大的病越来越重,吃了很多药、扎了针灸还是疼得厉害,想请您诊治,但付不起诊金。"孙思邈毫不迟疑赶了 30 多里(约 15 km)路,半夜才到患者家中。孙思邈尽心抢救,终于将患者抢救回来,但患者双腿仍疼痛难忍。孙思邈想用针刺止痛,可是将医书中记载的止痛穴位试了一遍都不见效,孙思邈没有放弃,终于在患者左腿发现一个最痛点,按压时患者大叫:"阿……是……是这儿!"患者施针后疼痛立即缓解,他将这些穴位称为"阿是穴",阿是穴的叫法便流传下来了。

2. **思政案例育人成效** 故事中孙思邈在 70 岁高龄时仍坚持走 30 多里路为患者治病,且不收诊金,表现了人命至重的医德本源,让学生从根本上树立救死扶伤的职业情感,教育引导学生始终把人民群众生命安全和身体健康放在首位;孙思邈除了实践书籍中记载的穴位以外,不断尝试新的治疗穴位,创立"阿是穴",为针灸临床选穴做出了巨大贡献,启发学生今后在临床护理工作中要有探索创新精神,在掌握已有知识的基础上,积极探索创新,推动护理学科向前发展。

3. **教学方法、教学模式** 案例教学法:在腧穴的分类中,引入孙思邈创立"阿是穴"的故事,让学生在故事中体会孙思邈"大医精诚"的高尚医德,体会孙思邈在面对疑难病例时不畏艰苦、持之以恒、不断创新的精神,培养学生作为未来护理工作者高尚的医德,以及在临床工作中守正创新的精神。

### 案例七 截肢危境,刮痧治疗显奇效

1. **课程思政融入点** 第六章第六节刮痧法。

53 岁的赵先生怎么都没想到,2 个月前,他只是拿针刺破了因脚气而长出的小水疱,洗完桑拿后,脚面竟然红肿、溃烂、流脓,差点因此植皮甚至截肢! 更令他意外的是,在河南省中医院迎宾路院区做了 6 次"虎符铜砭刮痧",溃烂流脓的伤口竟然结痂愈合了!

先是经历了"痛风"的误诊,后确诊为"蜂窝织炎",医护协同制定"中西医结合方案":先用西医手段把感染控制住,确保溃疡面不继续扩大;同时,充分发挥中医特色技术的优势,帮助伤口快速愈合。

普外科护士长、河南省中医院虎符铜砭刮痧学组负责人王怡军决定为赵先生实施"虎符铜砭刮痧"。刮痧时赵先生当场就惊奇地发现:脚变得热乎乎的,"就像一块冬天的冰见到了太阳一样……"而他自从这次生病总觉得脚太冷,每天都要捂热水袋。

"我的右脚溃烂,王护士长竟然给我刮左脚,刮左侧胳膊。见我好奇,她给我讲:'中医不是脚痛医脚,要'上病下治,左病右治'……'谁说护士只会打针、换药? 河南省中医院的护士太厉害了!"

1 次、2 次、3 次……每一次刮痧后,创面都肉眼可见地缩小。第 6 次刮痧后,伤口完全愈合了!

2. **思政案例育人成效** 一则刮痧治疗脚气致"蜂窝织炎"的案例分享,让学生认识到护理人员在医疗工作中的重要地位,加深对中医护理事业的热爱,更加牢固专业思想,同时认识到中医护理人的"工匠精神"。

3.教学方法、教学模式

(1)案例教学法:通过引入虎符铜砭刮痧治疗蜂窝织炎的案例,提高学生对刮痧法学习的兴趣,使其认识到中医护理"工匠精神"在治疗疾病、恢复健康、减轻痛苦、促进健康中的重要作用,树立对其中医护理牢固的职业情感,坚定其为中医护理努力的信心。

(2)课堂讨论法:通过案例分析,讨论对该患者进行虎符铜砭刮痧治疗的作用机制、刮痧方法等,培养学生发现问题、分析问题、解决问题的能力。

## 案例八 创新中医护理技术,发挥传统特色优势

1.课程思政融入点 第六章第七节耳穴压豆法。

刮痧法和耳穴疗法是临床常用中医护理特色治疗方法,在长期的中医护理临床实践中,安徽中医药大学第一附属医院中医特色护理门诊刘凤选护士长创造性地将耳部全息理论和李氏虎符铜砭刮痧法结合在一起,创立了耳部全息铜砭刮痧法。耳部全息铜砭刮痧法达到了铜砭刮痧和耳穴贴压的作用,借助了刮痧疗法中采用的黄铜刮痧增强"气"的深度渗透以及穿透力,增加微灌注,产生抗炎和免疫保护作用,同时刺激耳穴达到疏通经络的效果。经过临床观察,耳部全息铜砭刮痧法在治疗失眠、便秘、痛证(肩周炎)等病症中取得显著的治疗效果。该疗法操作过程舒适,患者易接受且依从性高,不受场地限制,有利于保护患者隐私,同时克服了全身刮痧耗时长的不足,也避免了耳穴贴压疗法伴随的疼痛感和患者依从性差的问题,且疗效显著,效果立竿见影。

2.思政案例育人成效 通过引入刘凤选护士长创立的耳部全息铜砭刮痧法,让学生认识到传承创新精神在中医护理发展中的重要作用,中医护理的发展不仅需要在对古代医学文献的分析研究中汲取精华,更需要对其发展和创新,培养学生在中医护理学习和实践中"守正创新"的精神。

3.教学方法、教学模式 案例教学法、启发式教学法:通过对刘凤选护士长创新耳穴治疗方法,创立耳部全息虎符铜砭刮痧法的分享,激发学生传承创新精神和意识;并对其进行启发式教学,思考耳部全息虎符铜砭刮痧法的作用机制,培养学生善于思考和创新的意识。

## 案例九 体质辨识防控慢性病,点亮健康"指路灯"

1.课程思政融入点 第八章第三节九种常见体质的辨体施护。

王琦,第二届国医大师,北京中医药大学终身教授。20世纪70年代,王琦教授开始从事中医体质学说的理论、基础与临床研究,并逐步确立了中医体质理论体系。在继承前人的基础上,对体质现象进行系统的研究,发现并证实中国人的九种体质类型,开发《中医体质量表》,颁发我国第一部《中医体质分类判定标准》,形成健康状态评价方法,用以指导养生保健和医疗实践。他创立的中医体质辨识法早在2009年就被纳入卫生部颁布的《国家基本公共卫生服务规范》,实现了中医药首次进入国家公共卫生体系。

中医九种体质的建立,很大程度弥补了我国在中医体检项目的空缺,如今以"体质辨识"为主要内容的"治未病"中心在各大医院普及。在健康中国战略的背景下,中医体质学为慢性病高危人群的早发现、早预警、早治疗提供了抓手,可实现慢性病防控关口前

移,解决精准医学疾病筛查的难题。体质学是慢性病防控的抓手,其实就是未病先防、欲病早治、已病防变、愈后防复。随着现代技术的发展,体质辨识的操作也越来越方便,只有每个人了解自己的体质,读懂自己的身体,进行"个性化养生",才能将易患慢性病遏制在发病前,为每个人的健康把关,为社会节约医疗资源,为健康中国建设奠定基础。

2.思政案例育人成效 结合王琦教授中医九种体质的研究过程,以及其在国家公共卫生体系、慢性病预防中发挥的重要作用,培养学生对中医药的文化自信、作为医者的家国情怀、社会责任感和对中医学"传承精华,守正创新"意识。

3.教学方法、教学模式

(1)案例教学法:引入王琦教授以守护人民健康为己任的初衷,苦读历代医学著作,坚持近40年研究体质学说,并在临床和生活中指导民众养生保健的案例,使学生认识到作为医务人员的社会责任感,培养学生在健康中国建设中的家国情怀;认识到古代医学著作中的宝贵资源,树立对中医药的文化自信和守正创新的理念。

(2)翻转课堂:以线上课程学习为基础,导入临床案例,以小组为单位进行案例汇报,判断体质类型、为案例制定中医养生方案,培养学生临床思维能力,牢固树立"治未病"意识,认识到体质调护在慢性病预防中的作用,培养学生中医药的文化自信。

# 第七章
# 中医临床护理学

## 一、课程概要

### (一)课程简介

中医临床护理学是中医院校护理学专业的特色课程,是在中医理论指导下,阐述临床常见病症的病因、病机、预防、护理和康复等问题的一门临床护理课程。课程从肺系病证、心脑病证、脾胃病证、肝胆病证、肾系病证、气血津液病证、肢体经络病证及外科、妇科、儿科病证等方面,对中医临床常见病症进行系统阐述,强调运用整体护理理念、辨证施护方法、中医护理手段解决患者的健康问题。课程充分结合了高等中医院校护理学专业的办学定位和人才培养目标,培养学生用中医护理的思维方式解决患者的健康问题,充分显现中医护理的特色和优势。通过思政元素的融入,培养学生"大医精诚"的精神,树立中医文化自信,坚定专业思想,全心全意为人民服务。

### (二)教学目标

**1. 知识目标**

(1)掌握各系统疾病的辨证要点、辨证分型及护理措施。

(2)熟悉各系统疾病的定义、病因病机、病症鉴别、预防保健措施及中医适宜技术。

(3)了解常见疾病治疗的历史沿革,中医护理技术在相关病症中的应用。

**2. 能力目标**

(1)能通过四诊资料对疾病进行准确辨证,具备初步的中医思维能力。

(2)能为患者存在的健康问题提供个体化的中医护理方案。

(3)能对常见病患者进行有针对性的健康宣教。

(4)能对患者进行有效沟通,具有分析和总结临床护理经验的能力。

(5)具备一定的创新科研能力。

**3. 情感目标(思政目标)**

(1)引导学生热爱中医护理事业,树立文化自信和民族自豪感。

(2)引导学生不断提高中医护理服务水平,全心全意为人民服务,为全民健康事业服务的家国情怀。

(3)着力培养学生"大医精诚"的医者精神,教育学生始终把人民群众生命安全和健康放在首位,尊重患者,善于沟通,提升综合素养和人文修养,从而引导学生树立正确职业素养与责任感,以"润物无声"的形式将正确的价值追求和理想信念有效传达给学生。

## 二、课程思政教学资源计划表

中医临床护理学课程思政教学资源计划见表7。

表7 中医临床护理学课程思政教学资源计划

| 章名 | 课程思政融入点 | 思政目标 | 案例资源 | 教育方法和载体途径 |
|---|---|---|---|---|
| 第二章 中医内科病症护理 | 感冒 | 职业精神 | 华佗诊病尚谨慎,异病同护要认真 | 小组讨论法<br>第二课堂 |
| 第二章 中医内科病症护理 | 胸痹 | 文化自信 | 中医不是慢郎中,针灸救命显奇功 | 头脑风暴法<br>第二课堂 |
| 第二章 中医内科病症护理 | 眩晕 | 质疑精神<br>革新精神 | 杏林誉满,医学革新 | 第二课堂 |
| 第二章 中医内科病症护理 | 癃闭 | 高尚医德 | 药王精诚志,患者如至亲 | 头脑风暴法<br>读书指导法 |
| 第二章 中医内科病症护理 | 痹症 | 职业素质<br>职业道德 | 肘后备急廉验药,矜贫救厄释仁心 | 第二课堂 |
| 第二章 中医内科病症护理 | 疫病 | 社会主义核心价值观创新精神 | 苟利患者生死矣,岂因祸福趋避之 | 第二课堂<br>课堂讨论法 |
| | | | 大疫出良药,中医护理有奇效 | |

注:教学内容参照裘秀月,刘建军.中医临床护理学.4版.北京:中国中医药出版社,2021.

## 三、课程思政案例

### 案例一 华佗诊病尚谨慎,同病异护要认真

1. 课程思政融入点 第二章第一节感冒。

华佗是东汉名医。一次,府吏倪寻和李延两人都头痛、发热,一同去请华佗诊治。华佗经过仔细的望色、诊脉,开出两个不同的处方,交给患者取药回家煎服。两位患者一看处方,给倪寻开的是泻药,而给李延开的是解表发散药。他们想:我俩是同一症状,为什么开的药方却不同呢,是不是华佗弄错了?于是,他们向华佗请教。华佗解释道:倪寻的病是由于饮食过多引起的,病在内部,应当服用泻药,将积滞泻去,病就会好;李延的病是受凉感冒引起的,病在外部,应当吃解表药,风寒之邪随汗而去,头痛也就好了。两人听了十分信服,回家便将药熬好服下,果然很快就痊愈了。

中医强调辨证治疗,病症虽一样,但引起疾病的原因不同,治疗和护理方法也不一

样。辨证靠的是望、闻、问、切四诊合参,重视的是医护的认真诊察和思考。在临床护理工作中,护士要在识证认病方面下功夫、动脑筋,做到用心、全面、细致才能更好地为患者服务。

2. 思政案例育人成效　从故事中学习同病异护的方法,敦促学生掌握不同证型的病因及临床辨证要点,养成谨慎认真的工作作风和全面细致的中医护理个体化服务理念。

3. 教学方法、教学模式

(1) 小组讨论法:学生根据倪寻和李延的病情描述讨论二人分别属于感冒的哪种证型,各需要什么样的护理措施,通过汇报讨论,各组在病情诊察及护理计划中查漏补缺,培养学生认真严谨的作风。

(2) 第二课堂:学习肺系病症,寻找肺系病症中其他异病同护的案例,举一反三,激发学生学习中医护理兴趣和热情。

### 案例二　中医不是慢郎中,针灸救命显奇功

1. 课程思政融入切入点　第二章第八节胸痹。

现今,还有一些人认为中医是慢郎中,而且服用中药都需要长期坚持、缓慢调理。诚然,治未病和调理慢性病是中医特色,殊不知古代医家常用针、灸等方法治疗急性病。《史记·扁鹊仓公列传》中就记载了扁鹊针刺三阳五会使人起死回生的故事。扁鹊外出行医,到了虢国,听说虢国太子暴亡不足半日,还没有装殓。于是他赶到宫门告诉中庶子,称自己能够让太子复活。扁鹊说:"太子所得的病,就是所谓的'尸厥'。人接受天地之间的阴阳二气,阳主上主表,阴主下主里,阴阳和合,身体健康;现在太子阴阳二气失调,内外不通,上下不通,导致太子气脉纷乱,面色全无,失去知觉,形静如死,其实并没有死。"扁鹊命弟子协助用针砭进行急救,刺太子三阳五会诸穴。不久太子果然醒了过来。他又让弟子用能入五体的药熨,把药剂煎煮后交替敷于两胁下,用汤药调理阴阳,过了20多天,太子的病就痊愈了。可见,在治疗急症方面,中医具有独特的优势。

2. 思政案例育人成效　让学生了解中医在治疗急症方面的优势,认识到作为中医药文化传承者和传播者,更要掌握好中医救命的方法,将中医急救技术发扬光大,守护人民健康,培养文化自信及社会使命感。

3. 教学方法、教学模式

(1) 头脑风暴法:鉴于学生对内科胸痹急重症的认识,讨论可用于救治急症的中医护理技术和药物,以及在社区、家庭护理中如何预防心绞痛的发生。

(2) 第二课堂:①通过查阅文献,寻找目前应用于胸痹防治工作中的中医护理技术和方法,增强文化自信,激发学生学习中医护理兴趣以及参与胸痹防治工作的热情。②录制胸痹健康教育小视频,激发学生参与全民健康服务的热情和社会使命感。

### 案例三　杏林誉满,医学革新

1. 课程思政融入点　第二章第十节眩晕。

王清任(1768—1831 年),字勋臣,清代医学家。他自幼习武,曾经当过武状元。受祖上行医的影响,20 岁的时候便决定弃武从医,从此开始了他的行医问诊之路。他在北京

开了一个药铺,叫知一堂,常常行善积德,为穷人看病不收诊金,再加上其精湛的医术,成为清代著名的医学家。

王清任熟读历代医家专著,发现前人医书中所绘图、立言处处自相矛盾。嘉庆二年(1797年),他外出行医,路过滦县稻地镇,正值该地瘟疫传染病流行,死亡的小儿尸体日有百余,穷苦人家多用草席裹埋,当时那里有浅埋儿尸易于狗食,有利于再生婴儿不死的陋习。他冒着危险,不避污臭,不辞劳苦,坚持每天清早就到义冢上观察研究,把残缺的小儿尸体相互参视。一连进行了十数天,看全了30多个内脏。证实了医书上绘述的脏腑图,果然与一些实际情况不符。后来他在北京几次到刑场察看尸体内脏,也做过多次动物解剖实验。参考动物内脏和实际所见人体内脏与古书记载进行比较,整理了大量的笔记。在他62岁时,把前人古书上错绘图录《古人脏腑图》及他绘制的《亲见改正脏腑图》加以比较,连同积累的治疗气虚、血瘀的理论以及临床经验,写成对我国医学有重要贡献的《医林改错》两卷,在京刊行于世。

2. 思政案例育人成效 以王清任医者仁心、求真务实的医学精神引领学生价值观的塑造,以王清任的实践精神、质疑精神,及勇于革新、开拓创新的精神鼓舞自己,为中医药事业的发展贡献自己的力量。

3. 教学方法、教学模式 第二课堂:学习王清任的生平介绍,写出读后感;总结王清任瘀血理论在中医临床护理学哪些病症中有应用。

### 案例四 药王精诚志,患者如至亲

1. 课程思政融入点 第二章第二十二节癃闭。

孙思邈(541—682年),京兆华原(今陕西省铜川市耀州区)人,唐代医药学家、道士,被后人尊称为"药王"。当时处于封建社会,人们普遍存在阶级门第观念,但孙思邈对此不以为然,他对所有患者都一视同仁,并不会因为患者是贫穷百姓,而拒绝为其治病,也不会因为患者身居高位,而对其谄媚攀附。他在《大医精诚》中"若有疾厄来求救者,不得问其贵贱贫富,长幼妍媸,冤亲善友,华夷愚智,普同一等,皆如至亲之想"表达的就是这种思想,他也是这样做的,在行医过程中经常为穷苦人免费看诊送药。一天,孙思邈行医采药来到一个村庄,忽然间一阵狗叫,只见一妇女躺在地上,小腿被狗咬伤了,鲜血直流。他急忙从口袋里拿出一种药,给这位妇女敷上,不大一会,这位妇女小腿上的血止住了,疼痛也减轻了许多。她的丈夫赶来,见此情景,十分感激,忙拜谢药王的救治之恩。

博大的仁爱之心和对患者的怜悯之情也是临床护士必须具备的关怀能力的体现。在临床护理工作中,要忠实践行"以患者为中心"的服务理念,善待患者,无论身份,皆如至亲,把建立和谐社会关系放在工作的首位,努力提升行业服务质量。

2. 思政案例育人成效 引导学生树立"以患者为中心"的服务理念,加强医德医风教育。

3. 教学方法、教学模式

(1)头脑风暴法:鉴于学生对"以患者为中心"服务理念的认识,讨论哪些做法可以体现"以患者为中心"。

（2）读书指导法：要求学生诵读《大医精诚》篇，阅读孙思邈有关事迹，写出 1 000 字左右的心得体会，优秀者通过教学平台进行分享。

### 案例五　肘后备急廉验药，矜贫救厄释仁心

1. 课程思政融入点　第二章第三十一节痹症。

葛洪（284—364 年）为东晋道教学者、著名炼丹家、医药学家。葛洪出生于江南士族，幼时丧父，家境渐贫，经常以砍柴所得换回纸笔，在劳作之余抄书学习。葛洪精晓医学和药物学，鉴于以往"诸家各作备急，既不能穷诸病状，兼多珍贵之药，岂贫家野居所能立办"的情况，决心"率多易得之药，其不获已，须买之者，亦皆贱价草石，所在皆有"。他的医学著作《肘后备急方》中收集了大量救急用的方子，都是他在行医、游历的过程中收集和筛选出来的，里面的方药物美价廉，文字朴实易懂。葛洪特地挑选了一些比较容易得到的药物，即使必须花钱买也便宜，改变了之前的救急药方不易懂、药物难找、价钱昂贵的弊病。由此可见，葛洪作为一名医生，关注贫困、低薪阶层人民，能针对他们的具体情况，从他们的经济利益出发，不辞劳苦，这种处处为方便贫苦患者着想的精神很值得我们赞许。

近年来，国家医疗保障体系日益完善，大大减轻了人民群众就医负担，但患者的经济基础还存在很大差异。在临床工作中要充分考虑患者的经济能力，发挥中医护理"简便效廉"的特点，为患者提供最合适的护理方案。另外，医务人员要向患者详细说明治疗的大概费用，让患者心中有数；当患者对费用产生疑问时，护士要耐心解释，必要时询问有关科室，直到患者或家属清楚为止。

2. 思政案例育人成效　引导学生树立"以患者为中心"的服务理念，心系患者，加强护患沟通，培养学生具备博爱、同情、无私的职业素养和全心全意为患者服务，恪守职业道德规范的品格。

3. 教学方法、教学模式　第二课堂：为痹症患者制订"简便效廉"的家庭护理计划，要求写出依据，通过课堂派进行分享。

### 案例六　苟利患者生死矣，岂因祸福避趋之

1. 课程思政融入点　第二章第三十六节疫病。

吴有性（1582—1652 年），字又可，汉族，江苏吴县东山人。明末清初传染病学家。明朝末年，战争连绵，灾荒不断，疫病流行。崇祯六年至十六年（1633—1643 年），鼠疫逐渐蔓延，疫情猖獗，延门阖户，感染者中病即死。一般医者以伤寒论治，难以取效。"不死于病，乃死于医"，身处那种情况下的吴有性认为"守古法，不合今病，以今病简占方，原无明论，是以投剂不效"。吴有性出于医者本性，悲天悯人，协助官府设局诊视。但是因为瘟疫暴发面广、量大——"比户疫痢"，病情又不同于其擅长的伤寒，因而出现了"疗者什三，死者什七""死尸枕藉"的结局。吴氏因此系统地钻研古代医书，认为历代医书研究温病较少，故而不揣固陋，大胆设想，深入观察，"格其所感之气，所入之门，所受之处及其传变之体"。结合临床实践经验编写了《瘟疫论》，成为我国医学发展史上继《伤寒论》之后又一部论述急性外感传染病的专著，在外感病学及传染病学领域均占有重要的地位。

吴氏的医学成就与其不顾个人安危,亲临疫区寻求疾病之因、探求治疾病之法,设身处地为患者着想的精神和行为是分不开的。在他看来,患者的生死才是大事,只要自己所为有利于患者,不能因个人福祸而左右探求为民疗疾的步伐,真可谓:苟利患者生死矣,岂因祸福避趋之!

2.思政案例育人成效  学习名家治病救人、扶危济困的高尚品质,弘扬他们以救天下为己任的奉献精神,引导学生树立守护人民健康的社会责任感和敬业奉献的社会主义核心价值观,培养学生敢于实践、勇于创新的治学精神。

3.教学方法、教学模式  第二课堂:查阅资料,了解中医护理技术在新冠感染防治中的应用情况;小组汇报中医药在新冠感染防治中有的创新和突破;学生课下收集抗击新冠疫情的媒体报道,分享"你最感动的一幕"。

## 案例七  大疫出良药,中医护理有奇效

1.课程思政融入点  第二章第三十六节疫病。

新冠疫情波及全球,早期在没有疫苗、没有特效药的情况下,中医人结合中医治疗"疫病"优势经验,并深入发掘古代经典名方,筛选了以"三药三方"为代表的一批有效方药,其中,清肺排毒汤就是由《伤寒论》的5个经典方剂融合组成的。而且在方舱医院,医护人员采取中西医结合、以中医为主的方法救治患者,除了中药汤剂治疗,中医特色的温灸贴、耳穴疗法、艾灸、开天门等护理技术针对患者发热、失眠、腹胀等症状进行护理,作为辅助治疗手段在病区中推广,疾病恢复期八段锦、太极拳等中医养生保健操,让患者活络筋骨的同时,也传递着战胜疾病的信心,同时也展示出中医护理的魅力。

新冠疫情是全球各国面临的一次大考,我国对新冠疫情的防控和医疗救治,坚持中西医结合,中西药并用,推动科技攻关,从中药、针灸到太极拳,整个治疗中医"灌满舱",中医综合治疗"一条龙",取得了非常好的疗效,真正做到了守正创新。实践再次证明,古代中医药留下来的宝贵财富屡经考验,历久弥新,值得珍惜,它依然好使、管用,并且经济易行!

2.思政案例育人成效  引入新冠感染救治中的"三药三方"及中医护理技术应用,引导学生坚定专业思想,树立中医药文化自信,学习、传承中医药文化,在中医药发展中坚持守正创新。

3.教学方法、教学模式  课堂讨论法:查阅资料,自学"三药三方",分组讨论耳穴疗法及艾灸的适用证候及选穴配穴,进行课堂分享。

# 第八章
# 护理学导论

## 一、课程概要

### （一）课程简介

护理学导论是护理学专业的一门重要基础课程和启蒙课程。课程内容以人的健康为中心，以护理学基本概念为框架，系统阐述护理学发展史、我国卫生工作方针、护理理论及护理学相关理论、护士与患者、护理程序、评判性思维、健康教育、文化与护理、护理伦理与法律等内容。本课程全面落实立德树人的根本任务，通过课程学习，学生不仅能够全面、客观地认识护理学专业，同时有助于学生树立正确的专业思想和护理理念，理解和应用护理理论，提高护理专业素质，培养独立思考、分析及解决专业问题的能力，为今后护理实践奠定坚实的专业基础和情感基础。

### （二）教学目标

1. 知识目标

（1）掌握护理学的思维方法、工作方法、道德准则和法律法规。

（2）熟悉护理学的基本概念、学科框架和相关理论，构建先进的护理理念。

（3）了解国内外护理学的发展历程。

2. 能力目标

（1）具备运用所学知识分析和解决护理专业问题的能力。

（2）逐步具备深度学习、终身学习的能力和团队合作精神。

（3）具备良好的评判性思维能力，能理性分析临床护理问题并做出正确、合理的护理决策。

3. 情感目标（思政目标）

（1）深刻理解护理学的职业内涵，提升对护理学专业的认同感、责任感和自豪感。

（2）领悟敬佑生命、救死扶伤、甘于奉献、大爱无疆的职业精神，树立爱国守法、爱岗敬业、求真探索和终身学习的意识，具备良好的职业道德、社会责任感、人文精神、仁爱之心及全球视野等素养。

（3）具备护理学专业的人文关怀和人道主义精神。

## 二、课程思政教学资源计划表

护理学导论课程思政教学资源计划见表8。

表8　护理学导论课程思政教学资源计划

| 章名 | 课程思政融入点 | 思政目标 | 案例资源 | 教育方法和载体途径 |
|---|---|---|---|---|
| 第一章 绪论 | 护理学发展史 | 爱岗敬业 责任担当 人文关怀 | 巴桑邓珠——雪域高原上的"提灯天使" | 启发式教学法 传统和现代教学手段相结合法 |
| 第三章 护理理念及护理学的基本概念 | 护理学基本概念 | 职业责任 职业理念 | 构建先进护理理念,努力守护人民健康 | 案例教学法 启发式教学法 |
| 第六章评判性思维与临床护理决策 | 评判性思维 | 科学思维 工匠精神 | 维生素C能否预防感冒之争 | 案例教学法 启发式教学法 |
| 第八章 护理理论 | 护理理论概述 | 文化自信 勇于探索 | 李时珍亲尝曼陀罗,毕生倾心著"本草" | 案例教学法 |
| 第十章 健康教育 | 健康教育与健康促进概述 | 责任担当 科学健康观 全球视野 家国情怀 职业责任 社会责任 | 芬兰北卡健康促进计划 | 案例教学法 |
| | | | 糖尿病管理"五驾马车" | 案例导入法 头脑风暴法 体验式教学法 |
| 第十一章 护理伦理 | 职业道德 | 工匠精神 职业道德 | 身边的榜样,点亮我心中的"精神灯塔" | 案例教学法 小组讨论法 体验式教学法 |
| 第十二章 护理与法律 | 护理工作中的法律问题 | 遵纪守法 敬佑生命 | 坚守职业道德,做患者信赖的好护士 | 案例教学法 小组讨论法 |

注:教学内容参照杨巧菊.护理学导论.3版.北京:人民卫生出版社,2021.

## 三、课程思政案例

### 案例一 巴桑邓珠——雪域高原上的"提灯天使"

1.课程思政融入点 第一章第一节护理学发展史。

巴桑邓珠,男,藏族,现任四川省甘孜藏族自治州人民医院副院长、党总支副书记,2003 年获得第 39 届国际南丁格尔奖章,是中国唯一一位获得此项殊荣的藏族男护士,被誉为雪域高原的"提灯天使"。

1973 年 2 月,炉霍县发生 7.9 级强烈地震,巴桑邓珠参加了医疗救护队,借助手电筒和火把的微弱光线,他们在简易帐篷里、残垣断壁下救治伤员,连续奋战 7 个昼夜,救治各类伤员 300 多人,挽救了 50 多名重伤者的生命。1995 年石渠县遭受两次大雪灾,无数牲畜被冻死,数以千计的牧民被困灾区,巴桑邓珠跟随救灾队赶赴灾区。他主动申请到最偏远灾区参加救治,茫茫无际雪原上,他克服高原缺氧、饥饿和严寒等常人难以忍受的困难,徒步整整 1 天才到达救助地。救助过程中,他面目、手足多处冻伤,加之过度劳累,体力严重透支,几次要晕倒,但他始终坚守在抢救现场直至全部救治工作结束,及时救治了冻伤灾民 100 多人。甘孜藏族自治州人民医院地处青藏高原,医务人员 90 %以上是汉族,不懂藏语,而边远地区前来就医的农牧民大多是藏族,不懂汉语,因此在诊疗过程中,医患之间语言交流困难。从当普通护士开始,巴桑邓珠工作之余就承担起翻译工作,他还把节省下来的薪水捐赠给贫困农牧民患者。从事护理工作 30 多年,他把整个身心都倾注在民族护理事业中,时刻把患者的痛苦、生命安危放在首位,兢兢业业、踏踏实实、全心全意地为患者服务,受到患者特别是农牧民患者的赞誉,被大家称为雪域高原上的"提灯天使"。

2.思政案例育人成效 从巴桑邓珠事迹中感悟南丁格尔精神,体会护理人的爱岗敬业、责任担当、人文精神和专业追求,厚植"人道、博爱、奉献"的专业情怀,提升学生对护理专业的价值认同度和专业自豪感。

3.教学方法、教学模式

(1)启发式教学法:通过问题驱动,启发学生思考,逐渐领悟南丁格尔精神,如引入案例前,提出"南丁格尔奖章获得者的事迹告诉我们作为一个优秀的护士该具备何种品质?"促使学生带着问题进行学习和思考。通过案例,使学生深入感受历届南丁格尔奖章获得者在贯彻落实习近平总书记"人民至上、生命至上"的重要指示中,以维护人民群众生命安全和身体健康为最高使命,坚守工作岗位默默奉献或义无反顾地冲在抗击新冠疫情第一线,生动诠释社会主义核心价值观和"人道、博爱、奉献"的专业精神。

(2)传统和现代教学手段相结合法:板书、讲授、多媒体课件、图片、视频、课堂派软件辅助教学等。在领悟南丁格尔精神环节,介绍南丁格尔生平和对护理事业的贡献。播放巴桑邓珠有关视频,培养学生热爱护理专业、献身护理工作的专业情怀。设置全体起立,集体宣读南丁格尔誓言环节,鼓励学生交流学习体会。设置课后作业"我心目中的南丁格尔",引导学生课外自主学习,发现身边的南丁格尔,领悟南丁格尔精神,强化教学重难点。

### 案例二　构建先进护理理念,努力守护人民健康

1.课程思政融入点　第三章第二节护理学基本概念。

32岁的王女士在最近的体检中被确诊了乳腺癌。那一刻,王女士惊慌失措,不敢相信自己年纪轻轻就得了癌症,幻想着医院诊断错了或者报告拿错了。直到她再三确认诊断无误的时候,心情一下子变得非常沮丧。她知道生活永远地发生改变了,感到无所适从,以前的信念突然间崩塌了。她不知道自己还可以陪伴家人多久,是否还可以从事自己喜欢的工作,也不知道要不要将自己患癌的情况告诉母亲,更失去了对人生的掌控感。之后,在医生和家人的支持下,王女士决定要好好活下去并积极地配合医生的治疗,进行了手术和规范的化疗。在和疾病斗争的过程中,王女士渐渐明白了活着的意义,积极寻找生活与工作的平衡点,并尽量保持良好的心态、适量的运动以及规律的生活作息,用一个全新的姿态积极地面对疾病与生活。

护理的服务对象是人,人是护理实践的核心。对于护士来说,正确认识人的自我特征和需求对于开展优质护理服务是非常重要的。人本存在主义护理理念强调人是一个完整的个体,即人是由生理、心理、精神、社会及文化组成的综合体,且每个人都有其独特性,有其特有的思想,有自由选择的权利。护士应关心人的思想、生存及生活品质,重视人的完整性和自主性,尊重患者的权益。在护理工作中,护士必须具有整体观,不仅要满足患者生理的需要,还应注意满足其心理、社会等需要。

2.思政案例育人成效　护理理念可以使护士清楚地认识护理学的本质和内涵,影响护士在工作中的思考方式及护理行为。通过案例分析,学生可以感受到患者面对疾病时的心理变化和健康需求,从而帮助其建立正确的健康观和护理理念,并影响学生的护理行为及提高护理质量。

3.教学方法、教学模式

(1)案例教学法:以乳腺癌患者王女士的案例为引入,分析患者的心路历程和健康需求,促使学生建立正确的健康观和护理理念。护理工作需要爱心、耐心、责任心、同理心等。学生通过角色分析和体验可以真切感受到患者的痛苦,既掌握了教学内容,同时也构建了"以人为本"的护理理念,在护理服务中应以患者的利益和需求为中心,关注患者生命与健康、权利与需求、人格与尊严,提供人性化服务。

(2)启发式教学法:学生刚进入学校进行专业学习,尚未开始临床实践,临床经验较浅,具有较好的可塑性。基于先进的护理理念和临床实践中的具体案例,采取头脑风暴的方式让学生展开讨论,分析护理工作中护士对护理对象的认识和护士需要开展的工作。学生结合自己在就医过程中的感受或困惑展开讨论。启发式教学和小组讨论一方面有助于提升学生的学习兴趣和学习效果,分析护士该如何看待服务对象,更好地全面理解护理对象的言行;另一方面,也提升了学生对护理专业责任和护理学任务的理解。

### 案例三　维生素C能否预防感冒之争

1.课程思政融入点　第六章第一节评判性思维。

美国著名学者莱纳斯·鲍林(Linus Pauling)是化学家、物理学家、分子生物学家和医

学研究者,他不是医生,可他偏偏引发了医学领域一场旷日持久的大论战。鲍林根据自己多年的研究,于 1970 年出版了《维生素 C 与普通感冒》一书。书中提到每天服用 1 000 mg 或更多的维生素 C 可以预防感冒,并指出维生素 C 可以抗病毒。这本书受到读者的赞誉,被评为当年的美国最佳科普图书。鲍林的观点是否科学有效?医学权威们强烈反对鲍林的论点。有人说:"没有任何证据能够支持维生素 C 可以防治感冒的观点。"有人说:"这对预防或减轻感冒没有什么用处。"权威部门也纷纷表态。例如,美国卫生基金会就告诫读者:"每天服用 1 000 mg 以上维生素 C 能预防感冒的说法是证据不充分的。"美国医学协会也发表声明:"维生素 C 不能预防或治疗感冒。"只有个别医学家及几百位普通患者用自身的经历支持鲍林。

1990 年 Cochrane 系统评价纳入全球 30 个临床随机对照试验(randomized controlled trial,RCT);2005 年澳大利亚和芬兰的系统评价对 1994—2004 年的 55 项 RCT 分析;2013 年 Cochrane 系统评价再次更新系统综述,纳入 72 个 RCT,得出结论:长期补充大剂量维生素 C 不能预防感冒,对感冒发病率无影响。该结论用证据对持续 20 多年的论战进行了回答。

诚然,鲍林的观点有失偏颇,但他的探求精神依旧值得人们学习。毕竟探索永无止境,科学未到尽头,我们没有理由因循守旧。他说:"医生在行医时慎重是对的,但是,如果医学要进步,行医这行业也需要接受新思想。"要大胆地创新,也要用科学的方法追求真理。

2.思政案例育人成效　学生在案例中感受科学家大胆质疑、坚韧不拔的探索精神,求真求实、理性探索的科学思维,领悟工匠精神的内涵。

3.教学方法、教学模式

(1)案例教学法:典型案例的引入,结合层层深入的提问,既能启发学生思考,同时自然融入了思政内容,引导学生思考:"什么是评判性思维?""如何基于科学证据制定临床护理决策?"培养学生大胆质疑,理性探索的精神。

(2)启发式教学法:呈现案例之后,通过提问,启发学生思考。该结论用证据对持续 20 多年的论战进行了回答。在临床实践中,护士经常面临类似的临床决策难题,应用评判性思维循证据而为之。通过案例分析从评判性思维等基本理论开始,为学生呈现如何通过科学思维的方法为患者制定安全、有效的护理决策。

### 案例四　李时珍亲尝曼陀罗,毕生倾心著"本草"

1.课程思政融入点　第八章第一节护理理论概述。

明朝李时珍是伟大的医学家和药物学家,被誉为"医圣"。他年轻时候一边行医,一边研究药物。在实践中,他发现旧有的药物书不但内容少,有的还记错了药性和药效,心想,患者吃错了药多危险啊!于是决心重新编写一部药物书——《本草纲目》。

为了写好这部书,李时珍不但在治病的时候注意积累经验,还走遍了产药材的名山。白天,他踏青山,攀峻岭,采集草药,制作标本;晚上,他对标本进行分类,整理笔记。他走了上万里路,访问了千百个医生、老农、渔民和猎人。对好多药材,他都亲口品尝,判断药性和药效。有一次,李时珍经过一个山村,看到前面围着一大群人。走近一看,只见一个人醉醺醺的,还不时手舞足蹈。一了解,原来这个人喝了用山茄子泡的药酒。"山茄子……"李时珍望着笑得前俯后仰的醉汉,记下了药名。回到家,他翻遍药书,找到了有关这种草药的记载。可是药书上写得很简单,只说了它的本名叫"曼陀罗"。李时珍决心要找到它,进一步研究它。后来李时珍在采药时找到了曼陀罗。他按山民说的办法,用曼陀罗泡了酒。过了几天,李时珍决定亲口尝一尝,亲身体验一下曼陀罗的功效。他抿了一口,味道很香;又抿一口,舌头以至整个口腔都发麻了;再抿一口,人昏昏沉沉的,不一会儿竟发出阵阵傻笑,手脚也不停地舞动着;最后,他失去了知觉,摔倒在地。一旁的人都吓坏了,连忙给李时珍灌了解毒的药。过了好一会儿,李时珍醒过来了,大家这才松了一口气。醒来后的李时珍兴奋极了,连忙记下了曼陀罗的产地、形状、习性、生长期,写下了如何泡酒及制成药后的作用、服法、功效、反应过程等。就这样,又一种可以作为临床麻醉的药物问世了。后来曼陀罗被广泛用于制造麻醉剂。

2. 思政案例育人成效　通过引入李时珍《本草纲目》彰显文化自信,通过案例内容的介绍,让学生领悟理论源于实践,激发学生理性探索和求真求实的科学精神。

3. 教学方法、教学模式　案例教学法:通过重塑课程目标、挖掘思政元素、寻找思政案例,并对思政案例进行筛选,最终在课堂教学中引入典型的与教学内容一脉相承的案例,结合"问题链式"层层深入的提问,启发学生思考:李时珍为什么能够发现曼陀罗的药效? 循循善诱得出"实践是理论的基础"的结论。理论可以反过来指导实践,我们要学习他人的理论,将来在实践中不断地应用这些护理理论,深入理解护理学中的基本概念——人、健康、环境、护理,形成自己的观点和评判性思维,力争开发出本土化的护理理论。

### 案例五　芬兰北卡健康促进计划

1. 课程思政融入点　第十章第一节健康教育与健康促进概述。

芬兰北卡地区曾是世界心脏病的高发地区,20 世纪 60—70 年代心脏病死亡率高达672/10 万。为有效地预防和控制心脏病,芬兰政府在世界卫生组织的支持下,于 1972 年正式启动了北卡健康促进项目,其主要目标是降低当地人口主要慢性病(尤其是心脏病和脑卒中)的死亡率和发病率。该项目坚持一级预防为主的原则,形成了以社区为基础的通过改变日常生活方式和风险因素来预防心血管病的慢性病干预策略,涵盖的综合防控措施有通过健康教育帮助人们减少饱和脂肪酸和盐的摄入、加强体育锻炼和戒烟等。经过数十年的努力,该项目取得了显著的成效。至 2006 年,北卡地区劳动年龄人口的心脏病死亡率比 1972 年降低了约 85%,整个芬兰降低了约 80%,同时脑卒中和吸烟相关癌症的发生率也显著降低。

2. 思政案例育人成效　通过引入"北卡健康促进计划"案例,使学生认识到护士作为健康教育的主要执行者之一,必须具备良好的职业责任感、职业素养及科学的健康观,才能在工作中针对服务对象的具体情况开展科学的健康教育活动。

3. 教学方法、教学模式　案例教学法:呈现案例之后,通过提问"如何帮助人们减少饱和脂肪酸和盐的摄入、加强体育锻炼和戒烟等不良的生活方式和行为习惯?"启发学生思考健康教育的方法;通过提问"在健康教育活动中,护士能做什么?"启发学生思考护士在健康教育中的作用,领悟责任担当的职业精神和价值观。北卡项目的成功表明科学合理的健康干预和管理能对人群的健康产生积极的影响,该项目的成功实施也影响着欧洲、北美洲乃至整个全球的慢性病防治工作,与我国《"健康中国2030"规划纲要》一脉相承。健康教育工作是护士工作的重要内容之一,对健康教育相关知识、方法、理论的学习,为将来护士在健康领域的实践奠定基础。

### 案例六　糖尿病管理"五驾马车"

1. 课程思政融入点　第十章第一节健康教育与健康促进概述。

在临床护理工作中,健康教育是护士的重要职责之一。通过健康教育唤起公众的健康意识,促使其采取有利于健康的行为方式,帮助其实现疾病预防、治疗康复及提高健康水平的目的。糖尿病作为一种常见的与不良的生活方式和行为习惯有关的慢性非传染性疾病,其并发症累及血管、眼、肾、足等多个器官,致残率和致死率高,严重影响患者的健康,并给家庭和社会带来沉重的负担。2019年11月3日第13个"联合国糖尿病日",中国健康教育中心发布了《全家动员糖尿病防治倡议》,呼吁公众以家庭和个人健康为中心,以健康生活方式和定期检测为重点,提倡知晓个人及家庭成员血糖水平,倡导全社会共同行动,推动糖尿病防治知识普及。其中,营养治疗、运动治疗、药物治疗、健康教育和血糖监测是糖尿病的5项综合治疗措施,也就是俗称的糖尿病管理"五驾马车"。通过健康教育和良好的自我健康管理,糖尿病患者可以较好地控制疾病的发生、发展。

2016年10月,中共中央、国务院印发《"健康中国2030"规划纲要》,提出"普及健康生活、优化健康服务、完善健康保障、建设健康环境、发展健康产业"五方面的战略任务,把健康融入所有政策,加快转变健康领域发展方式,全方位、全周期维护和保障人民健康。党的十九大报告更是将实施健康中国战略纳入国家发展的基本方略。由此可见,健康教育与健康促进作为卫生保健的总体战略已受到国家的重点关注。

2. 思政案例育人成效　结合《"健康中国2030"规划纲要》的主要战略任务及糖尿病管理"五驾马车",促进学生准确理解健康教育和健康促进的意义及内涵,感受国家始终把人民至上、生命至上放在首位的理念,培养学生浓厚的家国情怀。学习有关健康教育的知识,使学生了解健康教育的理论和基本方法,努力参与到全方位、全生命周期卫生健康服务中,培养学生的社会责任感。

3. 教学方法、教学模式

(1)案例导入法:以《"健康中国2030"规划纲要》五大战略为引入点,结合健康教育和健康促进的教学内容,分析健康教育和健康促进的内涵、实践领域和策略,使学生树立"大健康"的观念,引导学生建立崇高的职业认同感和家国情怀,为将来在健康领域的实践奠定理论和情感基础。

(2)头脑风暴法:基于学生对健康教育相关理论认识的不足,采取头脑风暴法让同学开展小组讨论,针对健康教育实施环节中的痛点,分析影响健康教育效果的因素及如何达成有效的健康教育效果,进而引导同学对健康教育的相关理论进行分析解读,再结合糖尿病管理"五驾马车"的健康教育案例,使学生在提升自身健康素养的基础上,树立服务大众的意识,掌握健康教育和健康促进的理论,灵活应用健康知识传播方式,提升全民健康素养。

（3）体验式教学法：健康教育是实践性较强的教学内容，在课堂上，教师设置健康教育的主题，创设与教学内容相适应的具体场景，激发学生的学习情感，唤起学生参与的欲望。小组成员共同查阅相关文献资料，思考问题和研究问题，完成健康教育计划书或录制健康教育科普微视频及制作宣传资料。在课外，学生根据家人的健康状况或存在的健康问题设置涵盖被采访者健康问题、健康意识、生活习惯、工作习惯、生活环境和家庭及社会支持等内容的访谈提纲，依据访谈结果进行选题，为家人制订一份个性化的健康教育计划，并建议在日常生活中实施。鼓励学生借助社区见习或志愿者活动进行社区服务，开展健康教育活动，帮助个人和群体掌握卫生保健知识，树立健康观念。通过实践体验，一方面有助于提升学生的学习兴趣和学习效果，更好地理解健康教育的意义并掌握健康教育的常见方法；另一方面，提升了学生的专业责任感和分析问题及解决实际问题的能力。

### 案例七　身边的榜样，点亮我心中的"精神灯塔"

1.课程思政融入点　第十一章第一节职业道德。

为了隆重表彰在抗击新冠疫情斗争中做出杰出贡献的功勋模范人物，弘扬他们忠诚、担当、奉献的崇高品质，根据第十三届全国人民代表大会常务委员会第二十一次会议的决定，授予钟南山"共和国勋章"；授予张伯礼、张定宇、陈薇（女）"人民英雄"国家荣誉称号。

为了庆祝中华人民共和国成立70周年，隆重表彰为新中国建设和发展做出杰出贡献的功勋模范人物，弘扬民族精神和时代精神，根据第十三届全国人民代表大会常务委员会第十三次会议的决定，授予于敏、申纪兰（女）、孙家栋、李延年、张富清、袁隆平、黄旭华、屠呦呦（女）"共和国勋章"。

通过了解"共和国勋章"获得者的事迹，学习这些先进人物的工匠精神，并引入《中共中央关于加强社会主义精神文明建设若干问题的决议》规定的职业道德的五项基本规范："爱岗敬业、诚实守信、办事公道、服务群众、奉献社会"，探讨职业道德的内涵，培养学生的职业道德和职业责任感。

2.思政案例育人成效　党的十九大报告中指出"建设知识型、技能型、创新型劳动者大军，弘扬劳模精神和工匠精神，营造劳动光荣的社会风尚和精益求精的敬业风气"。以此为指引，结合"共和国勋章"获得者的事迹，紧扣"工匠精神"的内涵，探讨职业道德的内涵，分析"工匠精神"在护理工作中的体现，培养学生的职业道德和职业责任，提升学生对护理专业的职业认同度。

3.教学方法、教学模式

（1）案例教学法："工匠精神"是职业教育重要的组成部分，对于人才培育具有举足轻重的作用。"执着专注、精益求精、一丝不苟、追求卓越的工匠精神"是习近平总书记2020年11月在全国劳动模范和先进工作者表彰大会上对工匠精神的诠释。通过案例教学，学生可以深刻感受到各行业先进代表人物是如何践行"工匠精神"，从而在意识形态多元复杂的当下，能严格坚守正确的思想行为与价值取向，树立崇高远大的职业理想，养成良好的职业道德。

（2）小组讨论法：通过开展小组讨论，学生从不同角度、不同层次对工匠精神进行深入全面的探讨，领会职业道德内涵，从而培养学生热爱劳动、爱岗敬业、艰苦奋斗、勇于创新、甘于奉献的职业精神。

（3）体验式教学法：通过临床见习、南丁格尔奖章获得者采访、大学生讲思政课等方式发挥学生的主体作用，以达到更好的教学效果。

### 案例八　坚守职业道德，做患者信赖的好护士

1.课程思政融入点　第十二章第三节护理工作中的法律问题。

今天妇产科杨主任、主治医生王大夫、巡回护士小张和洗手护士小李共同完成一台剖宫产手术。手术结束缝合腹腔伤口时，护士小李和小张清点器械发现少了一块纱布。小李将手术台上上下下都找了一遍，还是没找到。杨主任说："别找了，我记得纱布没有落在腹腔里，别耽误了手术，快点缝合吧！"小李恳求杨主任再次检查患者的腹腔。杨主任又仔仔细细地检查了一遍，肯定地说"纱布没有留在腹腔"，并要求缝合伤口。小李急得脸通红："主任，麻烦您再找找吧，纱布找不到，绝对不能缝合伤口，这是原则，我必须保证物品、器械清点无误后才能缝合伤口，这是我的职责！"只见杨主任打开自己的手掌，笑着说："小李，好样的，你的手术室岗位职责考核通过了！"

在此事件中，护士小李为什么要坚持找到纱布？如果找不到纱布就进行伤口缝合会产生什么后果？《护士条例》明确规定，护士在执业中遵守职业道德和医疗护理工作的规章制度及技术规范。如果护士在执业活动中，违反医疗卫生法律法规、技术操作规程，造成医疗过失，承担法律责任。引导学生探讨医学的价值意义和对医疗事故的思考，深入思考护士在医疗护理工作中如何规范自己的行为，培养其社会责任和遵纪守法的意识。

2.思政案例育人成效　教育部发布的《高等学校课程思政建设指导纲要》中指出：深化职业理想和职业道德教育。教育引导学生深刻理解并自觉践行各行业的职业精神和职业规范，增强职业责任感，培养遵纪守法、爱岗敬业、无私奉献、诚实守信、公道办事、开拓创新的职业品格和行为习惯。通过案例教学，结合护理工作中护士需要遵循的法律法规，强化学生法律意识，规范执业行为，维护患者及自身的合法权益，提高护理质量。

3.教学方法、教学模式

（1）案例教学法：利用护理案例，引导学生树立法治意识和责任意识，恪尽职守，操作规范，形成严谨的工作态度和慎独精神。

（2）小组讨论法：护理立法是我国法治工作推进的重要环节。通过开展小组讨论，学生针对医疗事故的构成要素分析案例，既评价了学习效果，达成了学习目标，同时帮助学生明确护理人员的法律责任，增加了法律意识和执业风险意识，有利于维护患者及自身的合法权益，防止法律纠纷的产生。

# 第九章
# 护理管理学

## 一、课程概要

### (一)课程简介

护理管理学是将管理理论和方法与护理管理实践相结合的一门应用型课程。课程主要内容包括管理学的基本概念及理论,计划、组织、人力资源管理、领导、控制等管理职能,以及护理质量管理、护理信息管理等具体业务内容,并根据护理学发展趋势,介绍护理管理面临的挑战、组织变革、组织文化、护理人员职业规划、薪酬管理、领导艺术、护理管理相关的法律法规等内容。本课程全面落实立德树人的根本任务,准确把握高等教育基本规律和人才成长规律;遵循"以本为本,四个回归",从护理管理视角出发,注重对学生的思想品德教育,引导学生树立科学的价值观与职业道德品质,培养学生在护理管理实践中勇于探索创新和为祖国的健康卫生事业执着追求的精神。

### (二)教学目标

1. 知识目标

(1)掌握先进的护理管理学相关的理论、管理思想、策略和方法。

(2)熟悉现代护理管理的过程、组织实施的方法和步骤;熟悉医院护理管理系统的基本结构和运作过程。

(3)了解国内外护理管理领域新理论及热点问题。

2. 能力目标

(1)能根据临床实际,分析影响护理管理发展的因素。

(2)能将护理管理的策略、方法和技巧应用于护理实践,做出正确决策。

(3)能进行有效沟通,具有组织协调能力和解决临床冲突的能力。

(4)能持续关注护理管理新进展并正确应用于临床管理,顺应时代发展需求。

(5)善于分析和总结临床护理管理经验,具备一定的科研创新能力。

3. 情感目标(思政目标)

(1)引导学生热爱护理专业,做到以人为本;养成仁爱同情、医者仁心的良好职业素质。

(2)培养学生具备团队协作精神、创新精神、科学精神、拼搏精神。

(3)注重加强医德医风教育,着力培养学生敬佑生命、救死扶伤、甘于奉献、大爱无疆的医者精神,注重加强职业认同、爱岗敬业、职业道德、抗疫精神的培养。

## 二、课程思政教学资源计划表

护理管理学课程思政教学资源计划见表9。

表9 护理管理学课程思政教学资源计划

| 章名 | 课程思政融入点 | 思政目标 | 案例资源 | 教育方法和载体途径 |
|---|---|---|---|---|
| 第一章 绪论 | 护理管理概述 | 社会责任 职业认同 家国情怀 以人为本 | 护理先贤为榜样,坚守信仰追随党 | 案例教学法 叙事护理 |
| 第二章 管理理论的演变与发展 | 西方管理理论的形成与发展 | 家国情怀 爱岗敬业 抗疫精神 | 白衣执甲勇前行,护理事业献终身 | 案例教学法 |
| 第三章 计划职能 | 计划概述 | 道德责任 家国情怀 职业认同 拼搏精神 | 立鸿鹄志,做奋斗者 | 案例教学法 角色扮演法 |
| 第四章 组织职能 | 护理团队建设 | 社会责任 职业认同 家国情怀 | 教书育人品德高,无限爱心献幼苗 | 案例教学法 |
| 第五章 护理人力资源 | 护理人员的招聘与使用 护理人员职业生涯规划 | 职业认同 家国情怀 爱岗敬业 | 五十余年不变情,铸就天使一生爱 | 案例教学法 头脑风暴法 角色扮演法 |
| 第七章 领导的艺术 | 激励 | 抗疫精神 家国情怀 以人为本 | 战"疫"中的中国与世界 | 案例教学法 |
| 第九章 护理质量管理 | 护理质量管理方法 | 创新精神 职业认同 爱岗敬业 团队协作 | 补短板强弱项,聚焦健康中国 | 案例教学法 头脑风暴法 |
| 第十章 管理创新 | 管理创新的过程和组织 | 职业道德 创新精神 以人为本 爱岗敬业 | 栉风沐雨百余年,华西精神至长远 | 混合式教学法 实践教学法 |
| 第十一章 护理信息管理 | 常见护理信息系统的组成和应用 | 科学精神 创新精神 医者仁心 | 智能感受温度,健康科技同行 | 案例教学法 头脑风暴法 情景体验教学法 |

注:教学内容参照全小明,柏亚妹.护理管理学.4版.北京:中国中医药出版社,2021.

## 三、课程思政案例

### 案例一 护理先贤为榜样,坚守信仰追随党

1.课程思政融入点 第一章第三节护理管理概述。

黎秀芳,临床护理专家,护理教育家,是新中国护理事业的主要奠基人、中国军队首位南丁格尔奖章获得者。

中华人民共和国成立初期,由于护士人数较少,管理制度不健全,护理管理处于起步阶段。在西北军区总医院开展护理工作期间,黎秀芳看到当时的护理工作分不清先后缓急,治疗中时有差错发生,给患者带来不必要的痛苦,她下决心要改变这种状况。经过调查研究,黎秀芳与同事们一起总结,提出"三级护理"的概念,并加强治疗工作中的"三查七对"制度,以及书写护理文书时的"对抄勾对"等护理管理制度。这些制度迅速在全国各医院推广应用,有效降低了护理差错事故的发生率。1955年2月,她撰写的论文《三级护理》刊登于《护理杂志》,后被苏联《护士》杂志转载,这也奠定了我国现代护理科学管理的基础。

她连续37年担任中华护理学会副理事长,先后担任全军护理专业组副组长、组长、顾问等职。在任职期间,她对护理人员的学历结构、技术状况、人员配置等情况进行调查,多次向政府和有关部门建议改善和提高护士的待遇。为了提高护士的整体素质,她积极健全各级护理专业组织,大力倡导开展学术活动,在培养军队护理人才和提高军队护理质量方面做出了卓越贡献。

2.思政案例育人成效 讲述黎秀芳同志把毕生奉献给护理事业,在护士人数少、工作负荷重、护理水平低、制度不健全的状况下,做出卓有成效的改革的案例,培养学生的社会责任感、职业认同感、家国情怀、以人为本的护理理念。

3.教学方法、教学模式

(1)案例教学法:以中国军队首位南丁格尔奖获得者——三级护理制度的奠基人黎秀芳的视频为典型案例,黎秀芳同志作为一名优秀的管理者,带领护理人员创新护理管理制度、提高护理服务水平;作为中华护理学会副理事长,多次向政府建议改善和提高护士待遇,大力开展学术活动,提高护理服务质量,体现了黎秀芳同志作为护理团队领导者、护理业务带头者、护理团队代言者、护理活动协调者、护理人员教育者、护理服务质量监督者的角色职能。

(2)叙事护理:课前安排同学们收集"南丁格尔奖章"获得者黎秀芳的故事,抽取2或3名同学讲述故事内容,通过故事分享,引导学生思考护理管理的内容、任务以及管理者的基本素质,同时利用课堂派提交个人心得体会和收集的南丁格尔奖章获得者的宣传视频。

### 案例二 白衣执甲勇前行,护理事业献终身

1.课程思政融入点 第二章第二节西方管理理论的形成与发展。

新冠疫情发生以来,广大护士积极响应党中央号召,白衣执甲,逆行出征,英勇无畏

地投入疫情防控第一线,在打赢新冠疫情防控阻击战中做出了重大贡献,是"新时代最可爱的人"。

习近平总书记在2020年"5·12"国际护士节指出,疫情发生后,广大护士义无反顾、逆行出征、白衣执甲、不负重托,英勇无畏冲向国内国外疫情防控斗争第一线,为打赢中国疫情防控阻击战、保障各国人民生命安全和身体健康做出重要贡献,用实际行动践行了敬佑生命、救死扶伤、甘于奉献、大爱无疆的崇高精神。

习近平总书记强调,护理工作是卫生健康事业的重要组成部分。各级党委和政府要关心爱护广大护士,把加强护士队伍建设作为卫生健康事业发展重要的基础工作来抓,完善激励机制,宣传先进典型,支持优秀护士长期从事护理工作。全社会都要理解和支持护士。希望广大护士秉承优良传统,发扬人道主义精神,再接再厉,真情奉献,为健康中国建设、维护世界公共卫生安全不断做出新的贡献。

2.思政案例育人成效　案例讲述了习近平总书记在"5·12"国际护士节,对在疫情暴发之时自愿参与到前线的工作护理工作者表示慰问,表达对于护理事业的支持和重视,使学生提高对于护理事业的认同感和自豪感,激发其学习的积极性。

3.教学方法、教学模式　案例教学法:以2020年"5·12"国际护士节习近平总书记的讲话为引入案例,同时介绍《国家卫生健康委办公厅关于进一步加强医疗机构护理工作的通知》中关于切实保障护士福利待遇、改善护士工作条件等内容,让学生了解国家对于护理专业的肯定和支持,以及加强医疗机构护理工作的重要性,增加学生对于护理专业的职业认同感。

### 案例三　立鸿鹄志,做奋斗者

1.课程思政融入点　第三章第一节计划概述。

2018年5月2日,在"五四"青年节和北京大学建校120周年校庆日即将来临之际,习近平总书记来到北京大学考察,同师生座谈并发表重要讲话。总书记说:"广大青年既是追梦者,也是圆梦人。追梦需要激情和理想,圆梦需要奋斗和奉献。广大青年应该在奋斗中释放青春激情、追逐青春理想,以青春之我、奋斗之我,为民族复兴铺路架桥,为祖国建设添砖加瓦"。青春理想、青春活力、青春奋斗,是中国精神和中国力量的生命力所在。"

结合总书记重要讲话,有目的地引导学生科学合理规划自己的学习和生活,从"凡事预则立"的角度向学生讲明,计划对于其大学生涯、职业生涯的重要性。同时引导学生在奋斗中释放青春激情、追逐青春理想,以青春之我、奋斗之我,为民族复兴铺路架桥,为祖国建设添砖加瓦。

2.思政案例育人成效　通过分享习近平总书记在北京大学建校120周年校庆中的讲话,激励广大学生要在奋斗中释放青春,从"凡事预则立"的角度告诫学生要有计划地规划自己的人生道路,努力奋斗,为民族和国家贡献力量。案例体现道德责任、家国情怀、职业认同、拼搏精神的思政目标。

3.教学方法、教学模式

(1)案例教学法:引入习近平总书记在北京大学建校120周年校庆中的讲话,联系学生实际情况,告诫学生要有计划地去安排自己的时间和人生道路,启发学生思考计划的重要性,更深入把握计划职能的每个环节,更好地管理自己的学习和道路,同时指明努力奋斗的重要性,奋斗才能有更好的未来,增强学生的爱国情怀,增加学生对于护理专业的职业认同感和自豪感。课后,让学生写出自己大学四年的规划并提交。

（2）角色扮演法:为学生分配医院的不同管理者角色,让学生将所学的计划职能和目标管理的内容应用于创建医院的情景模拟实践中,一方面有助于提升学生的学习兴趣,更好地理解医院运转机制以及管理者所要提前计划部署的工作;另一方面,积极组织讨论,让学生学习更多相关医院管理的知识,激发学生强烈的专业学习动力和从事护理职业的自豪感。

### 案例四　教书育人品德高,无限爱心献幼苗

1.课程思政融入点　第四章第五节护理团队建设。

聂毓禅,护理教育家、护理行政管理专家。中国从事高等护理教育领导工作的第一人。为中国培养了一批优秀的护理师资和护理行政管理人才,建立了完整的护理管理制度。她坚持高标准、严要求、学以致用、学用一致;树立了高等护士教育和教学医院护理工作的典范。她重视公共卫生护理,又强调卫生知识普及的重要性。她历经坎坷,但矢志不渝;只要有机会工作,就全力以赴。她在学术上不断进取,在技术上精益求精,献身事业,终生不渝,树立了一个真正的白衣战士的形象。

聂毓禅,1903年5月11日生于河北抚宁一个士绅家庭。1927年毕业于北京协和医学院护校。1929年赴加拿大与美国哥伦比亚大学深造。1931年回国后任北平协和医学院护理系教师及北平第一卫生事务所公共卫生护理主任。1936年再度到美国密歇根大学进修,获理科硕士学位。1938年回国,被任命为协和医学院护士学校第一任中国籍校长。1941年日军占领协和医学院,她主持护士学校迁至成都,并坚持办学、上课。抗日战争胜利后,在她的努力下,协和医学院护校迁回北平,恢复工作。1946年选为中国护士学会理事长。1954年任解放军301医院副院长。1957年被划为右派,调至安徽省立医院工作,组建护理部。"文化大革命"中遭迫害,1979年恢复301医院副院长职。她具有丰富的护理学、护理管理学的经验以及负责精神,主持开办公共卫生护理、医院护理及护理教育等进修班,在培养护理人才、提高护理教育水平和护理工作质量方面做出了贡献。1988年被聘为中国协和医科大学护理系名誉主任。

2.思政案例育人成效　案例讲述了护理教育专家聂毓禅把毕生奉献给护理教育事业,用自己的所作所为诠释着承诺与奉献,挽救着困难群体的生命,并为全社会发展和推广人道思想与人道行动所做的特殊贡献,用实际行动诠释了"人道、博爱、奉献"的红十字精神。案例体现社会责任、职业认同、家国情怀、以人为本的思政目标。

3.教学方法、教学模式　案例教学法:以中国从事高等护理教育领导工作的第一人的视频为典型案例的引入,让学生认识到聂毓禅同志以护理事业和医学事业发展为己任的高尚品德,以及她为高等护理教育发展和我国卫生事业发展做出的突出贡献,培养学生高度的社会责任感和家国情怀,对护理事业的职业认同感。

## 案例五　五十余年不变情,铸就天使一生爱

1. 课程思政融入点　第五章第三节护理人员的招聘与使用、第五章第七节护理人员职业生涯规划。

成翼娟教授是四川大学华西医院管理研究所专家、第44届南丁格尔奖章获得者、中央文明办和国家卫健委树立的"中国好医生,中国好护士"先进典型。1968年,卫校毕业后,她来到四川平武黄羊公社医院,开始了护理职业生涯。在坚定的职业信念指引下,成翼娟教授从事护理工作50余年,其中15年扎根贫困山区基层医院,34年服务于四川大学华西医院一线护理岗位和管理岗位。丈夫病危、女儿生产时,她都未能陪伴,且多次将个人生死置之度外,参与到大型医疗救援中。她先后4次参与重大地震灾难救援,率领华西护理队伍,圆满完成上千名危重伤员的救治任务。她3次为西藏护理事业的发展冒险登上西藏高原,足迹还遍布凉山、巴中、南江等老少边穷地区。她带领华西医院3 000余名护理人员,立足岗位,开拓进取,为祖国西部乃至全国护理事业的发展做出了贡献,谱写了一名优秀护理工作者孜孜不倦顽强拼搏的华美乐章。

50余年来的身体力行,成翼娟将人道、博爱、奉献精神贯穿于自己的整个职业生涯,她这种对职业的坚守和承诺以及对待学习永不止步的精神值得每一个护理人学习。

2. 思政案例育人成效　结合第44届"南丁格尔奖章"获得者、中国好护士先进典型成翼娟教授事迹,培养学生对护理事业的职业认同,以及大爱无疆、无私奉献的家国情怀以及医者仁心、爱岗敬业的职业素养。

3. 教学方法、教学模式

(1)案例教学法:以第44届"南丁格尔奖章"获得者、四川大学华西医院管理研究所专家、中央文明办和国家卫健委树立的"中国好医生,中国好护士"先进典型成翼娟教授的视频为典型案例,结合层层深入的提问,既涵盖了知识内容,又能启发学生思考,同时自然融入了思政内容,引导学生思考护理职业及职业生涯规划及其背后所蕴含的是护理职业崇高的责任感和护理人的家国情怀,以及对生命的关爱之情、仁爱之心。案例最后以成翼娟主任带领华西医院3 000名护士奋战在汶川地震救援和救治中的表现,体现护理科学管理中人力资源管理的因素和护理的专业价值,揭示了护理职业的大爱无疆精神。

(2)头脑风暴法:鉴于每个同学对职业生涯规划的角度不同,因此采用头脑风暴法让同学开展小组讨论,如何达成有效的管理,进而引导同学对医院人力资源的配置、管理、培训进行思考,再结合案例中成翼娟教授的行为,用推演的形式进行解说,提示管理职能的五大职能中人的重要性,以及我们国家以人民生命至上的价值观。

(3)角色扮演法:观看视频,转换角色,面对大地震的局面,进行角色扮演,让学生将所学检伤分类、患者转运、人力资源调配的知识应用于情景模拟实践中,并拍成短视频观看反思,潜移默化地将学生带入四个自信中思考问题。角色扮演和小组观看视频后讨论、反思这样的过程,能够给学生更加直观的视觉冲击,一方面有助于提升学生的学习兴趣,更好地理解人力资源管理和紧急情况下人力资源调配应急预案的应用;另一方面,积极组织突发事件的应急预案演练,制定定期组织培训和实战演练,能够激发学生强烈的专业学习动力与从事护理职业的期待。

## 案例六 战"疫"中的中国与世界

1. 课程思政融入点 第七章第一节激励。

2021年是中国共产党百年华诞。泱泱大国的执政党正面临这样一个时代：世纪疫情与百年变局交织叠加，国际格局发生深刻调整，世界进入动荡变革期，全球治理面临新的课题与挑战。人类又一次站在十字路口，世界将更多目光投向中国，聚焦中国共产党领导下的中国，如何携手各国共同应对疫情挑战，共建美好世界。

在他国遭遇挑战的困难时刻，即便自己处于困难之中，中国仍以大国担当的责任和勇气，伸出援助之手。在中国抗疫的关键时期，中国也得到来自各方的宝贵支持。国际社会对中国的支持与帮助、声援与鼓励，是中国长期践行互利共赢外交政策、坚持正确义利观的温暖回响，更是人类命运共同体理念的全球和鸣。

2. 思政案例育人成效 介绍我国在国际抗疫期间发挥的中流砥柱的作用，使学生认识到政治、经济、社会、文化的稳定对于组织生存和发展的意义，达到抗疫精神、家国情怀、以人为本的思政目标。

3. 教学方法、教学模式 案例教学法：案例植入教学，启发式教育结合课堂讨论中国抗疫精神对推动国际社会共建"人类命运共同体"的激励作用的案例，引导学生树立以人为本的正确价值观，体会中国的伟大抗疫精神激励国际社会共建"人类命运共同体"的大国担当，培养学生以人为本的理念和家国情怀的优秀品质。

## 案例七 补短板强弱项，聚焦健康中国

1. 课程思政融入点 第九章第二节护理质量管理方法。

"十四五"时期全面推进健康中国建设对护理事业发展提出了新要求。党中央、国务院作出全面推进健康中国建设的重要部署，要求以人民为中心，为人民提供全方位全周期的健康服务。护理事业需要紧紧围绕人民健康需求，构建全面全程、优质高效的护理服务体系，不断满足群众差异化的护理服务需求。老龄化程度不断加深，对护理服务特别是老年护理服务提出迫切需求，需要有效增加老年护理服务供给。推动高质量发展为护理事业发展带来了新机遇。护理领域主要矛盾表现为人民群众的护理服务需求与供给相对不足之间的矛盾，需要进一步从护理体系、服务、技术、管理、人才等多维度统筹推动护理高质量发展，提高护理同质化水平。信息化技术的快速发展为护理事业创造了新条件。云计算、大数据、物联网、区块链、第五代移动通信(5G)等新一代信息技术与卫生健康服务深度融合，卫生健康领域新模式、新产业、新业态的不断涌现，为推动护理服务模式创新，提高护理服务效率，引领我国护理高质量发展提供了有力支撑。

以人民健康为中心，以群众需求为导向，以高质量发展为主题，以改革创新为动力，进一步加强护士队伍建设，丰富护理服务内涵与外延，提升护理管理水平，推动护理高质量发展，努力让人民群众享有全方位全周期的护理服务。坚持以人民为中心，坚持高质量发展，坚持补短板强弱项，坚持目标和问题导向，坚持改革创新发展。

到2025年，我国护理事业发展达到以下目标：全国护士总数达到550万人，每千人口注册护士数达到3.8人，护士队伍数量持续增加，结构进一步优化，素质和服务能力显著

提升,基本适应经济社会和卫生健康事业发展的需要。责任制整体护理有效落实,护理服务更加贴近群众和社会需求。护理内涵外延进一步丰富和拓展,老年、中医、社区和居家护理服务供给显著增加。护理科学管理水平不断提升,护理服务质量持续改进,调动护士队伍积极性的体制机制进一步健全完善。

2. 思政案例育人成效　导入"十四五"时期全面推进健康中国建设对护理事业发展提出的新要求为本章课程案例,结合课程讲授的护理质量管理方法、护理质量管理工具和质量评价的内容,引导学生主动提出现阶段可以应用的科学护理质量管理工具和方法,培养学生的创新精神,增强学生的职业道德、职业认同和爱岗敬业的精神,同时强调团队协作、以人为本在持续改进护理服务质量中的重要性。

3. 教学方法、教学模式

(1)案例教学法:案例结合课本中护理质量管理工具和方法,介绍"全面推进健康中国建设"的时代背景下护理事业的发展方向,培养学生的科学创新精神,增强学生职业认同感及爱岗敬业的精神。

(2)头脑风暴法:采用头脑风暴法让同学开展小组讨论,如何利用现代科学技术创新管理方法,达成有效的管理模式以提升护理质量,进而加深同学对医院人力资源的配置、管理模式等方面的认识,同时教导学生护理质量的持续提升离不开团队的协作,学习工作中应以人为本,要有意识地提升自身的团队协作能力和管理能力。

### 案例八　栉风沐雨百余年,华西精神至长远

1. 课程思政融入点　第十章第二节管理创新的过程和组织。

百年风雨,世纪巨变;行远自迩,笃行不息。华西医院从1892年美国、加拿大、英国等国基督教会在成都创建的仁济、存仁医院始,历经130个春秋,逐步发展成为现在学科门类齐全、师资力量雄厚、医疗技术精湛、诊疗设备先进、科研实力强大的世界知名、中国一流的现代化医院,连续9年在中国医院科技量值(STEM)综合排名中位列全国榜首,连续11年在复旦大学中国最佳医院排行榜科研得分名列全国第一,连续2年位列全国三级公立医院绩效考核综合医院第二名。

栉风沐雨百余年,华西护理与华西医学携手并进,护理学科发展日新月异。一代代华西护理人不惧时代的挑战,肩负使命,坚守初心,踔厉奋发,踵事增华,秉承"厚德精业、求实创新"之院训,以创新引领发展,以进取为民谋福祉。2017年,华西护理入选双一流护理学科建设名单,获国家卫健委优质护理服务"表现突出医院"称号;迄今,已4次荣获亚洲医院管理奖护理卓越奖;连续6年位居中国医院科技量值(STEM)排行榜第一,连续9年斩获全国品管圈大赛最高奖项。

2022年7月19日,高等教育专业评价机构软科正式发布2022世界一流学科排名,四川大学护理学进入全球护理学科76~100名。2022年9月21日,高等教育评价专业机构软科正式发布"2022软科中国最好学科排名"。四川大学华西护理学在2022软科中国最好学科护理学排名全国第一。自2020年以来,四川大学华西护理学已连续3年位列全国第一,蝉联中国顶尖学科。

忆往昔岁月,看今世华章。4 600余名华西护理人传承创新,锐意进取,追求卓越,臻

于至善,让创新成为华西护理走向世界的不竭动力,为护理高质量发展,贡献华西力量;为我国护理学科创新发展,凝聚华西智慧;为人民健康筑梦,展现华西护理风采。

2.思政案例育人成效　案例讲述了华西护理团队以创新引领发展,锐意进取,臻于至善的优秀传承,阐述了华西护理团队在中国乃至世界范围内创造的卓有成效的贡献,使学生认识到护理作为医院工作的重要组成部分,必须融入医院的改革大潮中,坚持在管理中求创新,在创新中求发展,培养护生职业道德和以人为本的服务理念。

3.教学方法、教学模式

(1)混合式教学法:运用启发讨论、案例分析、课堂讨论、视频演示法等不同的教学方法,介绍了华西医院的护理团队通过创新所达到的成就,使大家意识到创新的重要性和意义,结合课本中管理创新的过程和组织的具体内容,使大家了解管理创新的步骤,启发学生的思考,建立学生良好的职业素养及责任感,培养学生终身学习能力以及良好的团队创新执行力。

(2)实践教学法:医院护理部(病区)考察。通过现场考察,了解医院护理管理创新的内容、过程及效果,加深对护理管理创新的感性认识和理解。实践前拟定考察提纲,阅读病区开展的各项活动记录及改进的规章制度。实践结束后,让学生提交考察提纲和考察报告,外化学生的实践感悟。

## 案例九　智能感受温度,健康科技同行

1.课程思政融入点　第十一章第二节常见护理信息系统的组成和应用。

大数据时代背景下,信息化的飞速发展给护理管理模式带来了极大的影响,护理管理也逐渐由传统的管理模式转变为信息化、智能化管理模式。护理信息化是智慧医院建设及医患服务的重要环节,作为护理管理者应重视护理信息化管理,将云计算、大数据、物联网、移动计算和数据融合技术等先进技术应用于护理管理中,以患者为中心,创新管理模式,方便护士借助信息技术手段为患者提供优质、安全的护理服务。

2020年3月,广东省新冠肺炎患者定点收治医院之一的中山大学附属第三医院,在5G网络环境下,基于物联网及生命体征监测技术,开发云护理智能体温监测大数据平台。通过给每位患者贴上无感染性体温贴,实现远程无接触式7×24小时连续体温监测、预警、分析,设备采集患者数据后,通过大带宽、低时延、高速率的5G网络上传数据至云平台,医院能实时掌握院区内所有患者体温情况,发现异常后精准处理,提高了治疗效率,保障了医院抗疫工作的顺利进行。

2.思政案例育人成效　中山大学附属第三医院的云护理智能体温检测大数据平台的案例引入,智能平台实现远程无接触式连续体温检测,突出了护理信息系统所为患者带来的福祉,内化学生始终把人民群众生命安全和身体健康放在首位的意识,培养学生科学精神、创新精神,以及医者仁心、爱岗敬业的职业素养。

3.教学方法、教学模式

(1)案例教学法:对本章的导入案例进行分析,基于物联网及生命体征监测技术,开发的云护理智能体温监测大数据平台,是信息化技术与护理专业工作的有机融合。通过无感柔性体温贴,将患者体温数据,上传至云平台,医院就能实时掌握院区内所有患者体

温情况,发现异常、精准处理,提高了治疗效率,保障了医院抗疫工作的顺利进行。同时,通过案例进行小组讨论,在学生讨论和教师引导的过程中,学生既掌握知识内容,又能在润物细无声的情景下融合思政内容,加强医德医风教育,加强医者仁心教育,引导护生树立职业理想,深刻理解并自觉实践职业精神和职业规范,培养精湛专业技能的同时,增强职业责任感,提高应对公共突发卫生事件的救治的能力。

(2)头脑风暴法:在课堂传授知识的过程中,引入思考题进行小组讨论,面对人口老龄化,利用高科技解决老龄社会医疗、护理、安全等问题是全球大势所趋。让学生思考如何利用信息化技术应对老龄化社会带来的护理挑战;通过头脑风暴让同学意识到护理信息化在临床实际工作中的重要性,一方面有助于提升学生的学习兴趣,更好地理解各大护理信息系统的组成及作用;另一方面通过对护理信息手段应用的思考,激发学生强烈的专业学习动力和从事护理职业的期待愿望。

(3)情景体验教学法:移动护士站的见习。通过移动护士站的见习,使学生了解移动护士站的实施过程,切身感受信息化技术在护理工作中的应用,激发学生创新意识。

# 第十章
# 老年护理学

## 一、课程概要

### （一）课程简介

老年护理学是以老年人为研究对象,研究老年期的身心健康和疾病护理特点与预防保健的学科,也是研究、诊断和处理老年人对自身现存和潜在健康问题的反应的学科,它是护理学的一个重要分支,与社会科学、自然科学相互渗透。老年护理学的研究重点是从老年人的生理、心理、社会文化及发展的角度出发,研究自然、社会、文化教育和生理、心理等因素对老年人健康的影响,探究用护理手段或措施解决老年人的健康问题,使老年人获得最佳的健康状态,提高生活质量,或使老年人有尊严地、安宁地离开人世。老年护理学是一门护理专业限选课程,学习该课程可使护生了解我国社会老龄化的发展趋势及对策,未来社会对老年护理人才的需求,在护理老年人群时,体现职业素养及职业情感。

### （二）教学目标

1. 知识目标

（1）掌握老年人的健康评估方法、常见健康问题护理、身心疾病的护理、用药护理、健康指导。

（2）熟悉老年人的生理、心理特点、常用健康评估工具。

（3）了解老年护理学的概念及护理原则、我国老龄化的发展趋势及对策、未来社会对老年护理人才的需求。

2. 能力目标

（1）能描述老年人的生理、心理特点;说出老年人常见健康问题及常见身心疾病。

（2）能综合运用所学知识对老年人进行健康评估。

（3）能综合应用所学知识对老年人进行健康教育及健康指导。

（4）能综合运用所学知识对老年人常见躯体及心理精神疾病实施护理。

（5）能综合运用所学知识对临终老年人实施安宁疗护。

3. 情感目标(思政目标)

（1）引导学生树立科学的世界观和人生观,热爱祖国,热爱护理专业,养成良好的职业素质和行为习惯。

（2）引导学生敬佑生命,关爱老人,体现尊老、敬老、爱老的传统美德。

（3）培养学生的科学精神、慎独修养、严谨求实的工作态度和符合职业道德标准的职业行为,培养护生的团队协作及创新精神。

（4）对老年护理工作产生兴趣;在护理老年人时,体现爱心、耐心、细心、责任心的职业态度与职业情感。

## 二、课程思政教学资源计划表

老年护理学课程思政教学资源计划见表10。

表10　老年护理学课程思政教学资源计划

| 章名 | 课程思政融入点 | 思政目标 | 案例资源 | 教育方法和载体途径 |
|---|---|---|---|---|
| 第三章 老年人的健康评估 | 老年人的社会健康评估 | 无私奉献 大爱无疆 科学精神 职业素养 | 分毫积攒、千里捐赠的退休老人 | 案例教学法 |
| | 老年人的综合健康评估 | | 老年人诊疗给我们带来的启示 | 案例教学法 文献学习法 |
| 第四章 老年人的健康保健与养老照顾 | 老年人的健康保健与养老照顾 | 榜样力量 职业责任 | 尊老敬老助老,人人有责 | 小组讨论法 文献总结法 |
| 第五章 老年人的心理卫生与精神护理 | 老年期痴呆患者的护理 | 同理心 人文关怀 | 痴呆患者生活纪实——《往事只能回味》 | 视频教学法 小组讨论法 |
| 第六章 老年人的日常生活护理 | 老年人的日常生活护理 | 制度自信 家国情怀 职业认同 | "互联网+"——老年癌症患者的日常照护 | 启发式教学法 案例教学法 |
| 第八章 老年人常见健康问题及护理 | 老年人常见健康问题及护理 | 职业素养 职业认同 榜样力量 | 九旬老人路边晕倒,医护施救转危为安 | 案例教学法 头脑风暴法 |
| 第十章 老年人的临终护理 | 老年人的临终护理 | 法治意识 伦理观念 | 深圳"生前预嘱"首次入法 | 视频教学法 |

注:教学内容参考化前珍.老年护理学.4版.北京:人民卫生出版社,2017.

## 三、课程思政案例

### 案例一 分毫积攒、千里捐赠的退休老人

1. 课程思政融入点　第三章第四节老年人的社会健康评估。

马旭,驻黄陂原空降兵 95942 部队离休干部。1933 年出生于黑龙江木兰县,13 岁离开故土奔赴战场,参加过著名的辽沈战役、抗美援朝并多次立功授勋;多次"请战",成为军中第一个跳伞女兵;深耕专业,是医术精湛的好医生也是专利加身的"发明家";安居陋室,却将千万元积蓄献给家乡。获得"感动中国 2018 年度人物"荣誉。

1933 年,马旭出生于黑龙江省木兰县一个医学世家,14 岁入伍参军。抗美援朝期间被授予抗美援朝纪念章、保卫和平纪念章和朝鲜政府三等功勋章。抗美援朝胜利回国后,马旭被保送到第一军医大学学医,后成为一名野战军医。工作的几十年间,她笔耕不辍,在军内外报刊发表了 100 多篇学术论文,并撰写了《空降兵生理病理学》《空降兵体能心理训练依据》,填补了相关空白。正因为此,马旭还被外国专家称为中国军中的"居里夫人"。退休后,马旭及其爱人将毕生积蓄的 1 000 万元捐献给了家乡黑龙江省木兰县,用于教育等公益事业。这巨额捐款也是该县有史以来接收到的最大的一笔个人捐助。但拿出千万捐款的二老,生活却极其简朴,家中简陋异常。马旭夫妇相濡以沫,他们用无声的行动诠释了什么叫心怀家国,什么叫大爱无疆。

2. 思政案例育人成效　结合"感动中国 2018 年度人物"马旭夫妇事迹,培养学生淡泊名利、甘于奉献、大爱无疆的家国情怀及积极乐观、拼搏奋进的人生态度。

3. 教学方法、教学模式　案例教学法:以"感动中国 2018 年度人物"马旭夫妇事迹为典型案例的引入,引导学生思考,既涵盖了老年人健康评估的专业内容,同时自然融入了思政内容,引导学生思考人生的价值和意义,思考身心健康的老年人的状态。案例中马旭夫妇一生刻苦钻研,不断创新,弥补空白的精神是后人学习的榜样,退休后将毕生积蓄捐赠给家乡的教育事业,更是体现了无私奉献、大爱无疆的精神。

### 案例二 老年人诊疗给我们带来的启示

1. 课程思政融入点　第三章老年人的综合健康评估。

一位 84 岁老年女性,因为头晕半年,近期略有加重而入住当地二甲医院。既往高血压病 20 余年,平素血压控制较好,无糖尿病,无心、脑血管病史,从无胸痛病史。老人生活可以自理,承担家务以及步行上下 4 楼无困难。食欲、大小便、睡眠均好。查体:血压 146/60 mmHg,心率 68 次/min;心电图正常;脑 CT 提示腔隙性脑梗死,颈动脉、椎动脉超声有斑块,局部狭窄<50%。诊断:脑供血不足。医生当时考虑既然脑动脉有斑块,心脏血管也可能有问题,因此行冠状动脉造影,果然三支血管都有病变,前降支最重,狭窄近 90%,决定给予治疗。但介入治疗多次尝试不成功,为此转入当地最大的三甲医院行冠脉造影,经过一番努力后,成功完成冠状动脉前降支支架治疗。但回到病房仅 2 小时患者出现呼吸困难、血压不稳定,被告知是被疏通的血管内斑块掉到血管远端,堵塞了血管末梢,造成心肌坏死,室间隔穿孔。随即给予主动脉内球囊反搏治疗。12 天后行小切

口完成了穿孔室间隔的修补术,手术很成功,术后患者被送入 ICU。术后恢复顺利,几天后搬出 ICU 回到普通病房。不幸的是着凉感冒,随即患肺炎,给予抗生素治疗,随后又出现肝功损害,给予保肝治疗后又出现肾功异常,最终血滤,反复调整抗生素等,共住院近2 个月,自费部分花费 20 多万,最终多器官功能衰竭,死亡。患者家属无奈地说:"我妈的病治好了,人没了……"

2.思政案例育人成效 结合该案例带给我们的启示,进一步阐述老年综合健康评估的重要意义,提醒医务人员应始终坚持整体健康观,坚持以"人"为中心的科学思维方式,摒弃"治病"不"治人"的不良现象,培养护生的评判性思维能力、科学精神及职业素养。

3.教学方法、教学模式

(1)案例教学法:在老年护理学课程第三章老年人健康评估中引入案例"老年人医疗过程给我们带来的启示!"这一典型案例反映了目前临床医疗中一些普遍现象——过度医疗的问题。案例的典型性及令人痛心的结局引导同学们思考,衰老是一个必然发生的过程,老年人多病并存是普遍现象,是以"病为中心"还是以"患者为中心"?医学是否等于技术?是否医疗技术可实现的,医生都需要为患者去做?如何校正我们的目标——从单纯的治病,到预防疾病,再到提高生命质量。对于我国社会严重老龄化的今天,这些都是广大医护工作者亟需思考的问题,该案例提醒我们老年患者更要注重健康管理,注重综合评估。通过案例的讨论,让同学们明确医疗护理过程的终极目的是什么,在治疗、用药过程中应该如何因人而异,具体问题具体分析,从人的整体健康角度思考处理问题,从而强化护生的评判性思维能力、科学素养,培养医者仁心。

(2)文献学习法:通过查阅文献了解老年人多重用药、过度治疗的普遍性和研究现状,多重用药、过度治疗给老年人身心健康及家庭带来的危害,进一步强化对老年人身心特点的认识,坚持老年人健康的综合评估原则,科学的治疗原则,培养护生以"人"为中心的科学精神及职业素养。

### 案例三 尊老敬老助老,人人有责

1.课程思政融入点 第四章第四节老年人的健康保健与养老照顾。

甘肃兰州,一家"虚拟养老院"的养老餐厅,70 多岁的邓惟贤进门、打卡、出票,熟练完成操作,粉条、鱼块、土豆丝、油麦菜、番茄炒蛋外加一份白米饭,他只需付 8 元钱。2013 年 2 月,习近平总书记曾来到这里,详细了解虚拟养老院的运行情况。"饭量够不够?""卫生不卫生?""全市有多少这样的餐厅?"他一一问来,还端起一盘热气腾腾的饭菜,送给就餐的老人,向老人们拜年,祝愿他们新春愉快、身体健康、安享晚年。9 年过去了,这份关爱,仍似一汪甘泉,润泽人心,温暖如昨。

2014 年元旦前夕,习近平总书记来到北京四季青敬老院看望老人们。一位老人提出想同总书记合个影,习近平欣然同意,亲切地招呼老人们过来,并特意把坐轮椅的老人安排在自己前面。合影后,总书记叮嘱工作人员把照片送到参加合影的每一位老人手上。"总书记的到来让我感到特别温暖。"那之后不久,刘进文(该老年院的一位老人)组织了老年模特队,时常在院里表演。

最新统计,我国60岁及以上人口已达2.67亿,预计2025年前这一数字将突破3亿。"人人亲其亲,长其长,而天下平。"孝老爱亲的美德,流淌在中国人的血脉里。习近平总书记率先垂范、以身作则。习近平总书记31岁时履新河北正定县县委书记,第一次在《人民日报》发表署名文章,题为《中青年干部要"尊老"》。他把县里第一辆小轿车让给老干部用,还特地设立了老干部活动室。

老有所养,是许多家庭关切的"家事",也是习近平总书记挂念的"国事"。应对"银发潮",总书记深谋远虑,立足中华民族伟大复兴战略全局,规划部署积极应对人口老龄化国家战略。2022年2月21日,《"十四五"国家老龄事业发展和养老服务体系规划》发布。按照规划,到2025年,全国养老服务床位总量达到900万张以上,新建城区、新建居住区配套建设养老服务设施达标率达到100%……

2. 思政案例育人成效　通过新华网报道让学生体会习近平总书记对养老工作的关切和重视,通过榜样的力量,激发学生投身养老护理事业的热情和信心,引导学生在养老护理工作中提升职业责任感,积极践行敬老爱老这一传统美德,从而发挥润物细无声的育人效果。

3. 教学方法、教学模式

(1)小组讨论法:在本章节教学内容中引入该篇报道,通过分组讨论,让同学们深刻感受习近平总书记对养老事业的关注与支持,感受习近平总书记对敬老爱老这一中华民族传统美德的弘扬和践行,通过榜样的力量,激发学生投身养老护理事业的热情和信心,发挥润物细无声的育人效果。同时引导学生了解我国的老龄化现状、养老事业现状及政府最新颁布的政策,增强职业责任感。

(2)文献总结法:学生通过学习教材、查阅网络资源搜集我国养老保健相关的政策法规,梳理总结十八大以来我国政府出台的养老照护方面的相关政策,列举养老照护的模式及各自的优势不足,为今后从事养老护理工作奠定基础。

## 案例四　痴呆患者生活纪实——《往事只能回味》

1. 课程思政融入点　第五章第二节老年期痴呆患者的护理。

《人间世》第2季第7集,聚焦于患有阿尔茨海默病的老年人这一特殊群体。随着病情的进展,这些老人脑海中的记忆像被橡皮擦涂掉了,随着时间的递增越来越少。整个纪录片浓缩了部分阿尔茨海默病患者及家属的故事,让我们近距离了解他们的境况。片中形象展现了遗忘、失语、情绪剧烈起伏、丢三落四、突然不会做熟悉的事、无法与正常人交流沟通等常见症状;家属一方面尽心付出却注定得不到好结果,同时还要承受看着亲人逐渐走向死亡的心理压力;忽视患者早期症状、忽视患者心灵需求等社会现况。

2. 思政案例育人成效　通过观看《往事只能回味》纪录片,帮助学生了解和认识阿尔茨海默病患者的临床表现、主要治疗方式及护理措施等核心专业知识,提升知识素养,同时培养学生的同理心和同情心,培养耐心、爱心、仁心的职业素养,以及护佑生命,维系患者身心健康的使命感。

3. 教学方法、教学模式

(1)视频教学法:以纪录片中的故事为典型案例,引导学生分析阿尔茨海默病患者主要的临床表现及护理问题和需求,以小组为单位进行讨论并撰写报告。引导学生思考不同时期的阿尔茨海默病患者其主要的护理措施包含哪些? 看完纪录片关于阿尔茨海默病患者照护有哪些感受或感想?

(2)小组讨论法:通过小组观看纪录片后讨论、反思的过程,帮助学生深入了解阿尔茨海默病患者及其家属真实的生活状态,培养学生的同理心和同情心,提升人文照护能力。

### 案例五 "互联网+"——老年癌症患者的日常照护

1.课程思政融入点 第六章第一节老年人的日常生活护理。

患者67岁,男性,直肠癌晚期同时又有骨折、长期卧床、生活无法自理,手术后安装人造肛门袋,需要随时进行造瘘口护理,家庭护理需求极大,就医特别困难,给患者本人及家属带来莫大的痛苦。如果护理不及时,很容易造成感染,病情加重。"医护到家"这个"互联网+护理上门服务"平台,为老人提供洗衣、做饭、修理水电、陪同就医、文化娱乐等多项具体服务,患者本人及家属对上门的护士特别感激!

2019年国家卫健委办公厅印发开展"互联网+护理服务"试点工作通知,确定北京市、天津市、上海市、江苏省、浙江省、广东省作为"互联网+护理服务"试点省份。其他省份结合本地区实际情况选取试点城市或地区开展试点工作。将养老院与互联网联系起来,既能满足老人不愿离开家养老的心愿,又可以解决子女时间、经济能力有限的问题,减轻子女的生活压力,提高老人的生活水平,还能让社会资源得到充足的利用,减轻机构养老服务的压力,满足老年人的"恋家"情感,实现"养老不离家"。我国目前已有"互联网+护理上门服务""家庭虚拟床位"等智慧养老新模式在多地开展。

2.思政案例育人成效 阐述我国科技发展为医疗带来的进步,帮助学生树立科技大国的制度自信,以及真正体会到党一心为民谋福利,进一步深化对党和对社会主义制度的热爱和家国情怀。

3.教学方法、教学模式

(1)启发式教学法:介绍我国目前的"互联网+护理上门服务""家庭虚拟床位"等智慧养老新模式,阐述我国科技发展为医疗带来的进步,帮助学生树立科技大国的制度自信,以及真正体会到党一心为民谋福利,进一步深化对党和对社会主义制度的热爱和家国情怀。

(2)案例教学法:通过本案例,剖析卧床老人日常生活注意事项、生活环境调整及安排、皮肤清洁与衣着卫生、饮食与排泄、休息与活动等,引导学生认识老年人日常护理的重要性和护理人员的职业获得感,进而导入本次课程的学习。

### 案例六 九旬老人路边晕倒,医护施救转危为安

1.课程思政融入点 第八章第二节老年人常见健康问题的护理。

新冠肺炎疫情期间,一名老人路边晕倒,心跳、呼吸微弱,幸遇下班护士,经专业评估后需要给予救护,否则有生命危险,护士不顾传染危险,在有限防控措施情况下,积极处置,给予平卧,拨打120急救电话,同时清理口鼻腔血性分泌物,保持呼吸道通畅,密切观

察病情变化和陪护,为 120 急救人员到来后处置节省了大量时间,并最终避免不良后果。

2.思政案例育人成效　结合新冠疫情期间老人路边晕倒幸遇护士,经过专业评估,积极帮助救治最终避免不良后果的视频事迹,既涵盖了专业知识内容,又能启发学生思考,同时自然融入了思政内容,引导学生思考护理职业崇高的责任感,以及对生命的关爱之情、仁爱之心;培养学生医者仁心的职业素养、救死扶伤的高尚品德,向榜样学习,提升职业认同感。

3.教学方法、教学模式

(1)案例教学法:通过典型案例的引入,结合层层深入的提问,引导学生观察:老人跌倒后根据不同情况医护人员该如何处置? 进而引导学生思考老年人跌倒是否立即扶起?强调跌倒后评估的重要性及救助注意事项,提升学生专业素养;同时通过榜样力量,引导学生体会医护人员救死扶伤的高尚品德,鼓励学生向榜样学习,运用自己所学的知识积极为公众提供帮助,提升职业认同感。

(2)头脑风暴法:鉴于每个同学对知识掌握程度不同、考虑问题角度的差异性,采用头脑风暴法让同学开展小组讨论,引导同学们总结出老人跌倒后观察要点和处置流程,达成有效的课堂效果;案例最后强调特殊情况下,如新冠疫情防控中,注意医护人员个体防控及治病救人的矛盾统一的处置,体会人民生命至上的价值观理念及护理职业的大爱无疆精神。

### 案例七　深圳"生前预嘱"首次入法

1.课程思政融入点　第十章老年人的临终护理。

在我国,老人处于弥留之际,治或不治、怎么治以及救或不救这些问题长期困扰临终患者、患者家属,而当患者想善终,但家属要求"救到底"往往让医生陷入两难。

2022 年 6 月 23 日下午,深圳市七届人大常委会第十次会议表决通过了《深圳经济特区医疗条例》修订稿,于 2023 年 1 月 1 日期施行,其中,第七十八条在"临终决定权"上做出了大胆突破:收到患者或者其近亲属提供具备下列条件的患者生前预嘱的,医疗机构在患者不可治愈的伤病末期或者临终时实施医疗措施,应当尊重患者生前预嘱的意思表示:有采取或者不采取插管、心肺复苏等创伤性抢救措施,使用或者不使用生命支持系统,进行或者不进行原发疾病的延续性治疗等的明确意思表示。规定具有完全民事行为能力的自然人可以立生前预嘱,医疗机构及其医疗卫生人员提供医疗服务时,应当尊重患者本人意愿。深圳市也成为全国第一个实现生前预嘱立法的地区。

但生前预嘱应与安乐死相区别,安乐死一般分为两类,一类是主动(积极)安乐死,即医护人员主动采取措施,加速患者的死亡,如我国台湾资深主播傅达仁因胆管问题手术多次,后又罹患胰腺癌,晚年饱受胰腺癌折磨,但台湾没有允许安乐死相关法律,为了能终结病痛,他申请到瑞士的安乐死资格。2018 年 6 月 7 日下午 6 时左右在瑞士执行安乐死,终年 85 岁。傅达仁也成为台湾第一位执行安乐死的公众人物。目前我国没有安乐死相关立法支持,世界上也只有瑞典、加拿大等少数国家允许。另一类是被动(消极)安乐死,是指中止维持患者生命的医疗措施,任其自行死亡。有医疗研究者表示,第二种情况在现实中或影视剧中是存在的,即"患绝症放弃治疗",需要患者或家属签署知情同意书、告知书等医疗文书,但不具备严格意义上的法律效力,容易产生医疗纠纷,我国虽然安乐死现无立法,但该问题已受到社会关注。以此让同学们树立法制及伦理观念。

2. 思政案例育人成效 结合深圳生前预嘱首次入法及生前预嘱与安乐死的区别,让同学们了解生前预嘱和安乐死及其适用范围,引导同学们思考,在老人临终护理中救与不救的问题,什么事情能做、如何做、能做到那种程度,什么事情不能做等,逐渐树立法制及伦理道德观念。

3. 教学方法、教学模式 视频教学法:导入视频,讲解生前预嘱使用地域、对象、时机等,使同学们明白老年照护中可能会面临的问题,我们应了解患者及家属或照护者的想法,尊重其选择,不强加我们个人的意见或想法,在法律或规范的范围内帮助他们实现愿望;注意保护他们的隐私,对于他们的选择不评论,不传播。随后导入安乐死案例,讲解安乐死分类,说明我国目前对安乐死的态度(无法律支持),引导同学们思考:当患者及家属选择第二种安乐死(放弃治疗)时,我们该如何做? 通过学习,让同学们明白,在社区老人照护中,特别是临终护理,什么事情能做、如何做、能做到那种程度,什么事情不能做,逐渐树立法制及伦理观念。

# 第十一章
## 护理心理学

### 一、课程概要

#### (一)课程简介

护理心理学是研究患者心理活动的规律及特点,以实施最佳临床护理;研究护士心理活动的规律及特点,以加强自身职业心理素质建设的一门应用性学科。课程主要内容包括护理心理学的基本概念及相关理论、研究对象和任务;认知过程、情感过程、意志过程、人格、需要等心理学基础知识;心理应激、心身疾病;患者心理、护士职业心理、社会认知与护患沟通、临床心理评估、心理干预,临床心理护理实施等具体内容,帮助学生掌握护理心理学基础知识和心理护理的基本技能,具备维护自身心理健康的应对能力,以便更好地服务于护理工作。本课程围绕"立德树人"的根本任务,实施课程育人,使学生掌握心理学的基本知识及基本技术,为患者提供恰当的临床心理护理,使患者得到最佳身心护理的同时,培养学生良好的心理品质和健全的人格,以及家国情怀、理想信念、责任担当、文化自信、道德修养、科学创新的精神,为日后的学习和工作打下坚实的基础。

#### (二)教学目标

1. 知识目标

(1)掌握临床各类患者的心理特点和心理护理的基本理论、基本知识和基本技能;护士职业心理素质的优化方法。

(2)熟悉与心理护理有关的心理学技能;心理应激与心身疾病的基础知识。

(3)了解心理学基础知识、心理学基本理论。

2. 能力目标

(1)熟练运用护理心理学知识、技能,对护理对象进行心理护理。

(2)能运用护理心理学相关知识对个体、家庭及社区开展心理健康教育。

(3)能主动进行护士职业心理素质的优化,提高自我教育能力。

(4)能持续关注护理心理学新进展并指导临床心理护理。

(5)善于分析和总结临床心理护理经验,具备一定的创新精神和科研能力。

3. 情感目标(思政目标)

(1)坚持知信行统一,培育和践行社会主义核心价值观。

(2)立足河南区域特色,弘扬中华优秀传统文化,加强学生的中医药文化教育,培养学生的文化自信。

（3）依循课程内容,开展理想信念教育,培养学生的爱国情怀、社会责任感。

（4）结合实践教学,深化职业观和职业道德教育,培养学生珍爱生命、救死扶伤、无私奉献、大爱无疆的职业精神。

（5）培养学生科学创新意识、精益求精的职业精神。

### 二、课程思政教学资源计划表

护理心理学课程思政教学资源计划见表11。

表 11　护理心理学课程思政教学资源计划

| 章名 | 课程思政融入点 | 思政目标 | 案例资源 | 教育方法和载体途径 |
|---|---|---|---|---|
| 第一章 绪论 | 中医心理护理疗法 | 文化自信<br>爱国情怀<br>继承和发扬祖国优秀传统文化 | 怒胜忧思巧治病,传统文化显真章 | 案例教学法<br>小组汇报法 |
| 第二章 心理过程 | 意志过程 | 责任担当<br>勇于探索<br>无私奉献 | 择一事,终一生 | 案例教学法<br>小组讨论法 |
| 第四章 心理应激 | 心理应激中的中介因素社会支持 | 家国情怀<br>历史使命感<br>中国特色社会主义制度优越性 | 抗疫同心,华夏同行,社会支持暖人心 | 视频教学法<br>小组汇报法 |
| 第六章 患者心理 | 患者心理 | 人文关怀 | 牢记人文关怀,急诊科的故事 | 情景教学法<br>小组讨论法 |
| 第七章 护士职业心理 | 护士职业心理素质的优化 | 职业素养 | 成长之路,一路生花 | 案例教学法<br>小组讨论法 |
| 第八章 社会认知与护患沟通 | 护患沟通 | 职业情感<br>关爱尊重患者<br>和谐友善 | 关爱尊重患者,构建和谐友善的医院环境 | 案例教学法<br>角色扮演法 |
| 第九章 临床心理评估 | 临床心理测评量表 | 创新精神 | 传承中医传统文化,推动中国心理事业发展 | 启发式教学法<br>小组汇报法 |
| 第十一章 临床心理护理实施 | 心理护理概述 | 珍爱生命<br>救死扶伤<br>责任担当 | 地震灾害救援急,心理护理不可少 | 视频教学法<br>启发式教学法<br>小组汇报法 |

注:教学内容参照郝玉芳.护理心理学.4 版.北京:中国中医药出版社,2021.

## 三、课程思政案例

### 案例一　怒胜忧思巧治病,传统文化显真章

1. 课程思政融入点　第一章第五节中医心理护理疗法。

《三国志·华佗传》中记载了这样一则华佗治病的故事:相传有一个郡守病得很厉害,请华佗给他医治。华佗看出郡守的病是由政务繁忙、忧思过度而致,于是不仅没有给他开药方,反而向他索取了很多诊金,并且大摆架子。几天以后,华佗偷偷走了,还留下一封信,信里把郡守大骂一通。可想而知,郡守大为愤怒,派人抓捕华佗,并扬言要把华佗杀掉。郡守的儿子知道内情,故意阻止,这使郡守越发愤怒,盛怒之下,郡守吐了几口黑血,病也因此好了。神医华佗在这个病案中运用的是什么疗法呢?

中国最早的医学典籍、秦汉时期的《黄帝内经》中,就提到3种心理治疗方法:情疗、心疗和意疗,也就是开导劝慰法、情志相胜法、刺激治疗法。情疗,也就是五志相胜法。《素问》中指出:"怒伤肝、喜伤心、思伤脾、忧伤肺、恐伤肾、悲胜怒、怒胜思、思胜恐、恐胜喜、喜胜忧。"后世医家也有把情疗分为喜疗、怒疗、恐疗、悲疗和思疗五种疗法。上述案例就属于情疗中的怒胜思。

神医华佗应用心理疗法治病救人的故事还有很多,而中医学中也总结了很多心理护理的方法,这些扎根于本土文化的智慧均属于中华优秀传统中医药文化,这是华夏文明的重要组成部分,是中国古代科学的瑰宝。作为医护工作者,我们应把深受本土文化滋养的中医心理疗法发扬光大,将这些宝贵财富继承好、发展好、利用好,做好传承与创新,让中国传统文化重新焕发新的活力,在建设健康中国、实现中国梦的伟大征程中谱写新的篇章。

2. 思政案例育人成效　结合《三国志·华佗传》中记载的怒胜思法的华佗治病的故事,培养学生树立文化自信,引导学生继承和发扬祖国优秀传统文化,培养爱国情怀。

3. 教学方法、教学模式

(1)案例教学法:以《三国志·华佗传》中华佗采用心理疗法治病救人的典型案例,结合学生的思考并提出提问,如:"你还了解哪些中医学中有关心理护理的案例?""对于这些中医心理护理的疗法,你是如何认识的?"等,既涵盖心理护理相关知识内容,又启发学生思考,同时自然融入思政内容,引导学生树立文化自信,鼓励学生思考如何继承和发扬中华优秀传统中医药文化。

(2)小组汇报法:组织班级学生以小组为单位,分享汇报中医药文化中关于心理疗法的故事,感受中医心理疗法的深刻内涵、丰富内容及悠久历史,引导学生自发学习深受本土文化滋养的中医药文化,积极传承、传播中医药传统文化。

### 案例二　择一事,终一生

1. 课程思政融入点　第二章第三节意志过程。

一提起打疫苗,儿时记忆中大多是恐惧和哭泣,但大家还记得有一种入口即化、满嘴奶香味的白色"糖丸"吗?深受小朋友喜欢,伴随几代人的成长,它就是三价脊灰减毒活

疫苗。一颗小小的"糖丸"保护了上亿儿童的生命,但它背后却有一段令人感动而难忘的故事。

1955 年,可怕的脊髓灰质炎,即小儿麻痹症,在中国爆发,之后每年有 2 万～5 万儿童被感染,并会出现呼吸系统异常、行走困难,可能终身瘫痪或死亡。而刚成立的新中国无力救治,一时间恐慌弥漫全国。1957 年,顾方舟院士临危受命,投身于疫苗的研发。在动物实验阶段,由于经费紧张、环境恶劣,顾方舟院士带领团队,在一片荒芜的热带雨林猿猴基地中,一砖一瓦自建生产疫苗的基地,再苦再难的环境也没有动摇科研人员攻坚克难的决心。在临床试验阶段,面对未知的风险,顾方舟以身试药,为证明疫苗对儿童也安全,他给自己刚刚满月的儿子喂下了疫苗。以身试药一旦失败,轻则终身瘫痪,重则直接死亡。而顾院士挺身而出,大义凛然,以百折不挠的精神克服一切困难和挫折,终于在 1960 年 12 月,首批 500 万人份疫苗生产成功。1965 年全国推广,从此脊髓灰质炎发病率明显下降。

顾方舟院士被评为"感动中国 2019 年度人物",感动中国组委会对他的颁奖词这样写道:"舍己幼,为人之幼,这不是残酷,是医者大仁。为一大事来,成一大事去。功业凝成糖丸一粒,是治病灵丹,更是拳拳赤子心。你就是一座方舟,载着新中国的孩子,渡过病毒的劫难。"顾方舟院士爱国为民、不畏艰险、甘于奉献、意志坚强,为脊髓灰质炎的防治奉献了其一生。

2.思政案例育人成效　结合"糖丸爷爷",我国著名医学科学家、病毒学专家顾方舟院士的典型事迹,培养学生坚韧性、果断性、自制力等意志品质;培养学生的责任担当意识;勇于探索、无私奉献的崇高精神;锐意创新、求真务实的科学精神。

3.教学方法、教学模式

(1)案例教学法:以"糖丸爷爷"顾方舟院士一生致力于防治脊髓灰质炎、研制疫苗的典型案例,将学生潜移默化地带入感人故事中,引导学生认识到在新中国刚成立的艰苦条件下,科学家们攻坚克难、意志坚强、求真务实、为国奉献的精神。

(2)小组讨论法:组织学生以小组为单位,讨论汇报学习顾方舟院士感人事迹之后的小组体会及收获。同时分享有关意志自觉性、果断性、坚韧性、自制力等品质的其他人物事迹。引导学生自发向英雄人物学习,培养责任担当意识,以及不畏艰难、奋发前行、坚定信念、百折不挠的精神。

### 案例三　抗疫同心,华夏同行,社会支持暖人心

1.课程思政融入点　第四章第三节心理应激中的中介因素社会支持。

俗语说:"一方有难,八方支援。"面对 2019 年底以来数次暴发的新冠疫情,全国上下一盘棋,团结一致与病魔抗击。医护人员砥砺前行,奋战在疫情防控的最前沿,做守护百姓健康、逆行而来的最美战士;人民警察、党员干部用初心使命、责任担当筑造了一道道铜墙铁壁;来自各行各业、年龄不等、职业不同的社会志愿者,同样热情高涨,坚守岗位。"众志成城、齐心协力、防控疫情"等标语挂满了大街小巷。

以最快速度搭建的雷神山医院,八旬老人匿名捐出的毕生积蓄,防疫人员的"暖心驿站",热心邻居送来了腊肉、蔬菜……社会各界众志成城,各行各业并肩作战,自发地与国

家同频共振。疫病无情,人心有爱,一句简单的问候、一个坚定的眼神,甚至一个隔屏的拥抱,就能给予大家莫大的信心和能量。灾难面前足见大爱,大爱背后更见患难与共、支持与感动。疫情来临,我们既是命运共同体,也是责任共同体,来自全国的社会援助无时无刻不在提醒着我们并非孤军奋战,强大的社会支持是这场战"疫"的强心针和消苦剂,带给我们内心深处最渴望的慰藉和温暖。

社会支持是指个体与社会各方面包括亲属、朋友、同事、伙伴等社会人以及家庭、单位、党团、工会等社团组织所产生的精神上和物质上的联系程度,包括客观支持和主观支持。客观支持是物质上得到的直接援助和社会网络关系,主观支持指个体在社会中受尊重、被支持、被理解的情感体验和满意程度。社会支持是影响应激反应结果的重要中介变量。在这场新冠抗疫战争中,从中央到地方,从组织到个人,我们可以看到社会支持的力量无处不在,志在打赢这场没有硝烟的战争。

2. 思政案例育人成效 结合数次暴发的抗疫中的感人故事,培养学生爱国主义情感,将个人职业、理想和信念与国家的前途命运联系在一起,培养其家国情怀、责任心和历史使命感,彰显中国共产党领导和中国特色社会主义制度的优越性。

3. 教学方法、教学模式

(1)视频教学法:制作疫情中的感人故事的片段视频,引导学生充分认识？中介因素之社会支持在心理应激中的重要作用。结合学生思考并组织讨论,如"对于社会支持在国家抗疫中的作用,你是如何认识的?""作为未来的医护工作者,当国家需要时,你会做些什么?"等,既涵盖心理护理应激相关知识内容,又启发学生思考如何将自己的理想信念与国家的前途命运相联系,自发引导出学生爱国主义情感,鼓励学生思考。

(2)小组汇报法:组织学生以小组为单位,分享汇报日常疫情防控中的感人故事、分享小组讨论后的心得体会,引导学生除学习心理应激中社会支持的作用外,激发学生爱国情怀,感知抗疫斗争中的命运共同体,强化人民至上的家国情怀,感受中国共产党领导和中国特色社会主义制度的优势性。

## 案例四　牢记人文关怀,急诊科的故事

1. 课程思政融入点　第六章第四节患者心理。

上周六中午正要休息时,听到走廊中有人大喊"医生、护士,快来救人"。我出去一看,一位女性搀着一名40岁左右的男性正走过来,男子脸色苍白,神色恐慌,大汗淋漓。"我胃部痛得厉害。"他喘息着说。

经医生初步诊断为大面积心肌梗死后,我们立刻开始了抢救工作。正当我们忙于抢救时,他却要求见见他的妻子:"我的妻子就在外边,我真希望她能在我身边陪着我。"

"抢救室家属不能进来。"听到护士的回答,王先生眼光中流露出非常恐惧,甚至有点绝望的神色。他妻子如果进来了,晕倒了怎么办?王先生在他妻子面前死去怎么办?她在场会不会妨碍我们抢救?这是要冒一定风险的。但是看着王先生无比痛苦的表情,我决定还是帮帮他吧。

"谢谢您,谢谢您让她到我这里来。"王先生紧紧地拉住他妻子的手对我说。之后王先生不再精神紧张,逐渐安静了许多。之后他被转到 CCU 继续治疗。

出院那天,他和妻子到急诊科和我告别,两人笑容满面。王先生对我说:"在急诊室,妻子的陪伴给了我巨大的力量;如果没有她,我真不知道如何熬过这场大难,真的非常感谢您!"他俩走后,我很感慨,当我们抢救患者的生命时,如果能同时关注患者的心理,满足心理需求,我们可能会挽救更多人的生命。

2.思政案例育人成效 结合案例故事,培养学生的人文素养,树立人文关怀的理念。引导学生在面对不同类型的患者时,要注意其心理反应,及时满足其心理需求,从而促进患者的康复。教导学生时刻牢记人文关怀,并将人文关怀贯穿于临床护理工作中的全过程。

3.教学方法、教学模式

(1)情景教学法:将教学过程设置为以急诊科护士李华参与一例心肌梗死患者的救治情景之中。组织学生演练,在场景中促使达到教学目标,既锻炼了学生的临场应变、实际操作能力,又活跃了教学气氛,提高了教学感染力。引导学生认识到急诊患者的心理反应,并及时满足其心理需求,将人文关怀融入临床护理工作的每一个环节。

(2)小组讨论法:组织学生以小组为单位讨论案例故事。"如果患者向你提出要求,你如何做?""王先生的妻子进到抢救室,如果由于担心、害怕,晕倒了,你怎么办?"谈谈小组体会及收获。同时分享在临床工作中如何做好心理护理,如何将人文关怀融入临床护理工作的每一个环节中,引导学生自觉树立人文关怀意识,培养人文关怀精神。

## 案例五 成长之路,一路生花

1.课程思政融入点 第七章第三节护士职业心理素质的优化。

初入医院实习,我来到了神经外科。神经外科专科性强,病情急,变化快,基础护理难度和强度大,要求护士有高度的责任心和扎实的技术。带教我的东利老师看出了我的担忧,安慰我说:"别害怕,工作熟悉以后就好了,慢慢来。"简单的话语,却让我很温暖。

接下来的时间里,老师从"小白"开始,手把手地教我,让我一点点成长。护士长和东利老师不厌其烦地给我讲解知识,带着我反复练习各项操作。从第一次面对脑出血患者时的慌乱,到现在的从容;从第一次做各项操作时的紧张,到现在的熟练;从第一次抢救时的胆怯,到现在的淡定;从自己还是一个"菜鸟",到带教出一批又一批新人……

记得一名脑出血术后患者夜里突发心搏骤停抢救,我和搭档协助值班医生有条不紊地进行了一场堪称教科书级别的抢救,家属拉着我的手,流着泪激动地表达感谢,当时,职业自豪感油然而生。后来工作调动我来到了康复医学科。康复是一个漫长的过程,病前病后的落差导致大多数患者情绪低落,容易发脾气,所以康复科的特点不单单是治病,更是"医心"。"有时去治愈,经常去帮助,总是去安慰。"我时刻把患者放在第一位,每天细心、耐心地对待每一位患者,不厌其烦地对患者进行针对性的心理护理,使患者积极配合治疗。

在我的成长之路上,两位护士长给了我很大的帮助。我性格内向,不善言辞,她们会经常教我如何与患者沟通;根据工作能力和性格特点等鼓励我制定自己的职业规划,挖掘自己的潜能。10年后的今天,我褪去稚嫩,成长为一名专业过硬、富于爱心与责任心、善解人意的优秀护士。一个个患者康复出院让我体会到了职业的自豪感,也更加坚定了我当初的职业选择。今后,我也会像前辈一样,把对护理事业的热爱融入日常护理工作中,为健康中国尽自己的一份力量。

2.思政案例育人成效  结合案例故事,让学生理解护士职业心理素质的优化必须和实际工作相结合。在工作中加强职业修养,坚定理想信念,树立正确的职业价值观,提高为患者服务的能力,最终实现自我价值。

3.教学方法、教学模式

(1)案例教学法:以一名工作10年的护士成长案例,将学生带入故事中,引导学生认识到职业心理素质的塑造、工作能力的提升必须和实际工作相结合。坚定理想信念,注重职业心理素质塑造,树立正确的职业价值观,培养良好的职业态度。

(2)小组讨论法:组织学生以小组为单位,讨论案例故事,同时思考分享在护士职业心理素质的优化过程中,自己应该注意哪些方面。引导学生自觉主动在现在的学习、将来的护理工作中树立护士职业心理素质优化的意识,为人民健康、健康中国做出应有的贡献。

### 案例六  关爱尊重患者,构建和谐友善的医院环境

1.课程思政融入点  第八章第三节护患沟通。

护士小王是方舱医院的一名责任护士。有一天她准备进行输液治疗,在走廊里看到患者李某焦急地走来走去,边打电话边流眼泪。等患者挂断电话,她关心地问道:"您好,您怎么了? 有什么可以帮您的吗?"只见患者非常气愤地说:"你能帮什么,就是你们非要把我关起来的。"因为治疗工作紧张,护士小王没说什么就离开了。中午护士小张给患者分发午餐时,李某拒绝领餐,也不愿与小张说话,其间仍不时掉眼泪。

下午,护士小王把患者带到一个安静、独立的空间。小王说:"您上午怎么了? 看起来很伤心。家里现在有什么事情吗?"听了患者的回答,她又说:"哦,原来是这样。您是家里的顶梁柱,现在被隔离治疗,老公又在外地,老人身体不好,孩子年幼,她们的日常生活受到了很大的影响,所以您恨不得马上出去照顾她们,但又出不去,所以您很担心,着急,但又很无奈,是吗?""我很理解您的感受,那我们共同想想办法,看看如何能帮到老人和孩子。"就这样,小王运用倾听、尊重、共情等沟通技巧,帮助患者分析遇到的困难,并用支持性的评论来表达对患者的理解,让患者体会到小王很关心她,感受到是被尊重的,并积极协助她寻求解决办法,此后也和患者建立了良好的护患关系。

友善即与人为善,是公民优秀个人品质的体现,是构建和谐人际关系和社会关系的道德纽带,更是维护良好社会秩序的伦理基础。构建和谐、友善的社会环境,是社会主义核心价值观在护理工作中的高度凝练和集中表达。《护士条例》第十八条规定,护士应当尊重、关心、爱护患者,保护患者的隐私。应以患者为中心,把对患者的关怀作为一切护理工作的出发点和归宿,以促进患者的身心健康,促进和谐、友善的医院社会环境。

2.思政案例育人成效  结合案例中护士小王与患者的沟通过程,培养学生的沟通能力和沟通技巧,引导学生关爱和尊重患者,创建和谐友善的医院社会环境,为创建和谐社会尽力尽责。

3.教学方法、教学模式

(1)案例教学法:根据护士小王与患者沟通交流的典型案例,提前向学生发放患者的既往史、现病史、家庭基本情况等内容。学生在课前进行充分的准备,围绕患者心理状况与护患沟通技巧两个方面展开讨论。引导学生将护患沟通理论与实际相结合,培养学生独立思考、自主学习和分析实践问题的能力。

(2)角色扮演法:通过患者、家属及护士的角色扮演展示护患沟通及护患关系整体情况。学生通过在角色扮演中及分析真实案例时进行的头脑风暴,加深对如何关爱尊重患者、创建和谐友善的医院环境的认识,促进理论联系实践,提高自身主动思考与创新能力,达到融会贯通的效果。

### 案例七 传承中医传统文化,推动中国心理事业发展

1.课程思政融入点 第九章第三节常用的临床心理测评量表。

心理测量起源于中国。中国最早的医学典籍《黄帝内经》中根据个体阴阳量的多少,将人分为太阴、少阴、太阳、少阳、阴阳平和 5 种类型,详细阐释了由于个体阴阳多少的差异,而导致了个体在形态结构、功能活动、心理特征方面的差异,是我国最早的心理评估工具。战国时期孟子不仅对心理差异现象的普遍性有所认识,而且已经有了差异同一性以及差异等距可能性的概念。他说:"权,然后知轻重;度,然后知长短。物皆然,心为甚。"这是世界上最早的关于心理测量原理的叙述。关于测量方法,三国时期刘劭编写的《人物志》,提出了"八观"和"五视"的观察方法。1937 年,美国人把《人物志》编译成英文出版,书名为《人类能力之研究》。南北朝时期《颜氏家训·风操篇》中记载着江南有"周岁试儿"的风俗,可以视为以实物为材料的近似标准化的幼儿认知——操作活动测验法。

2017 年 4 月 25 日,基于中国本土文化的《忆溯性人格发展量表》与《人格倾向量表》专家鉴定会在北京西鹤年堂中医医院举办。首都师范大学方平教授表示"这是中国中医心理健康研究领域的一次重要的突破",并且"为推动中国人心理建设提供了操作体系"。"忆溯性人格发展量表"与"人格倾向量表"由北京西鹤年堂中医医院院长、原中国中医科学院广安门医院副院长汪卫东教授在 30 年的临床心理治疗实践中提炼出来,突破当前人格量表存在的局限,其中整体恒动观、阴阳学说等对中国人心理的影响更为深远。

中国人从未停止过对心理测验量表的探索研究,作为一名医务工作者,应当学习、传承中医传统文化,总结前辈宝贵经验,研制出更多、更具中国特色的标准化心理测验量表。

2.思政案例育人成效 结合心理测验在中国的起源以及古今中国人研制心理测验量表的案例,引导学生发奋图强,勇于创新,积极研制适合中国本土特色的心理测验量表,为发展祖国心理学事业而奋斗。

3.教学方法、教学模式

(1)启发式教学法:通过阐述心理测验量表在中国的起源及发展过程,启发学生思考"对于本土化的心理测验量表,你还了解哪些?""为什么常用的标准化心理量表多数起源于西方国家?"等。在激发学生思考的同时自然融入思政内容,引导学生树立文化自

信,发奋图强,积极开创适合本土特色的量表,用"文化"向世界表达中国,推动中国文化走向世界!

(2)小组汇报法:组织学生以小组为单位,通过查阅文献,搜集整理国内研制的心理测验量表,了解我国现代心理测验量表的研制和使用现状,从而拓展学生传承、发扬本土化心理测验量表的思路和方向,培养学生热爱祖国,发扬祖国文化,勇于开拓创新的精神。

### 案例八　地震灾害救援急,心理护理不可少

1.课程思政融入点　第十一章第一节心理护理概述。

汶川地震、宜宾地震、九寨沟地震……每一次地震灾害面前,护士不仅作为卫生健康专业技术人员承担着重要任务,也是突发事件紧急医学救援的重要中坚力量,灾害护理工作中,心理护理必不可少。

患者小王,13岁,在校学生。地震来临时,小王的左手臂被巨大的水泥板压住了,一瞬间血肉模糊,只剩下部分皮肤、肌肉与身体相连。小王用力扯断了左手臂,汩汩的鲜血奔涌而出,他不顾疼痛奋力跑出,几秒钟后教学楼便轰然倒下,一些同学、老师瞬间不见……幼小、脆弱的心灵何时经历过如此摧残!伤痛、紧张、巨大的恐惧充斥着身心。医护人员紧急为小王进行了左上肢上臂近端截肢术,此后他不说话、不吃不喝,进入到一种急性应激反应的亚木僵状态。护士们在繁重的工作之余不忘关心他,给他讲故事,赠送毛绒小玩具,连线不能到场的亲人与他视频,想尽一切办法满足他的需求,营造适宜的身心状态。一周后,他慢慢愿意说话了,但情绪不稳定,诉说头脑中时常闪现地震场景。在护士的悉心疏导后,他终于放声哭了出来,还讲起事情的经过。离开医院时,他已经可以调整好情绪,跟大家道别了。

2.思政案例育人成效　结合地震救灾心理护理案例,引导学生充分认识在应激状态下患者的心理护理的重要性,激励学生发扬珍爱生命、救死扶伤、无私奉献的职业精神,在临床护理工作中,重视患者的身心健康,不仅要关注患者的病情变化,还要观察患者的心理变化和心理需求。

3.教学方法、教学模式

(1)视频教学法:播放在地震救灾活动中的典型事迹视频,领悟医务人员守护健康的初心和使命,引导学生充分认识突发事件紧急医学救援中医务人员的责任和担当,直面灾难、不畏艰险的勇气,激发学生发扬珍爱生命、救死扶伤、无私奉献的职业精神。

(2)启发式教学法:通过讲述近几年地震救灾中发生的心理护理相关感人事迹,启发学生思考"如何帮助患者获得身心适宜的状态?""身心适宜状态是不是一成不变的?"等,在激发学生思考的同时自然融入思政内容,培养学生敏锐的洞察力,以及以患者为中心、全心全意为患者服务的精神。

(3)小组汇报法:通过小组讨论,汇报案例学习后的个人体会和收获。帮助学生深刻理解"生命至上,举国同心,舍生忘死,命运与共"的精神内涵,引导学生自发向优秀医护人员学习,培养学生担当意识、服务意识和奉献精神。

# 第十二章
# 护士人文修养

## 一、课程概要

### （一）课程简介

护士人文修养是将社会学、文化学、美学、人际沟通、人际关系、礼仪等应用于护理学科的一门课程，是现代护理学的重要组成部分。课程以护士岗位需求为基础，紧扣人文精神与人文知识技能，构建提升护士人文修养的教学内容，培养学生文化自信，启迪创新思维，坚定职业信念，陶冶人性之美，发展沟通技能，和谐人际关系，全面提高学生的人文素养，使学生树立"以人为本"的整体护理观念和关怀意识，自觉将人文精神运用于指导护理实践。

### （二）教学目标

1. 知识目标

（1）掌握文化学、社会学、美学等学科中的人文要素、理念及其在护理学专业中的实践。

（2）熟悉提升护士人文修养的策略、方法及步骤。

（3）了解国内外人文理论发展动态及趋势、人文领域研究热点。

2. 能力目标

（1）能领悟文化学、社会学、美学等多学科人文知识与护理学的密切联系。

（2）能运用人际关系构建策略、沟通技能等人文技能解决实际护理问题。

（3）能持续关注提升人文修养的新理论、新方法，并探索如何应用于护理实践，提升自身创新能力。

3. 情感目标（思政目标）

（1）引导学生热爱国家、热爱家乡、热爱护理专业，培养家国情怀和职业情感。

（2）引导学生关爱生命，尊重护理对象的价值观、文化习俗、个人信仰和权利等，培养平等、博爱、人道主义精神和全心全意为人民服务的责任意识。

（3）激发学生的创新精神，引导学生树立终身学习的信念，不断开拓视野，主动获取新知识，进行自我完善。

## 二、课程思政教学资源计划表

护士人文修养课程思政教学资源计划见表12。

### 表12　护士人文修养课程思政教学资源计划

| 章名 | 课程思政融入点 | 思政目标 | 案例资源 | 教育方法和载体途径 |
| --- | --- | --- | --- | --- |
| 第一章 绪论 | 人文修养概述 | 爱国精神<br>探索精神<br>人文关怀 | 丰富人文修养,成就高远人生 | 案例教学法<br>课堂讨论法 |
| 第二章 人文关怀 | 护理人文关怀概述 | 职业情感<br>人文关怀 | 临危受命赴前线,白衣执甲显真情 | 案例教学法<br>小组汇报法 |
| 第四章 护士的文化修养 | 文化修养概述 | 文化自信<br>创新精神 | 文化自信引领文艺"破圈" | 案例教学法<br>课堂讨论法 |
| 第五章 护士的社会学修养 | 社会学概述 | 社会责任感<br>职业情感 | "共享护士"与"互联网+护理服务" | 案例教学法<br>启发式教学法 |
| 第六章 护士的美学修养 | 护理美学概述 | 爱国精神<br>个人素养 | 领悟创作之美,激发爱国热情 | 案例教学法<br>陶冶式教学法 |
| 第七章 护士的人际关系修养 | 人际关系概述 | 个人素养<br>职业情感 | 探索人际关系,助力个人交往 | 案例教学法<br>启发式教学法 |

注:教学内容参照史瑞芬、刘义兰.护士人文修养.2版.北京:人民卫生出版社,2017.

## 三、课程思政案例

### 案例一　丰富人文修养,成就高远人生

1.课程思政融入点　第一章第一节人文修养概述。

袁隆平,我国著名农业科学家,毕生致力于杂交水稻研究,被誉为"杂交水稻之父"。自年轻时目睹有人挨饿的场景起,他就立志献身杂交水稻事业,并为之不懈拼搏、顽强奋斗。20世纪60年代初,米丘林、李森科遗传学说盛行,但他视野开阔,通过研读外文资料,了解到孟德尔、摩尔根现代遗传学新动向。经过理论与实践的结合,敲开了杂交水稻"王国"的大门。攻关早期,袁隆平10年里有7个春节在海南试验基地度过。后虽年过70,但他仍坚持下田观察,每天两次,不论日晒雨淋,从不间断。从事杂交水稻研究,他毫无保留地把自己的研究成果分送给各研究单位,加快了协作攻关的步伐。开展项目攻关,他从不以单位不同而保守秘密,提倡协作组要团结协作,很快出了成果。他不仅关注中国粮食问题,也关心世界粮食安全,慷慨地将自己多年积累的经验、技术和某些育种材料,传授或赠送给其他国家的科学家,以帮助他们发展杂交水稻。鉴于袁隆平在粮食安

全领域的突出贡献,2019年他被授予"共和国勋章"。

2.思政案例育人成效 对照人文修养的4个组成方面,结合袁隆平院士具体事迹讲解,发挥榜样力量,引导同学们体会、感悟科学家身上所蕴含的爱国热情、探索精神、人文情怀等,激发学生的爱国热忱,激励学生完善自我,不断提升自身修养。

3.教学方法、教学模式

(1)案例教学法:从人文修养的4个组成部分(人文思想、人文知识、人文技能、人文精神)出发,结合袁隆平事迹,学习他如何将个人前途与国家命运相结合,立志从事杂交水稻研究;如何在研究中攻坚克难、不墨守成规、拓展自身知识视野;如何在科研攻关中团结协作、取得成果;如何心怀大爱,关注世界粮食安全,帮助其他国家发展杂交水稻。通过案例学习,引导同学们体会科学家身上所蕴含的深厚人文修养。激发同学们既要有为实现中华民族复兴而努力的爱国热忱;又要脚踏实地,增长为人民服务的本领。

(2)课堂讨论法:在了解什么是人文修养的基础上,结合当前医学进步与医疗领域乱象,引导学生思考:为什么医学界的技术进步了,职业情感却逐渐平庸了;医护人员的研究成果增加了,社会的褒奖却少了;人类寿命延长了,生命的价值却苍白了?反思医学与人文的关系,引用郎景和院士"医学是人类善良情感的表达"进行归纳总结,引导学生认识医学的人文属性,增强人文情感。

## 案例二 临危受命赴前线,白衣执甲显真情

1.课程思政融入点 第二章第一节护理人文关怀概述。

2019年底,2.86万名护士临危受命,在本该与家人团聚的时刻,白衣执甲,逆行出征,支援武汉抗疫工作。白衣之下,她们以一颗颗爱心,给予困境中的人莫大的鼓舞与支持(观看视频《白衣之下》)。

来自重庆的90后援鄂护士吴林娟,回首援鄂的50多个日夜,艰辛与奋斗画面历历在目,但感动与幸福也无处不在。一天,清晨大雪纷飞,温度骤降,吴林娟首先想到的是提醒患者注意保暖。进入隔离病房后,在她正准备嘱咐时,却被16床的周大哥叫住,他说:"小妹,你穿这么少的衣服冷不冷,一定注意保暖,要是你感冒了,我们会心疼的!"她会心一笑,轻轻走向经过大家精心护理后由重症转为轻症的陈奶奶,陈奶奶一把拉住她的手说:"小吴,你多大呀,看着和我孙女差不多大,真是特别感谢你们,不远千里来支援武汉,你们真是比我亲孙女还亲啊,你们一定要保护好自己,多吃点、多穿点!"那一刻,一股暖流触动吴林娟的心房。

爱到深处,必有回响。面对突如其来的疫情,没有特效药,只能通过患者的自身免疫力和护士的精心护理去对抗病魔。护士对患者在困境中的关怀、帮助,让患者有好的体验。患者感受到关怀,对护士发自内心给予赞美、表扬和感谢,把她当亲人一样去信任和依靠,甚至反过来对护士给予关心和关怀。在这种友好、感动的氛围中工作,护士的幸福感和成就感不言而喻,职业满意度也不断提升。

2.思政案例育人成效 观看视频《白衣之下》,结合抗击疫情中的小故事,感受温暖的关怀场景,体会人文关怀带给病患及护士的双重感受,激发护理学生的职业情感及人文关怀意识。

3.教学方法、教学模式

(1)案例教学法:观看视频《白衣之下》,感受日常工作中护士对患者的关怀,分析人文关怀的具体举措。护理作为与人的健康、人的生命息息相关的专业,特别强调关怀和照顾整体的人。通过案例分享,使学生认识到在工作中要富有爱心,投入情感。以抗疫中的小故事,思考人文关怀对患者和护士的意义,培养学生的职业情感。

(2)小组汇报法:学习护理人文关怀的同时,组织学生以小组为单位,分享身边的人文关怀故事,感受人文关怀的美好。引导学生意识到人文关怀在护理实践及专业中的重要性,并将关怀融入日常生活和工作中,让关怀成为一种习惯。

## 案例三 文化自信引领文艺"破圈"

1.课程思政融入点 第四章第一节文化修养概述。

2021年端午假期,河南卫视"端午奇妙游"系列节目惊艳网络:水下舞蹈《祈》演绎绝美"洛神",翩若惊鸿,婉若游龙,衣袂翻飞,妙曼婀娜;《龙舟祭》重现传统端午祭礼,千帆竞渡,百舸争流,气势磅礴,刚劲有力;《兰陵王入阵曲》波澜壮阔,直戳人心,时空交错中尽显家国情怀……

河南卫视奉上的一场接一场的视听盛宴,每次都刷屏出圈。从地方春晚节目《唐宫夜宴》全网刷屏,到《元宵奇妙夜》对唐风宋韵的唯美复刻,《清明时节奇妙游》火上热搜,再到"端午奇妙游"收获赞声一片,河南卫视有什么"成功密码"? 对文艺创作有何启示?

河南卫视这几出好戏,都是从传统文化"寻宝"的成功案例。悠久的中华历史,灿烂的中华文化,是文艺创新取之不竭的灵感源泉。河南卫视以传统节日为切入点,用创意节目展示瑰丽多彩的中华文明,让优秀传统文化可视、可闻、可感,引发国人尤其是年轻人强烈的情感共鸣,不少年轻网友纷纷化身"自来水""Z世代"主动拥抱优秀传统文化,是文化自信引领文艺"破圈"的成功范例。

以前有观点认为,很多传统文化只适合置于案牍或呈于馆室,难呈现、难表达、难活化、难输出。但河南卫视用技术赋能优秀传统文化的当代表达,打造以传统文化IP为基石的精彩文艺作品,充分证明植根于文化自信的文艺创新,就能激活镌刻在中国人心灵深处的"文化密码"和"精神力量"。

国风吹起,文化大美,期待有更多文艺创新能"出圈""破壁"。面对传统文化宝库中的件件珍宝,我们要做"寻宝者",找寻传统文化与现实的连接点;同时,我们也应是"守正人",守正演绎,创新表达;我们更应是"荐宝官",向世界传递中国文化之美,用新时代的审美风尚,讲好中国故事,彰显文化自信。

2.思政案例育人成效 组织学生课前观看河南卫视奇妙游系列节目,感受中华文化魅力,自觉提升文化修养,引导学生反思如何将传统文化与现实生活相结合,创新文化表达形式,增强文化自信,向世界展现中华文化之美。

3.教学方法、教学模式

(1)案例教学法:学习文化修养,结合社会热点,以河南卫视奇妙游系列节目破圈而出为例。结合学生观看后的感受,引导学生反思:什么是文化? 文化有什么样的功能?

启发学生在感受中华传统文化魅力的同时思考文化的内涵及功能,如何将深厚的传统文化底蕴与现实生活相结合,使文化在新时代焕发出新活力,增强文化自信。

(2)课堂讨论法:文化之美,美美与共,在增强文化自信的同时如何用中华文化共情美好时代?以"科技赋能助力文化创新"为切入点,组织课堂讨论,进行头脑风暴,引导学生反思如何利用身边的媒介手段,创新文化传播形式,向世界展现中华文化之美。

### 案例四　"共享护士"与"互联网+护理服务"

1. 课程思政融入点　第五章第一节社会学概述。

"互联网+零售",于是有了快递;"互联网+自行车",于是有了共享单车;"互联网+美食",于是有了外卖。如今,"互联网+医疗",诞生了"共享护士"。通过手机 APP 下单,会有专业护士上门提供打针、输液、吸痰、导尿等 10 余项服务。济南某三甲医院的男护士赵飞是某 APP 上最早注册的"共享护士",已在业余时间接单百余次,收入 20 000 多元。2019 年 1 月,国家卫生健康委员会办公厅出台了《关于开展"互联网+护理服务"试点工作的通知》,并制定《"互联网+护理服务"试点工作方案》,明确了"互联网+护理服务"的提供主体、服务对象、服务项目,并就规范服务行为、完善服务管理制度和服务规范、加强互联网信息技术平台的管理等方面提出相关要求。试点工作开展以来,护理服务领域不断延伸拓展,覆盖医疗机构、社区和居家以及全人群。《全国护理事业发展规划(2021—2025 年)》指出,"十四五"时期,应继续推动护理高质量发展,创新护理服务模式,扩大"互联网+护理服务"试点覆盖面,支持医疗机构积极提供"互联网+护理服务"。

2. 思政案例育人成效　结合社会热点"共享护士",了解国家在"互联网+护理服务"领域的政策,引导学生分析护士在面向社会服务的过程中如何适应社会发展潮流,探索创新护理服务模式,激发学生在创造、奉献、实现社会价值的同时实现自我价值,培养社会责任感,增强职业情感。

3. 教学方法、教学模式

(1)案例教学法:学习护理工作的社会化,结合社会热点"共享护士",发起话题讨论:如何看待"共享护士"?"共享护士"还存在哪些问题?了解国家在"互联网+护理服务"领域的政策。学习基层医院开展"互联网+护理服务"的具体案例,加深对"互联网+护理服务"的认识理解。引导学生反思护士在面向社会服务的过程中如何适应社会发展,激发学生探索创新护理服务模式,实习自我价值,增强社会责任感。

(2)启发式教学法:社会发展影响人民健康,引导学生结合身边事例思考:生活中还有哪些社会发展现象影响了人民健康?它们是如何影响健康的?使学生认识到社会学与健康的密切关系,护航人民健康,增强职业情感。

### 案例五　领悟创作之美,激发爱国热情

1. 课程思政融入点　第六章第一节护理美学概述。

大家有没有听过《黄河大合唱》?即使没有听过,《保卫黄河》相信大家肯定唱过,(播放音乐)"风在吼,马在叫……"听到这首歌曲,你的心情是怎样的?激昂?奋进?不屈不挠?《保卫黄河》就是《黄河大合唱》八个乐章其中之一。《黄河大合唱》是由光未然

作词、冼星海作曲,于 1939 年创作而成的。曲作者冼星海出身贫寒,仅靠着母亲帮佣养大,从小对音乐天赋异禀,通过个人的努力,一步步实现了音乐梦想,进入当时世界著名的巴黎音乐学院作曲班。1935 年年底,冼星海结束了在法国 5 年的求学生涯回到上海,虽然头顶着巴黎音乐学院学生光环,但他没有忘记自己过往的人生中,大部分时间都挣扎在饥饿与颠沛流亡上。在民族危亡的紧要关头,他确信中国共产党才是中华民族的中流砥柱,毅然加入了中国共产党,纵笔谱写歌曲,"为抗战发出怒吼"。《黄河大合唱》写成于抗日战争时期,1938 年,诗人光未然在陕西宜川县的壶口附近东渡黄河、转战根据地的途中目睹了黄河船夫们与狂风恶浪搏斗的情景,聆听了高亢、悠扬的船工号子,创作了朗诵诗《黄河吟》,冼星海在此基础上创作了《黄河大合唱》。在延安一座简陋的土窑里,冼星海抱病连续写作 6 天,完成了《黄河大合唱》的作曲,以中华民族的发源地黄河为背景,热情讴歌了中华儿女不屈不挠,保卫祖国的必胜信念。作品由八个乐章组成,它以丰富的艺术形象、壮阔的历史场景和磅礴的气势,表现出黄河儿女的英雄气概。作品公演后立即引起巨大反响,随即很快唱响全国,成为抗日歌曲的"主旋律"和时代最强音,感染和激励了一批批有志之士投入保卫祖国、顽强抗击侵略者的壮丽斗争中。

2. 思政案例育人成效　聆听《黄河大合唱》,介绍创作者的生平、作品历史背景及创作故事,曲作者冼星海发挥自身才能,"为抗战发出怒吼",以作品感染和激励有志之士投入保卫祖国、顽强抗击侵略者的壮丽斗争中。引导学生在作品赏析的同时领悟创作之美,激发爱国热情,提升个人审美修养,培养正确的审美观。

3. 教学方法、教学模式

(1)案例教学法:聆听《黄河大合唱》音频,感受作品中的起承转合,大气磅礴,辅以创作者的生平、作品历史背景及创作故事介绍,将学生带入那个人民疾苦、国家危亡的艰难时刻,通过艺术背景引领、艺术思维启发,用艺术家探索、追求美好作品的历程,来引导学生、教育学生、激励学生,启发学生掌握艺术表现的内涵,欣赏艺术的美,了解艺术背后的故事,挖掘隐藏的深意和其所表达的精神。以美立德,在提升学生审美能力的同时,激发学生的爱国热情,引导学生修身立德。

(2)陶冶式教学法:通过音乐作品赏析,配合生活中常见的美学作品,如摄影、绘画作品、名人名言、诗词等进行美的熏陶,以美育人,提升审美素养,陶冶情操、温润心灵。结合社会主义核心价值观,阐释社会美的核心是人的美,引发共鸣,潜移默化,引导学生树立正确的审美观。

## 案例六　探索人际关系,助力个人交往

1. 课程思政融入点　第五章第一节人际关系概述。

某重点高校学生小芹,最近找到班主任要求退学。小芹是个多才多艺的姑娘,不仅写得一手好文章,还弹得一手好钢琴。因文笔出众,入学后不久就被学校的文学社破格收为会员。听说小芹要退学,大家都感到很吃惊。小芹退学的理由是觉得同学们瞧不起她,总在背后议论她,以至于她感到"大家都很虚伪",一回到寝室,就胸口发闷,甚至觉得活得没意思。老师也说,小芹讲到这一点时,就变得烦躁不安,最后竟然泪流满面。

人与人之间最初的交往都是从互不相识开始的,就像大一新生,多数人刚开始彼此

之间互不相识。后来,我们进入同一专业、同一班级、同一社团甚至同一宿舍,开始注意其他人的存在,进而向别人打招呼、做自我介绍,彼此认识,慢慢接触。大家不妨回想下,你们最初注意到你现在的好朋友是因为什么?之后的时间里,一些人三三两两,一起进出宿舍、往返教室、穿梭食堂、观光校园,共同开启大学时光。一段时间后,我们发现,有些人越走越近,彼此分享对人对事的态度,分享自我认识与人际关系状况,成了朋友。他们之间建立并发展了友谊,形成了稳定、和谐的人际关系。从接触到成为朋友的过程,是什么影响了我们?毕业来临之时,有些朋友各奔东西,不再联系,有些人则会成为一辈子的朋友,不管去到天涯海角,都会是对方的依靠,在你有困难的时候,他会排除万难来帮你。试想,等到大家毕业的那天,哪些人会成为我们一辈子的友人呢?又为什么呢?

2. 思政案例育人成效 结合大学生身边案例"人际交往受挫,大一新生欲退学",引导学生认识建立良好人际关系的重要性。结合学生的实际生活,引导学生分析人际交往的三阶段:感性认识、感性到理性、理性主导,思考每一阶段的影响因素。通过对影响因素的分析和讨论,引导学生发展出建立良好人际关系的策略,并将其应用于良好护患关系的构建中,在提升学生个人素养的同时,增强职业情感。

3. 教学方法、教学模式

(1)案例教学法:学习人际关系概述,举例"人际交往受挫,大一新生欲退学",引导学生认识建立良好人际关系的重要性。授课中结合学生的实际生活,进行课堂互动,让学生思考并回答3个问题:你最初注意到你现在的好朋友,是因为什么?从接触到成为朋友的过程,是什么影响了我们?等到大家毕业的那天,哪些人会成为我们一辈子的友人呢?又为什么呢?引导学生分析人际交往的三阶段:感性认识、感性到理性、理性主导。思考每一阶段的影响因素。通过对影响因素的分析和讨论,引导学生发展出建立良好人际关系的策略,提升大学生的人际关系修养。

(2)启发式教学:组织学生探索建立良好人际关系策略的同时,思考如何将其应用于良好护患关系的构建中。结合护患关系的不同发展阶段,引导学生分析护患关系的影响因素,并反思:护士如何发挥自身能动性,构建和谐护患关系?解密护患关系的同时,构建温情护理,培养职业情感。

# 第十三章
# 护理教育学

## 一、课程概要

### (一)课程简介

护理教育学是护理学中一门新兴的交叉学科,是将教育学、教育心理学理论和方法技术应用于护理教育领域,研究护理领域内教育活动及其规律的应用型学科。课程旨在引导学生掌握护理教育学的基本理论,建立科学的教育观,逐步学会发现、思考、解决护理教育领域中的具体问题。教学内容主要包括护理学专业的教师与学生、护理教育的目标体系、护理教育的课程、护理教学的心理学基础、护理教学过程和原则、护理教学的组织形式、护理教学的方法与媒体、护理教学评价、护理教育与学生的全面发展等内容。学习可以帮助护理专业学生掌握教育的基本原理与方法,并将其创造性地应用于指导和发展护理教育、教学,更好地承担与发挥护理专业人员的教育角色与功能。

### (二)教学目标

**1. 知识目标**

(1)掌握课堂教学及临床教学的技巧与方法,具备初步的护理教育学知识。

(2)熟悉教育学理论、课程设置及教育评价方法。

(3)了解护理教育的现状及其发展趋势。

**2. 能力目标**

(1)能分析我国护理教育的现状及发展前景,并能分析影响护理教育发展的因素。

(2)能将护理教育的原则、方法等应用于护理实践,对患者及家属实施健康教育。

(3)能与护理对象及家属进行有效沟通,具有组织协调能力和组织教学的初步能力。

(4)能持续关注护理教育学新进展并正确应用于实践,指导自己进一步学习,顺应时代发展的需求。

(5)善于分析和总结护理教学中的问题和经验,具备一定的创新和科研能力。

**3. 情感目标(思政目标)**

(1)引导学生正确认识教育及护理教育,培养学生尊师重教的理念及意识,热爱护理教育并愿意为之持续努力。

(2)培养学生团队协作精神及创新精神。

(3)正确认识教师、学生角色的地位,鼓励学生提升自身的综合素养和人文修养,从而引导学生树立正确的职业素养与责任感,以"润物无声"的形式将正确的价值追求和理想信念有效传达给学生。

## 二、课程思政教学资源计划表

护理教育学课程思政教学资源计划见表13。

表13　护理教育学课程思政教学资源计划

| 章名 | 课程思政融入点 | 思政目标 | 案例资源 | 教育方法和载体途径 |
|---|---|---|---|---|
| 第三章 护理专业教师与学生 | 护理学专业的教师 | 大爱无疆 无私奉献 | 校长妈妈张桂梅——燃烧自己,点亮梦想 | 视频教学法 案例教学法 |
| | | | 80后白发校长张鹏程 | 视频教学法 启发式教学法 小组讨论法 |
| 第四章 护理教育的课程 | 护理学课程的概述 | 科学精神 国际视野 | 与时俱进,教学改革永远在路上 | 案例教学法 反思教学法 |
| 第五章 护理教学的心理学基础 | 学习理论在护理教育中的应用 | 职业素养 | 鱼牛的故事 | 启发式教学法 小组讨论法 |
| 第六章 护理教学过程和原则 | 护理教学原则 | 尊师重教 尊重信任 科学精神 | 神奇的罗森塔尔效应 | 小组讨论法 启发式教学法 |
| | | | 四粒糖的故事 | 经验分享 情景模拟教学 |
| 第八章 护理教学方法和媒体 | 护理教学媒体 | 制度自信 文化自信 | 数字资源赋能教育变革创新 | 小组讨论法 反思教学法 |

注:教学内容参照段志光、孙宏玉、刘霖.护理教育学.5版.北京:人民卫生出版社,2022.

## 三、课程思政案例

### 案例一　校长妈妈张桂梅——燃烧自己,点亮梦想

1. 课程思政融入点　第三章第一节护理专业的教师。

在中国,有千千万万的人为女童和妇女教育事业默默耕耘。有一位名叫张桂梅的女教师,她扎根云南贫困山区40多年,推动创建了中国第一所免费女子高中,2008年建校以来已帮助1 600多位女孩圆梦大学校园。张老师被女孩子们亲切地称为"张妈妈",她像一束希望之光,照亮孩子们的追梦人生。

张桂梅老师把全部身心投入边疆民族地区教育事业和儿童福利事业,创办了全国第

一所全免费女子高中,是华坪儿童之家 130 多个孤儿的"妈妈"。她坚持用红色文化引领教育,培养学生不畏艰辛、吃苦耐劳的品格,引导学生铭记党恩、回报社会。她常年坚持家访,行程 11 万多公里,覆盖学生 1 300 多名,为学校留住了学生,为学生留住了用知识改变命运的机会。她吃、穿、用非常简朴,对自己近乎"抠门",却把工资、奖金捐出来,用在教学和学生身上。她以坚忍执着的拼搏和无私奉献的大爱,诠释了共产党员的初心使命。

张桂梅被全国妇联授予全国三八红旗手标兵称号,被中共中央授予"全国优秀共产党员"称号;被中宣部授予时代楷模称号;被评为"感动中国 2020 年度人物";被党中央授予"七一勋章",并在"七一勋章"颁授仪式上发言,荣获"全国脱贫攻坚楷模"荣誉称号,获全国道德模范荣誉称号。

2. 思政案例育人成效　学生通过案例感受榜样的力量,表现出对榜样的尊重,无形中学习张桂梅老师无私奉献的精神,鼓励学生在自己将来的工作岗位中,结合自己的专业特点为祖国建设、为专业发展贡献自己的力量。

3. 教学方法、教学模式　视频教学法、案例教学法:观看张桂梅老师事迹的短视频以及在"七一勋章"颁授仪式上发言视频,向同学介绍张桂梅老师获得的荣誉,同时结合同学熟知的黄大年、"扁担校长"张玉衮等教师楷模的先进事迹,让同学理解社会学习法在教育中的作用,同时深刻感受教师这一职业的大爱无疆、无私奉献的精神。

### 案例二　80 后白发校长张鹏程

1. 课程思政融入点　第三章第一节护理专业的教师。

张鹏程出生于 1982 年,是河南省周口市太康县清集镇二郎庙小学校长,二郎庙村就是他出生和成长的村子,二郎庙小学也是他接受启蒙教育的地方。他读小学时,父亲正是这所学校的民办教师。也正是这个原因,1998 年初中毕业后,张鹏程报考了当时的河南省西华师范学校。2018 年 7 月,张鹏程调入河南省周口市太康县清集镇二郎庙小学时,只有 27 个学生的学校将被撤点并校。为了留住学校,张鹏程开始改善教学环境,修楼顶、硬化操场、建食堂和宿舍等,还开办了幼儿园。"农村的孩子总要有人来陪他们。"这句朴素的话语让人泪目。他垫付十几万元建设幼儿园,80 后"校长爷爷"白了头,1982 年生的张鹏程头发白了一半,看起来比同龄人苍老不少。平时在学校里,孩子们喜欢围着他叫校长爷爷。张鹏程用自己的行动诠释了什么叫师者大爱,正是出于对这些农村孩子的一片爱心和热诚,张鹏程选择了一条异常艰辛的办学道路。这份坚守令人感动,尤其值得歌颂与敬重。

2. 思政案例育人成效　通过案例分享,让学生了解我们身边最美教师的故事,感受这些最美教师们阐释着的教育者的初心,学习他们永远向上、向善、向美的精神,让学生认识到自己也将成为护理教育工作者,时刻做好准备为护理教育事业做出自己的一份贡献。

3. 教学方法、教学模式　视频教学法、启发式教学法、小组讨论法:观看央视报道视频,向学生介绍 80 后白发校长的事迹,进行启发式教学,设置案例,让学生小组讨论,如果自己身为教育者应如何应对实际工作中的问题。

## 案例三 与时俱进，教学改革永远在路上

1. 课程思政融入点 第四章第一节护理学课程的概述。

2007年2月7日，美国著名的哈佛大学公布了其自2002年10月起就在酝酿的教育改革方案。这个在2007年9月生效的《全面教育特别工作组报告》是哈佛大学自1987年以来的一次重大教学改革，旨在培养学生独立思考的能力和全球化视野。

这所创建于1636年的综合性私立大学一直都在尝试如何改进哈佛的教学体系，从1869年查尔斯·W·埃利奥特任校长起，哈佛共进行过4次重大的教学改革。1869年的选修课改革强调赋予学生自主选课的自由。1919年的集中分配制改革提倡必修课程和选修课程的平衡。1945年普通教育改革要求培养自由社会的公民，树立西方价值观，重点是人类文化遗产和变革。1978年的核心课程改革着重提供学生探索知识的途径，希望学生可以通过在哈佛的学习成为实用型的人才。核心课程的改革不仅使哈佛在教育质量、科研水平和人才培养中名列世界前茅，而且也对世界大学课程教育产生了深远的影响。但因为核心课程的设置使得学生过度关注自己的学术领域，却忽视了现实生活中的实际问题而广受诟病。2007年哈佛公布的教育改革方案显然在这一问题上进行了大幅度的改进，更注重对学生的分析能力、思维方式、思想观念、社会实践等全面能力的培养。

此次哈佛教育改革将哈佛大学的课程设置划分为八大范畴：美学和诠释、文化和信仰、经验的推理、伦理的推理、生命系统科学、物理世界科学、世界各社会、世界中的美国。与之前哈佛大学采用的核心课程体系相比，这次的教学改革着重学生用国际化的视野来进行科学艺术的学习，更加注重科学与现实的结合，并将情感、伦理、态度、观念的培养纳入学科教育的体系。无论是美学、科学，还是伦理的学习，这次改革的目的都是希望学生能从实践中得到更多锻炼和体验，并能够养成从更为广泛的角度来思考问题的习惯，从而得到全方位的提升。

2. 思政案例育人成效 结合我国"五育"并举的办学理念和我校护理专业课程设置情况，介绍哈佛大学教育改革核心课程，让学生对比课程体系和设置的区别，正确认识和理解目前自身学习中的课程体系设置，对比与哈佛大学的课程改革体系的区别，并介绍我校及其他高校护理学专业（如协和医科大学）课程体系改革的一些经验，培养学生的科学精神和国际化视野，鼓励学生在学习和未来的工作中用科学的态度和精神去发现和解决问题。并在对比中让学生认识到全面发展素质教育，对培养德、智、体、美、劳全面发展的社会主义建设者和接班人的重要意义。

3. 教学方法、教学模式 案例教学法、反思教学法：结合我校学生目前课程设置的情况，向学生讲授国际上目前比较先进的哈佛大学的核心课程体系，学生可以结合自身的学习经历，通过小组讨论和总结反思的形式，总结现代化课程体系和设置，发现不同课程设置中的优点和不足。

## 案例四 鱼牛的故事

1. 课程思政融入点 第五章第二节学习理论在护理教育中的应用。

教育学中有一个著名的童话：在一个小池塘里，住着鱼和青蛙，他们是一对好朋友。

他们听说外面的世界好精彩,都想出去看看。鱼由于自己不能离开水而生活,只好让青蛙一个人走了。这天,青蛙回来了,鱼迫不及待地向他询问外面的情况。青蛙告诉鱼,外面有很多新奇有趣的东西。"比如说牛吧,"青蛙说,"这真是一种奇怪的动物,它的身体很大,头上长着两个犄角,吃青草为生,身上有着黑白相间的斑点,长着四只粗壮的腿……"鱼惊叫道:"哇,好怪哟!",同时脑海里即刻勾画出她心目中的"牛"的形象:一个大大的鱼身子,头上长着两个犄角,嘴里吃着青草。在这个故事里,青蛙扮演的是教师的角色,而鱼扮演的是学生角色。鱼将从青蛙那里听来的新信息与自己头脑中已有的知识相结合,构建出了"鱼牛"形象。这体现了建构主义的一个重要观点:理解依赖于个人经验,知识是个体与外部环境交互作用的结果,人们对事物的理解与个体的先前经验有关,因而对知识正误的判断只能是相对的:知识是不能通过教师的讲授而传递的。要想让学生学到真正的知识,必须创设真实的情景,让学生在真实的情景中去自主探究,以实现个人的"意义建构"。

这个故事还可以做进一步解读:如果青蛙懂得一边讲授一边用粉笔把牛的形象画下来,或者拿一个照相机,或者录像机,把牛的外形和生活记录下来,放给鱼看,那鱼还会出现理解错误吗?但即使青蛙把牛的形象完全呈现出来,鱼就能真正理解牛的全部吗?

古人说,纸上得来终觉浅,绝知此事要躬行。看来亲身实践这一关还是不可少的。作为教师,在教学设计和实施中,要跳出平时的惯性思维,多角度去了解学生,读懂学生,多用学生的眼光去观察问题,多从学生的角度去思考问题,多用学生化语言与之交流。要根据学生的不同情况,来调整自己的教育方式和方法,这样才能让学生的学习真实发生。

2. 思政案例育人成效　通过分享鱼牛的故事,学生认识到教学中懂得科学教育引导的重要作用,既要看到学生意见的独特性和价值,又要看到学生的知识和经验还很有限,而且他们的思路和建构方法也需要发展,重视实践出真知。使学生们认识到要成为一名合格的教师要肯下苦功、善于将理论与实践相结合,掌握教育心理学理论,练就过硬的育人本领,提升个人专业素养,才能够更好地服务于教学及临床实践。

3. 教学方法、教学模式　启发式教学法、小组讨论法:通过鱼牛的故事引导学生联系自己的学习经验,是否有类似的经历?原因是什么?如何改变这种现状?并组织学生进行小组讨论,启发学生思考:如果你作为教师会如何解决这一问题?学生分享后进一步进行总结:作为教师想破解学生头脑中"鱼牛"的生成,课堂教学中,应发挥主导作用,主要体现在有价值的引导方面。学生接不接受,能接受多少,都与学生自身的生活经验和知识背景有很大关系,只有那些为学生所深刻感悟领会的东西才能真正融入到学生的知识体系当中。教师更多的不应仅仅是"传递"知识,更应该努力的是激发学生的思维,让他们建构自己对于知识的理解,只有他们自己建构的东西才能真正转化为他们自己的东西。破解学生头脑中"鱼牛"的生成,需要创设基于学情的真实情景,例如可以让学生到现场,获得直接经验,也可以利用现代技术手段,将学生不易观察或不能实地观察的情景通过视频的方式展现给学生,打开学生的眼界,让他们像青蛙一样,走出自己的小天地,依靠自己的体验去获取知识。

### 案例五　神奇的罗森塔尔效应

1. 课程思政融入点　第六章第二节护理教学原则。

罗森塔尔效应亦称"皮格马利翁效应""人际期望效应",是一种社会心理效应,指的是教师对学生的殷切希望能戏剧性地收到预期效果的现象。1968年,美国心理学家罗森塔尔和雅各布森来到一所小学,进行了7项实验。他们从一至六年级各选了3个班,对这18个班的学生进行了"未来发展趋势测验"。之后,罗森塔尔以赞许的口吻将一份"最有发展前途者"的名单交给了校长和相关老师,并叮嘱他们务必要保密,以免影响实验的正确性。其实,罗森塔尔名单上的学生是随便挑选出来的。8个月后,罗森塔尔和助手们对那18个班级的学生进行复试,结果让人意外,因为凡是上了名单的学生,每个人的成绩都有了较大的进步,而且性格活泼开朗,自信心强,求知欲旺盛,更乐于和别人打交道。以此类推,这种效应在另一面同样是有效果的。比如你本来穿了一件自认为是很好看的鞋子去上学,结果好几个同学都说不好看。当第一个同学说的时候,你可能还觉得只是她的个人看法,但是说的人多了你就慢慢开始怀疑自己的判断力和审美眼光了。于是到了下课后,你回家做的第一件事情就是把鞋子换下来,并且决定再也不穿它去上学了。

2. 思政案例育人成效　结合罗森塔尔效应的实验,引导学生思考对教育的启示,尤其是教师的劳动特点及教师的职责,让学生深刻理解教师劳动的复杂性、创造性及教师的多种角色作用。在尊师重教的同时,也能够尊重和信任同学、护理对象,并在工作中、学习中培养科学精神。

3. 教学方法、教学模式　小组讨论法、启发式教学法:介绍罗森塔尔效应,组织小组讨论罗森塔尔效应在学校教育中的影响,并引导学生结合日常学习经历分享以往的学习中的类似经历,引导学生认识教师劳动的复杂性及创造性,在教育中不仅要具备专业知识,更要恰当应用教育学、教育心理学的知识,承担知识传递者、教学设计者的角色外,还是科学研究者。罗森塔尔效应提示教师如对学生抱有期望,而且有意无意地通过态度、表情、体谅和给予更多提问、辅导、赞许等行为方式,将隐含的期望传递给这些学生,学生则会给老师以积极的反馈。这种反馈又激起老师更大的教育热情,维持其原有期望,并对这些学生给予更多关照。如此循环往复,以致这些学生的智力、学业成绩以及社会行为朝着教师期望的方向靠拢,使期望成为现实。

### 案例六　四粒糖的故事

1. 课程思政融入点　第六章第二节护理教学原则。

有一个男生用泥块砸自己班上的男生,被校长陶行知发现制止后,命令他放学时到校长室去。放学后,陶行知来到校长室,男生早已等着挨训了。可是陶行知却笑着掏出一颗糖果送给他,说:"这是奖给你的,因为你按时来到这里,而我却迟到了。"

男生惊疑地接过糖果。随后陶行知又掏出第二颗糖果放到他的手里,说:"这是奖励你的,因为我不让你打人时,你立即住手了,这说明你很尊重我,我应该奖励你。"

男生更惊疑了。这时陶行知又掏出第三颗糖果塞到男生手里,说:"我调查过了,你用泥块砸那些男生,是因为他们欺负女生;你砸他们说明你很正直善良,且有跟坏人作斗争的勇气,我应该奖励你啊!"

男生感动极了,他流着眼泪后悔地喊道:"陶校长,我错了,我砸的不是坏人,而是同学……"陶行知满意地笑了,他随即掏出第四颗糖果递过来,说:"为你正确地认识自己的错误,我再奖给你一块糖果,我没有多的糖果了,我们的谈话也可以结束了。"

2. 思政案例育人成效　教育家陶行知对学生的管理方法让护理专业学生意识到,教育是一门艺术,需要运用科学的方法进行,并学会关爱、宽容、信任和激励,作为教育者应掌握教学原则,并按照应用要求开展教学活动。

3. 教学方法、教学模式

(1)经验分享:通过故事分享让学生联系自身学习中的经历,并选择同学分享自身类似的学习或生活体验,从表象中发现问题的本质,引导同学结合实际总结教师劳动的特点,教师应具备的职业素质。

(2)情景模拟教学:通过情景模拟,让学生体验不同角色的感受,如不同特点的学生、教师、家长、教学管理人员等。模拟教学中遇到的不同问题场景,尤其是师生间出现不和谐因素时,应如何面对和解决问题,最后引导同学总结构建良好师生关系的策略。

### 案例七　数字资源赋能教育变革创新

1. 课程思政融入点　第八章第二节护理教学媒体。

慕课,英文缩写为 MOOC(massive open online courses),即大型开放式网络课程(以下统称 MOOC)。从 2012 年开始,以在线课程为核心的互联网公司纷纷涌现并获得飞速发展。平台集合了国际名校大量免费、高质量的课程,为学习者提供在线支持,包括课程任务布置、学习评估、师生和学生之间的互动交流。2013 年成为中国慕课元年,2017 年教育部推出了首批国家精品在线开放课程。

2018 年 8 月,《教育部关于狠抓新时代全国高等学校本科教育工作会议精神落实的通知》中明确要求"各高校要全面梳理各门课程的教学方法,淘汰'水课',打造'金课'",从此"金课"建设成为中国高等教育改革的重要抓手。五大"金课"指的是线下"金课"、线上"金课"、线上线下混合式"金课"、虚拟仿真"金课"和社会实践"金课"。其中线上和线上线下混合式课程依托慕课进行建设,虚拟仿真依托网络资源而开展。自 2019 国家建设首批国家级一流本科课程至今,我校已建设 12 门国家级一流本科课程,护理学院建设 16 门省级一流本科课程,助力我校护理学国家一流本科专业内涵建设。

随着"金课"建设,线上教学、线上线下混合式教师已成为我国高等教育的常态化教学,有力推动着教育变革创新。我国在线课程发展,从跟跑到领跑,截至 2022 年,我国慕课数量和学习人数均居世界第一位;经过了疫情的考验,在疫情期间稳住了高校,改变了教师的教、改变了学生的学、改变了学校的管、改变了教育的形态。同学们要学会利用各层面建设的优质教学资源,取百家之长,为我所用,提升学习效果。

2.思政案例育人成效　通过对慕课和我国五类"金课"的介绍,学生体会到了我国现代教学技术和媒体的迅速发展,认识到数字资源对教育教学改革的重要推动作用,增强学生的制度自信、文化自信。通过我校一流课程建设情况的介绍,提高学生对学校、对专业的认同感,且着力提升自主学习能力,更大限度地利用好优质共享资源,师生共同努力促进教学目标达成。

3.教学方法、教学模式　小组讨论法、反思教学法:结合学生目前上课的形式向学生介绍目前线上课程教学常用的教学平台、软件等,重点介绍常用的中国大学慕课平台、课堂派、腾讯会议等,组织学生通过小组讨论和反思的形式,总结现代化教学方法与媒体的种类、特点等,通过学生的亲身经历,总结这些技术的不断发展以及对教学的影响,进而让学生感受到我国科学技术的飞速发展和国家日新月异的变化,增强文化自信,同时提升专业自信。

# 第十四章
# 社区护理学

## 一、课程概要

### （一）课程简介

社区护理学是将公共卫生学及护理学的知识与技能结合，借助有组织的社会力量，以社区为基础，以人群为服务对象，对个人、家庭及社区提供服务的课程。课程以提升护理专业学生的社区护理服务能力和社区护士的岗位胜任力为核心，内容涉及社区护理学概述、社区健康护理、社区健康教育与健康促进、家庭健康护理、社区慢性病管理、社区特殊人群保健、社区常见急症的院前急救与应对等方面。通过课程的学习，培养学生在社区和居家场所提供护理服务、独立分析和解决问题的能力。

### （二）教学目标

1. 知识目标　掌握社区护理工作的方法和技术；理解综合性社区护理服务的工作内容以及社区护理"保护健康、促进健康、恢复健康"的内涵；了解社区护理学的基本概念和理论。

2. 能力目标

（1）正确运用社区评估的基本方法和技巧，对社区进行评估，找出社区存在的健康问题并制订健康促进计划。

（2）正确运用家庭评估的基本方法和技巧，对家庭进行评估，找出家庭存在的健康问题并制订健康促进计划，开展家庭干预指导。

（3）能够制订社区健康教育计划，并实施社区健康教育活动。

（4）树立"以人为中心、以家庭为单位、以社区为范围"的观念以及为个人与群体提供连续性、综合性、协调性服务的意识，指导后期的社区护理实践，为社区居民提供全方位的社区护理服务，达到促进健康、预防疾病、维持健康的目的。

3. 情感目标（思政目标）

（1）引导学生热爱护理专业，养成良好的职业素质和行为习惯。

（2）培养学生的团队协作精神以及创新精神。

（3）培养学生"共情、沟通、关怀"一体化的临床人文胜任力和敬佑生命、救死扶伤、甘于奉献、大爱无疆的医者精神，教育学生始终把人民群众生命安全和身体健康放在首位,尊重患者,善于沟通,提升综合素养和人文修养,提升依法应对重大突发公共卫生事件能力,做党和人民信赖的护理人员。

## 二、课程思政教学资源计划表

社区护理学课程思政教学资源计划见表14。

**表14 社区护理学课程思政教学资源计划**

| 章名 | 课程思政融入点 | 思政目标 | 案例资源 | 教育方法和载体途径 |
|---|---|---|---|---|
| 第一章 概述 | 社区概念、社区护理的发展简史 | 家国情怀 社会责任 探索求真 精益求精 文化素养 | 费孝通先生将"社区"一词引入我国 | 案例导入法 |
| 第二章 社区卫生服务体系与模式 | 社区卫生服务运行机制 | 家国情怀 团队精神 创新意识 专业素养 | 打通分级诊疗"最后一公里" | 案例分析教学法 |
| 第八章 社区妇女保健 | 社区妇女不同时期的保健指导 | 职业自信 社会责任 法制素养 职业素养 | 保障母婴健康,提高出生人口素质 | 案例分析教学法 |
| 第九章 社区老年人群护理 | 社区老年养老模式与健康管理 | 家国情怀 社会责任 | "孝感动天",传承中华美德 | 讲授法 |
| 第十章 社区慢性病患者的护理与管理 | 概述 | 社会责任 制度自信 | 砥砺前行,助力"健康中国2030" | 任务驱动教学法 |
| 第十一章 社区伤残病人的康复护理 | 社区康复 | 家国情怀 社会责任 | 点亮触手可及的康复之灯 | 任务驱动教学法 |
| 第十三章 社区突发公共卫生事件的管理和护理 | 概述 | 大爱无疆 家国情怀 制度自信 | 地陷天不塌,大灾有大爱 | 视频教学法 |
| 第十三章 社区突发公共卫生事件的管理和护理 | 社区突发灾害性事件的应急管理 | 社会责任 制度自信 家国情怀 | 守望相助,众志成城 | 案例教学法 |

注:教学内容参照姜丽萍.社区护理学.5版.北京:人民卫生出版社,2021.

## 三、课程思政案例

### 案例一 费孝通先生将"社区"一词引入我国

1. 课程思政融入点 第一章第一节社区概念、社区护理的发展简史。

《书生去——杂忆费孝通》一书中讲:费孝通(1910.11.2—2005.4.24),江苏吴江人,著名社会学家、人类学家、民族学家、社会活动家,中国社会学和人类学的奠基人之一,第七、八届全国人民代表大会常务委员会副委员长,中国人民政治协商会议第六届全国委员会副主席。费先生学海生涯中受革命思想影响,救国意识逐渐转变,从"救人一命,胜造七级浮屠"转而意识到"中国的问题主要不在个人病不病,而是在社会好不好",进而研究社会学。当时有两个英文词,community 和 society,意思都是"社会",可以通用。芝加哥大学派克教授到燕京大学社会学系讲学,其中有句话"Community is not society."这话当然不能译成"社会不是社会",不得不另找新词,费先生和同学依据派克的具体释义,"社会"一词留给 society,商议切磋后,用"社区"切近 community 的原意。之后,费先生出席"北京大学社区研究奖颁奖大会",又说到"社区"一词的创制往事,"当时就是我们几个年轻人同你们一样大时想出来的。我这样讲,不是为了争取发明权。可是历史就是这样,的的确确当时逼着我们要翻译 community 这个词。"

2. 思政案例育人成效 结合费孝通先生引入"社区"一词的故事,使同学们认识到文人的家国情怀及精益求精的求索精神,这种在强烈的责任感驱动下学习,在压力中前行,生命不止、学习不息的精神,对文化强国起到了不可磨灭的作用,激发同学们的政治认同、爱国情怀,引导学生认知工匠精神,提高自身文化素养。

3. 教学方法、教学模式 案例导入法:讲述著名社会学家、人类学家、民族学家、社会活动家,中国社会学和人类学的奠基人之一费孝通先生引入"社区"一词的故事,自然融入了思政内容,引导学生思考护理职业崇高的责任感和护理人的家国情怀,以及这种在压力中前行,生命不止、学习不息的探索求真、精益求精的科学家精神。

### 案例二 打通分级诊疗"最后一公里"

1. 课程思政融入点 第二章第二节社区卫生服务运行机制。

为了进一步提升家庭医生签约服务内涵,城乡社区卫生服务机构积极探索实践,在原有签约服务的基础上,更加积极主动地关注提升签约服务覆盖面、扩大服务供给、丰富服务内容、优化服务方式、完善保障机制等内容,不断创新服务模式。上海市普陀区长风街道长风社区卫生服务中心,试点探索以家庭为单位的"1+1+1"专家-家医"双签约"服务模式。"双签约"工作是以家庭医生团队为载体、以社区为范围、以家庭为单位、以全面健康管理为目标,通过签约式服务的形式,在家庭健康档案基本资料基础上,进行家系图谱分析、家庭健康评估、健康管理方案制定等,为家庭成员提供连续、安全、有效、适宜的综合医疗卫生服务和健康管理的服务模式,从而使居民享受到全人群、全生命周期、从健康到康复的全科医疗服务。截至目前,长风中心家庭医生双签约已达到 3 000 余户,完成了 2 000 户家庭健康评估、家系图谱分析、健康管理方案制定。双签约工作探索"纵向三级网络"下的"横向资源整合",强化了家庭综合健康管理,收到了居民的良好反响。

2019年12月,上海市普陀区卫健委在全区11家社区卫生服务中心全面推广"双签约"经验,2020年又将"双签约"纳入年度绩效评价考核。如今,全区8家二、三级医院409名专家纳入家医团队,签约14 381户、31 337人。"双签约"模式,拉近了专家和居民的距离,拉近了专家和家医的距离,打通了分级诊疗双向转诊的"最后一公里"。下一步,长风中心将在祝墡珠工作室专家团队支撑下,以医院高质量发展为抓手,以建设健康管理中心为依托,加快健全多专家对一家医、结对社区和医院构建紧密合作的联动机制,推动构建梯度有序、分工合理、运行高效的医疗卫生服务体系,打造更具品牌力的有序梯度诊疗模式,努力为健康普陀、健康上海乃至健康中国建设贡献更多基层智慧。

2.思政案例育人成效　结合上海市普陀区长风街道长风社区卫生服务中心,试点探索以家庭为单位的"1+1+1"专家-家医"双签约"服务模式的出现和实施过程,让学生了解家庭医生签约服务的模式和内涵,培养学生的专业素养;家庭医生签约服务是各级政府和专业卫生服务人员支持和努力的结果,增强学生的家国情怀;"1+1+1"专家-家庭医生"双签约"服务模式的出现和实施,是家庭医生服务团队的集体智慧和创新,培养学生团队精神和创新意识。

3.教学方法、教学模式　案例分析教学法:通过上海市普陀区长风街道长风社区卫生服务中心,试点探索以家庭为单位的"1+1+1"专家-家医"双签约"服务模式的出现和实施的讲解和分析,阐明家庭医生签约服务的概念、主体、服务对象、服务内容等,让学生了解家庭医生签约服务的模式和内涵,培养学生的专业素养、家国情怀、团队精神和创新意识。

### 案例三　保障母婴健康,提高出生人口素质

1.课程思政融入点　第八章第二节社区妇女不同时期的保健指导。

1985年北京医科大学建立了出生缺陷监测中心,开始在部分省、市进行出生缺陷监测。1987年由卫生部组织了全国29个省市的部分医院对孕28周及以上的124万出生人数的缺陷监测,监测结果表明:中国出生缺陷发生率为10%～25%。如果以出生缺陷发生率的均数15%来估算,我国每年约有30万～40万出生缺陷的新生儿出生,再加上出生后不断被检测出来的出生缺陷病例,实际每年发生的出生缺陷有50万～60万。根据1987年全国0～14岁智力低下调查结果表明,智力低下患病率为12‰,其中先天致残的占50%以上。在0～14岁残疾儿童中,先天残疾占51.3%。1998年卫生统计数据表明,我国低体重新生儿的发生率高达2.58%,按全国每年出生2 000万计算,约有516万名新生儿体重不足;又据中国优生优育协会儿童发育专业委员会1996年的研究报告,我国仅足月窒息儿中,每年就新产生2.3万智力低下的儿童。

提高我国出生人口素质工作迫在眉睫,1994年10月27日《中华人民共和国母婴保健法》(以下简称《母婴保健法》)由第八届全国人民代表大会常务委员会第十次会议正式通过颁行,这是新中国成立以来对母亲和婴儿保护的最重要立法,它的颁行,对中国保护下一代的健康、提高整个中华民族出生人口的素质产生极为深远的影响。《母婴保健法》的实施,在全国范围内采取婚前保健、孕产期保健、新生儿保健,全民使用合格碘盐和

为特需人群补碘等措施,使我国婴儿死亡率由新中国成立初期的200‰下降到2000年的32.2‰。以国家立法形式确定和完善了婚前保健和孕产期保健制度,将新生儿出生缺陷报告以及新生儿疾病筛查纳入法制管理轨道。

2.思政案例育人成效　结合《母婴保健法》颁布对提高我国出生人口素质产生的深远影响,阐明妇幼保健工作的重要性,让学生认识到国家高度重视人民健康工作和人口整体素质的提高,培养学生的制度自信。

3.教学方法、教学模式　案例分析教学法:《母婴保健法》的学习,使学生认识到临床工作与国家政策的密切联系;通过观看《儿童心理行为发育问题预警征象筛查表》教学片,学生了解到科学的妇女儿童保健方法在医疗机构的普及,培养学生求知探索、勇于改革、大胆创新的意识,建立服务人民、奉献社会的人生观。

## 案例四　"孝感动天",传承中华美德

1.课程思政融入点　第九章第二节社区老年养老模式与健康管理。

甲骨文的"孝"字

商朝甲骨文中就有"孝"字:上面为一位老人——"夕",下面为一个孩子——"子"。老人主要指父母,兼指祖父母等老年人。中国古代属于农耕社会,家中老人年岁大了,生活需要人照顾,疾病需要人伺候,做儿女的不得不放弃田间耕作,集中心思和精力,照顾、伺候老人,这就是孝。甲骨文中的"孝"字,体现了人性的光辉。

《孝经》指出:"爱亲者,不敢恶于人;敬亲者,不敢慢于人。"能够亲爱自己父母的人,就不会厌恶别人的父母;能够尊敬自己父母的人,也不会怠慢别人的父母。老吾老以及人之老,我国五千年文明史中,"孝"是保障养老,提高老年人幸福的重要途径。

传说中的尧帝、舜帝时代,孝就成为一种美好的品德,备受称颂。传说中远古帝王舜,是一位性情极为和顺的孝子。他的父亲、继母、异母弟象,多次想害死他。让舜修补谷仓仓顶时,象从谷仓下纵火,舜手持两个斗笠跳下逃脱;让舜掘井时,象却下土填井,舜掘地道逃脱。他虽然被父母和异母弟百般虐待,但从不怨天尤人,依然一心一意孝顺父母,友爱弟弟。他的孝行感动了天帝。他在历山耕种时大象帮他耕地,小鸟代他锄草。尧帝听说舜非常孝顺,有处理政事的才干,选定让他做自己的继承人。舜登天继位后,去看望父亲,仍然恭恭敬敬,并封象为诸侯。

2. 思政案例育人成效 目前，部分大学生对"孝"的认知单一化、片面化，简单地把"孝"定义为孝敬父母；甚至有些学生认为听父母的话就是愚忠，是一种封建思想，应该摒弃。其实这些想法都是不正确的。目前，中国人口老龄化、高龄化和空巢化日趋严峻，老年及社区护理人才缺乏、职业素养相对较低，这些是干扰我国人口生活水准提升的因素之一。通过对孝的学习，学生能够更好地理解小爱与大爱，认识到社区护理对老年健康养护的重要性，培养学生对社区护理的职业情感、职业认同感和社会责任感。

3. 教学方法、教学模式 讲授法：通过对商朝甲骨文中就有"孝"字和《孝经》中"爱亲者，不敢恶于人；敬亲者，不敢慢于人"的讲解，引导学生对中华民族传统美德"孝"的深度认识，以及对老龄化社会中"孝"的社会含义的认知，让学生认识到社区护理在老龄化社会中的重要作用，在孝敬自己父母长辈的同时，能够积极投入到社区老年健康养护事业中，实现个人价值和专业价值。

## 案例五 砥砺前行，助力"健康中国2030"

1. 课程思政融入点 第十章第一节概述。

习近平总书记在《"健康中国2030"规划纲要》中着重强调了"预防为主"的理念，同时要调整优化健康服务体系，加快转变健康领域发展方式，全方位、全周期维护和保障人民健康，大幅提高健康水平，显著改善健康公平。其中，基本公共卫生服务是一种成本低、效果好的服务，但又是一种社会效益回报周期相对较长的服务，基本公共卫生服务项目覆盖中国13亿人口，与人民群众的生活和健康息息相关。实施基本公共卫生服务项目可促进居民健康意识的提高和不良生活方式的改变，逐步树立起自我健康管理的理念；可以减少主要健康危险因素，预防和控制传染病及慢性病的发生和流行；可以提高公共卫生服务和突发公共卫生服务的应急处置能力，建立起维护居民健康的第一道屏障，对于提高居民健康素质有重要的促进作用。

2. 思政案例育人成效 结合"健康中国""大健康"理念，使同学们认识到"预防为主""治未病""三分治疗，七分护理"等的要义，从医学理论、临床实践、公共卫生等多个领域出发，砥砺前行，不负时代所托，在将来肩负起全生命周期的全方位预防与护理工作重任。

3. 教学方法、教学模式 任务驱动教学法：引入"健康中国"理念，介绍《国家基本公共卫生服务规范》，发动学生共同寻找合适案例并进行分析，掌握专业慢性病管理知识，培养学生的人文关怀和团队合作精神；通过案例学习，引导学生树立以人民健康为中心的理念，实施健康中国行动，促进"以治病为中心"向"以健康为中心"的健康理念的转变，提高人民健康水平。

## 案例六 点亮触手可及的康复之灯

1. 课程思政融入点 第十一章第二节社区康复

据WHO统计，目前全世界各种残疾者约占总人口的10%。我国人口残疾率与世界的平均水平相同，但是我国人口基数庞大，残疾群体的数目较多，负担残疾群体的担子较重。

社区康复是以社区为基地开展残疾人康复的一项工作,是属于社区发展范畴内的一项战略性计划,其目的是促进所有残疾人得到康复服务,以实现机会均等、充分参与社会生活的目标。我国十分重视社区康复工作,从社会经济发展和残疾人康复需求的实际出发,以政府领导为核心,采取社会化工作方式,将社区康复工作融于社区建设的规划中,纳入相关部门业务范畴,充分调动社区内一切可以利用的人力、物力、财力等资源,以街道、乡镇为实施平台,为残疾人提供便捷的康复医疗、训练指导、心理支持、知识普及以及康复咨询等多种服务。

此外,我国为残疾人的社区康复提供法律保障。《残疾人保障法》中明确指出:"以社区康复为基础,康复机构为骨干,残疾人家庭为依托;以实用、易行、受益广的康复内容为重点……为残疾人提供有效的康复服务。"我国自 1986 年开始进行社区康复的试点工作,目前已经全面推广和普及,收效显著。

2.思政案例育人成效  结合国家相关政策,让同学们深刻认识到社区康复的重要意义,从而培养学生的家国情怀和社会责任。

3.教学方法、教学模式

任务驱动教学法:引入"社区康复"理念,介绍社区康复的内容和基本模式,发动学生寻找合适案例并进行分析,通过评价不同社区康复模式的优缺点,进而把握社区康复的核心内涵。同时,通过对国家相关政策的解读,增强学生制度自信和社会责任感。

## 案例七  地陷天不塌,大灾有大爱

1.课程思政融入点  第十三章第一节概述。

北京时间 2008 年 5 月 12 日 14 时 28 分,四川汶川发生里氏 8.0 级特大地震,截至 2008 年 5 月 25 日 10 时,共遇难 69 227 人,受伤 374 643 人,失踪 17 923 人。其中四川省 68 712 名同胞遇难,17 921 名同胞失踪,共有 5 335 名学生遇难或失踪。直接经济损失达 8 451 亿元。是中华人民共和国自新中国成立以来影响最大的一次地震。

曾经的繁华不再,曾经的家园不再,曾经的亲人不再……剩下的,青山已破碎,绿水更呜咽,桥毁路断,城市一片废墟,目及处,满眼尽是疮痍……

一夜之间,消息传遍大江南北、世界各地;一夜之间,悲痛唤醒了全中国,中华民族拧成一股绳;老人捐出生活费,孩子捐出压岁钱,人们不再吝啬,捐钱捐物,武警急行军,空降解放军,志愿者从四面八方汇拢,救援队从世界各地赶来……灾区在呻吟,生命在坚持,自救、援救、抢救……这是生命的争夺,这是活着的意义……

党和国家及时做出灾区重建的决策和部署,政策配套、中央专项重建资金、援助资金足额及时到位,各省市对口援建,全社会志愿者支援,又开始了轰轰烈烈的重建工作。经过建设者们两年艰苦卓绝的努力,灾区已经焕然一新,灾区人民有了全新的家园,过上了安定的生活……中国的这种民族凝聚力、政府支持力度,恢复重建的建设速度,灾区建设的美丽程度,得到了世界各国的认可和赞叹。

2.思政案例育人成效  结合汶川大地震救灾过程和灾后重建的故事,激发学生我有"一个强大的祖国"的自豪感,也增强了同学们的制度自信。"自信人生二百年,会当击水三千里。"熠熠生辉的中国制度,必将为中华民族的伟大复兴开启壮美航程。

3.教学方法、教学模式　视频教学法:通过"救灾记录"——汶川大地震《救援黄金72小时》全过程记录和灾后重建相关图片,制作33秒短视频,并配以背景音乐和字幕。字幕为:12年前的5月12日,汶川地震让数万人的生命定格在14点28分。14年前,地震改变了这里的一切;14年后,这里的一切得以改变。但灾害带来的伤痛是刻骨铭心的。通过视频案例创设情景,让学生充分感受到灾害的无情,人民的有情。同时,看到国家为了保障人民生命财产安全付出的努力。

## 案例八　守望相助,众志成城

1.课程思政融入点　第十三章第四节社区突发灾害性事件的应急管理

2021年的暑假,注定不平凡。河南既遭遇了特大暴雨洪灾,也面临了新冠疫情反扑。"涝疫结合"的灾难中,我们经历了悲痛、感动,也看到了中国人骨子里的坚韧与温良。世间没有从天而降的英雄,只有挺身而出的凡人。从闻"汛"而来的"橄榄绿""火焰蓝",到"疫"中逆行的"天使白""志愿红",从慷慨解囊的爱心企业到提供食宿的店家老板,从扶持互救的普通市民到支锅炕油馍的淳朴乡亲……每个人的一点光、一点热,汇聚成了抗洪防疫的磅礴力量。

从抗洪救灾到再战疫情,危难时刻更彰显中国速度、中国优势。党中央一声令下,四面八方,紧急支援,鲜红的党旗飘扬在抗洪救灾、疫情防控的第一线。无数的党员干部组建"先锋队""抢险队"冲锋在前,乘风破浪的救援队打开了生命的通道,逆行出征的医疗队构筑健康的屏障,举国上下同心合力、共克时艰。

灾难之下,我们看到了一个个青年的身影,逆行跪地救人的新医学子于逸飞、纵身跃入急流的外卖小哥马壮壮、驾驶铲车逆流救人的刘松峰……他们用生命书写青年的责任与担当,让平凡的人生闪动着耀眼的光芒。

2.思政案例育人成效　"人民至上、生命至上"充分彰显了中国共产党的初心,"集中力量办大事"生动地诠释了中国特色社会主义制度的优势。通过案例讨论,让学生深刻地感受到中国精神和中国力量,从而厚植家国情怀,夯实信仰之基,增强责任担当。

3.教学方法、教学模式

案例教学法:学生在案例分析中,实现内心的成长和丰盈,用理想、知识为青春赋能,自觉的将"小我"融入"大我",以青春奋斗助力民族复兴,书写新时代青年最美的华章。

# 第十五章
# 急危重症护理学

## 一、课程概要

### (一)课程简介

急危重症护理学是护理学专业的主要课程之一,课程主要以急诊医疗服务体系为主线,介绍院前急救、院内救护、重症监护、常见急危重症的病情评估、救治原则和护理,以及常用的急救技术,同时涵盖了各类急性中毒、急性创伤、环境及理化因素损伤、危重患者的营养支持等内容。

### (二)教学目标

1. 知识目标

(1)掌握院前、院内急诊救护技术及重症患者监护技术;常见急危重症的急救处理措施及常用急救技术。

(2)熟悉院前急救的特点与任务、急诊科及重症监护病房的设置和管理。

(3)了解急危重症护理学的研究范畴、急诊医疗服务体系的任务、组织与管理。

2. 能力目标

(1)具有科学运用临床思维评估服务对象病情及分析、处理问题的能力。

(2)具有主动求知和继续学习的能力。

(3)具有将专业知识和技术应用于临床急危重症护理的职业本领。

(4)善于沟通,具有一定人文修养,有初步应对重大突发公共卫生事件的能力。

3. 情感目标(思政目标)

(1)培养学生"时间就是生命"的急救意识和"生命第一,实效为先"的急救护理理念。

(2)培养学生具有现代急救理念,热爱护理专业,感悟"健康所系、性命相托"职业的责任和使命。

(3)培养学生高度的责任心,慎独严谨的品行和较强的团队合作精神。

(4)培养学生敬佑生命、救死扶伤、甘于奉献、大爱无疆的医者精神,教育学生始终把人民群众生命安全和身体健康放在首位。

## 二、课程思政教学资源计划表

急救护理学课程思政教学资源计划见表15。

表15　急救护理学课程思政教学资源计划

| 章名 | 课程思政融入点 | 思政目标 | 案例资源 | 教育方法和载体途径 |
|---|---|---|---|---|
| 第一章 绪论 | 急救护理学发展史 | 大爱无疆 | 中国国际救援队发展历程 | 讲授法<br>第二课堂法 |
| 第三章 院前急救技术 | 气道异物梗阻的现场急救 | 大爱无疆<br>职业精神 | 与时间赛跑，让死神退却 | 小组讨论法 |
| 第四章 灾难救护 | 灾难医学救援 | 抗震精神<br>抗疫精神 | 致敬最美逆行者 | 任务学习法 |
| 第五章 心搏骤停与心肺脑复苏 | 心肺复苏术 | 救死扶伤<br>社会责任感 | 逆行诠释医者仁心 | 小组讨论法<br>第二课堂法 |
| 第七章 重症监护病房护理 | ICU 的护理工作 | 爱岗敬业 | ICU 里的"南丁格尔"：白衣天使 爱无止境 | 小组讨论法 |
| 第十二章 急性中毒 | 急救与护理 | 文化自信 | 急性中毒要人命，中西结合显奇功 | 任务学习法<br>第二课堂法 |

注：教学内容参照吕静，卢根娣.急救护理学.4 版.北京：中国中医药出版社，2021.

## 三、课程思政案例

### 案例一　中国国际救援队发展历程

1. 课程思政融入点　第一章绪论 急救护理学发展史。

中国国际救援队成立于 2001 年 4 月 27 日，2003 年 5 月 21 日阿尔及利亚地震，中国国际救援队首次迈出国门，执行国际救援工作。"中国万岁！"这是阿尔及利亚群众在送别中国国际救援队时，发自内心的祝愿。2003 年 12 月参与伊朗古城巴姆地震救援，在参与救援的过程中，联合国人道主义事务办公室现场协调中心主任兰德先生还专程来到中国国际救援队营地，请求中国派出两名地震灾害评估专家协助进行组织与协调国际救援队的工作。他说："通过阿尔及利亚和伊朗两次国际救援行动，中国在国际救援舞台上的表现也越来越出色，中国在联合国人道主义事务中的作用也越来越大。"2009 年 11 月，中国国际救援队通过联合国国际重型救援队分级测评，获得国际重型救援队资格认证（全世界 12 个，亚洲有新加坡和中国），并经联合国授权，具备在国际救援行动中组建现场协调中心和行动接待中心资格。2010 年海地地震救援时，联合国秘书长潘基文专程慰问中国国际救援队队员,感谢中国国际救援队在地震后第一时间赶到这里开展救援。中国国际救援队以蓬勃的生机和顽强的战斗力享誉世界,为拯救生命,展示国家形象,增进国际友谊做出了重要贡献。

2.思政案例育人成效　结合我国国际救援队的发展历程,学生了解到在综合国力提升的前提下急救专业发展的速度之快。通过国际救援队的行动,感受新时代中国人的国际主义精神和人道主义精神,培养学生的大局观及社会使命感。

3.教学方法、教学模式

(1)讲授法:中国国际救援队秉承"生命高于一切"的理念,用自己的行动诠释着新时代中国人的国际主义精神和人道主义精神,展现了中国作为负责任的大国所具备的关心世界、关心人类命运共同体的形象。

(2)第二课堂法:我的感动瞬间。以小组为单位收集近来中国国际救援队的救护事迹进行分享。让学生感受国际救援队所面临的救援环境、恶劣气候、生活艰苦、交通不便、语言不通等重重困难,全力以赴地投入工作的大无畏精神,感悟"时间就是生命""性命相托"的职业使命感。

## 案例二　与时间赛跑,让死神退却

1.课程思政融入点　第三章第三节气道异物阻塞的现场急救。

2019年3月17号中午11点46分,乐山市特警大队教导员向康乘坐电梯下楼,当电梯行至12楼时,一个老人和一名穿着睡衣的女士抱着一个已无意识的1岁左右的婴儿进入电梯,焦急万分。向康判断孩子可能遇到了突发情况,于是向他们表明自己的警察身份。交谈中得知,这家人在给孩子喂稀饭时,孩子突然抽搐、痉挛,随后便没了意识。听到这里,他一把抱起昏迷的孩子,发现其脉搏微弱、唇色黑乌,判断孩子应是气道阻塞引起的窒息。向康随即采用海姆立克法对其背部反复拍打数十次,随后孩子嘴里吐出了疑似米汤的食物。下电梯后,向康迅速将孩子和家长带上自己的车,一路疾驰到医院,经医生检查孩子已经脱离危险。2020年1月3日,广西玉林一名6岁男孩在家吃饭时,不慎被花生米堵塞气管,导致窒息。孩子气管堵塞之后,其母匆匆忙忙倒背小孩乘电梯下楼,想要第一时间送到医院进行抢救,电梯的监控视频显示,该家长慌忙中将孩子倒挂在肩上,企图将异物抖出来,然后把小孩抱在怀中,一直在按压孩子胸口,又用手使劲拍打孩子胸部和背,用尽了她能想到的一切办法,一直在努力让孩子吐出异物来。不幸的是,孩子被送往医院时,已经没有了心跳呼吸、口唇发紫、瞳孔散大,经抢救无效死亡。

2.思政案例育人成效　让学生充分认识到正确施救的重要性,树立"时间就是生命"的急救意识。培养学生大爱无疆,救死扶伤的职业精神。

3.教学方法、教学模式　小组讨论法:同样是异物梗阻,不同的救助方式出现不同的结局。小组讨论两例事件中,抢救成功的关键点有哪些?

## 案例三　致敬最美逆行者

1.课程思政融入点　第四章第二节灾难医学救援。

2008年5月12日,四川汶川发生里氏8.0级特大地震,大地崩裂,山河同悲,地震摧毁了无数房屋,掠夺了数万人的生命,一时间多少人间悲剧凄然上演,无数人无家可归,生离死别……面对灾区人民的无助,全国上下紧急总动员,"一方有难、八方支援",灾情就是命令,救灾就是责任。地震发生后,全国各地医护人员奋不顾身奔赴灾区,参与救治。六七天不刷牙、十几天不洗澡不换衣服,背着药箱、带着担架、翻山越岭救治伤员,每天经历十几次余震,悄悄写下遗书揣在胸前……是每个亲历汶川地震的医疗人员的真实写照。

据统计,汶川地震后的 24 小时内,我国医疗卫生系统派出 1 424 名医疗人员。陆续调派 25 071 名医疗、防疫等专业人员和医疗专家,共计 21 次专列,99 架包机向 20 个省(区、市)58 个城市的 375 家医院紧急转运地震伤员 10 015 名,安置陪护家属 9 099 名,并派出医务人员 5 000 余人沿途护送伤员。及时、专业的医疗救援为汶川地震创下了死亡率、致残率最低,非战争状态下伤员转移规模最大,成功实现灾后无大疫的三大奇迹。

2020 年初,新冠疫情暴发,再次扰乱了人们的生活,原本车水马龙的城市也因为疫情按下了暂停键。"坚决打赢湖北保卫战、武汉保卫战"是习近平总书记对武汉抗击新冠疫情做出的重要指示。招必来,来必战。医护人员抱着战必胜的信念、以白衣为甲、再次逆行出征参与到这场没有硝烟的战争中。46 支国家医疗队、4 万多名医务人员毅然奔赴前线,他们用生命守护生命,书写了医务工作者对党和人民的忠诚。全国人民勠力同心、并肩作战,我们经受住了武汉保卫战以来最为严峻的防控考验,取得了阶段性成效。

2.思政案例育人成效　让学生充分了解重大灾难的救援工作都是在党和国家层面统一部署领导下进行的,灾难面前,中国共产党领导人民以坚韧不拔的顽强毅力、和衷共济的强大力量、自强不息的民族品格,铸就了"万众一心、众志成城,不畏艰险、百折不挠,以人为本、尊重科学"的伟大抗震救灾精神和"生命至上,举国同心,舍生忘死,尊重科学,命运与共"的伟大抗疫精神。医务人员更是不惧艰难,披荆斩棘冲锋前线,把初心写在行动上,把使命落在岗位上。

3.教学方法、教学模式　任务学习法:将学生分成若干小组,并给各小组布置了四项任务:一是"回望",收集关于 5·12 汶川特大地震的相关资料,记录自己在收集、阅读资料过程中打动你的人和事。二是"缅怀",通过纪录片《直击汶川大地震》,体会大地震带给人们的重创和伤痛,学习防震减灾知识技能。三是"展望",观看纪录片《汶川十年·我们的故事》,感受灾后重建的力量,思考中国共产党带领中国人民在抗震救灾过程中展现了哪些强大的精神力量?四是"分享",各小组形成学习报告,并在第二课堂就灾难救援的感悟、收获和反思进行交流。

### 案例四　逆行诠释医者仁心

1.课程思政融入点　第五章第二节心肺复苏术。

2021 年 7 月 20 日下午 5 时,郑州持续遭受特大暴雨,地铁五号线沙口路站至海滩寺站,众多人员被困在车厢中,再往前一步是"生",退后一步是"死"的危难时刻,第一天到郑州人民医院报到试工的于逸飞白衣逆行,做出了医生本能的选择。

"因为我的位置距离车厢出口较近,所以比较早得到了救援!当我走到地铁出口,听到后面有市民的呼喊,我决定返回去!"于逸飞回忆说,一开始的时候他也害怕,但当脱困后,他第一反应想到的是如何帮助更多的人。"不救人,当什么医生!"于逸飞给自己打气。刚好包里装有当天刚领到的白大褂,"来不及多想,我从包里掏出白大褂就冲了回去!""有医生来救我们了!"于逸飞的到来就像一缕曙光,地铁里许多人哭着欢呼着。于逸飞找到了地铁里的急救箱,对一些擦伤、刺伤的市民进行包扎止血。为了能够让更多的人得到抢救,他一边对溺水及晕厥的人员进行心肺复苏,一边教刚刚脱困的市民如何实施心肺复苏,并动员更多的人参与到救援行动当中。从当天下午6时一直到晚上12时,他跪在地上做了6个小时的心肺复苏,救助十几个人。由于长时间的跪地救援后,逸飞的膝盖留下一大片红肿。在冰冷的雨水中行走,于逸飞的右脚被刺伤,身体由于失温和疲惫,出现了横纹肌溶解的症状,当晚在医院进行了输液治疗。

于逸飞,他用并不强壮的肩膀托起生命的重量。雪白的战袍下,是医者仁心,更是青年力量。

2.思政案例育人成效  通过于逸飞的事迹激励学生发挥自身所学知识拯救生命,培养学生救死扶伤、尽己所能的救援精神,激发广大青年学生树立社会责任感,以饱满昂扬的精神状态,为健康中国建设做出积极贡献。

3.教学方法、教学模式

(1)小组讨论法:溺水患者的心肺复苏流程是 C-A-B 还是 A-B-C?

(2)第二课堂法:学习于逸飞事迹,以《720 我也在5号地铁上》为题目写800字心得体会。

### 案例五  ICU 里的"南丁格尔":白衣天使 爱无止境

1.课程思政融入点  第七章第二节 ICU 的护理工作。

脱亚莉是甘肃省庆阳市人民医院 ICU 的一名护士长,在病房里,个子不高的她,说话轻声细语,但工作起来却是干脆利落,雷厉风行。2021 年,脱亚莉获得了第48届南丁格尔奖章,面对这个被誉为护理界"诺贝尔奖"的荣誉,脱亚莉显得很坦然,她说,内心更多的是感恩。一袭白衣,救死扶伤,燃起生命希望之火,脱亚莉就是这样的白衣天使。工作28 年来,她始终初心不改,用汗水、温情和真情救死扶伤、服务人民,擎起爱的火炬。

ICU 都是一些需要抢救的重患者,工作量比较大,又是封闭式管理,脱雅丽认为人文关怀是非常重要的。2020 年 1 月 28 日,脱亚莉带着队员来到武汉市中心医院后湖院区,整体接管了一个病区。"当时患者情绪极不稳定。我们穿着厚重的防护服,语言又不通。"脱亚莉回忆道。为了安抚患者情绪,她撕下日记本的纸,制作成32张卡片。每张卡片上都写着:"病友,您好! 请一定要坚持,一定要配合,您一定行,我们会尽力救治您的——甘肃援鄂医疗队"她把一张张卡片送给患者,一一握住他们的手,握紧拳头,并大声说:"我们不会放弃你们的!"那时候,许多患者都哭了。从业以来,脱亚莉几乎从未按时下过班。"妈妈是一名尽职尽责的护士,是好多生了病的陌生人眼中的英雄。每当我晚上醒来发现妈妈不在身边时,我就知道她又去加班了。"脱亚莉女儿在日记中这样写道。

援鄂期间,脱亚莉参与救治患者278 人。这段经历让她终身难忘,"在武汉的53 个日日夜夜,虽然经历着身体上的疲累,但精神上却得到了前所未有的洗礼。"脱亚莉说,在武汉期间,她"火线"入党,以党员身份在武汉战斗了 44 天。

在从业的 28 年里,脱亚莉历经"非典"、参加庆阳市第一批援鄂医疗队,是众多逆行者中的一员。在工作的漫漫长路上,她以柔弱的双肩和坚强的意志,诠释了医者仁心的职业操守。

2. 思政案例育人成效 脱亚莉用爱心、耐心、精心、细心、责任心诠释了新时期"白衣天使"的美好形象,树立了良好的护理品牌。通过脱亚莉的故事,向学生展示 ICU 优秀工作者热爱祖国、热爱人民、热爱护理事业的情怀,引导学生学习脱亚莉的敬业精神和高尚的道德品质。

3. 教学方法、教学模式 小组讨论法:分组讨论 ICU 的工作性质及特点;学习脱亚莉的故事,讨论在脱亚莉身上体现了一名优秀护士应该具备哪些能力和素质。

### 案例六 急性中毒要人命,中西结合显奇功

1. 课程思政融入点 第十二章急救与护理。

急性中毒是临床常见危重症,毒物种类繁多,病情复杂多变,诊疗颇为棘手。现代医学在急性中毒救治方面方法多样,特异性解毒剂、拮抗剂、血液净化疗法等,都是救治急性中毒患者必不可少的手段。中医药在救治中毒方面也积累了宝贵的经验。中医药解救急性中毒始见于张仲景的《金匮要略》,如"菜中有水莨苕,叶圆而光,有毒,甘草煮汁服之即可"。晋《肘后备急方》载有解毒专篇,列数十种解毒方药,还在"治食野葛已死方"中最先运用了洗胃术:"以物开口,取鸡子三枚和以灌之,须臾吐野葛出。"隋《诸病源候论》首次将其列为专篇论述,专有"毒病诸虫候"一节,对中毒的病因和临床特点做了详尽的论述。唐《备急千金要方》把解毒法分作四类,即解食毒、解百药毒、解五石毒及解虫毒。单解食毒一篇,就有方三十九首,涉及食用各种肉类、动物内脏、鱼类、禽类、介类、菜类后中毒的急救方药,而且用药简单,多为单方,个别用两三味药组成的复方。宋代《圣济总录》则全面归纳了中毒的分类、病因、解毒和急救诸论,并列方药百余首,为较有价值的参考书。

可见中医药在治疗急性中毒方面确有独特之处,深入挖掘整理历代医家的宝贵经验,并将其应用于临床,充分发挥中西医结合优势,兼蓄并用,博采众长,定能在维护人民健康方面彰显奇功。

2. 思政案例育人成效 列举先贤论著治疗急性中毒的小故事,引导学生热爱中医药文化,建立民族文化自信心,启发学生科研兴趣,能深入挖掘历代医家解毒的宝贵经验,为维护人民健康服务。

3. 教学方法、教学模式

(1)任务学习法:分组查阅案例中涉及的书籍及文献,归纳总结治疗急性中毒的中药、方剂及方法,形成报告进行分享。

(2)第二课堂法:查阅文献,查找预防治疗急性食物中毒的方法,录制"食物中毒莫要慌、中西结合帮你忙"微课,进行小组分享和展示。

# 第十六章
# 精神科护理学

## 一、课程概要

### (一)课程简介

精神科护理学是研究精神疾病及其防治和护理,促进康复、增进精神及心理健康的一门课程。课程主要内容包括精神疾病的病因、分类、症状学,精神科护理的基本技能,精神疾病患者急危状态的防范与护理,精神障碍治疗的护理,同时根据疾病分类结合临床常见类型,介绍了器质性精神障碍、精神分裂症、情感性精神障碍、神经性及分离性障碍、应激障碍、心理因素相关生理障碍、儿童少年期精神障碍等疾病的护理。此课程以生物-心理-社会医学的模式研究精神障碍患者的护理、康复和健康教育,引导学生关注与个体的沟通,重视个体心理状况。通过此课程的学习,可强化学生整体护理观念,提高对精神及心理疾病识别能力,同时也可提高学生自身的心理素质,增进学生的心理健康。

### (二)教学目标

1. 知识目标

(1)掌握精神科护理的基本概念、特殊护理技能、急危状态的防范与护理。

(2)掌握精神障碍疾病的常见病因及症状表现。

(3)掌握临床常见精神障碍的护理要点。

(4)熟悉临床常见精神障碍的临床特征。

(5)了解国内外精神科护理的新理论及科研热点。

2. 能力目标

(1)能进行有效沟通,建立良好的护患关系。

(2)能初步对常见精神障碍患者进行有效护理。

(3)能根据患者不同情况给予患者及家属有针对性的健康指导。

(4)能持续关注精神科护理研究新进展,并能有针对性地应用于临床,解决临床实际问题。

3. 情感目标(思政目标)

(1)引导学生热爱精神科护理和护理专业,具有良好的职业道德、心理素质和专业素质。

(2)培养学生尊重、理解精神障碍患者,在工作中利用自己专业和爱心促进患者康复,同时能正确地向社会大众宣传精神障碍相关知识,具有一定的社会责任感和家国情怀。

## 二、课程思政教学资源计划表

精神科护理学课程思政教学资源计划见表16。

表16 精神科护理学课程思政教学资源计划

| 章名 | 课程思政融入点 | 思政目标 | 案例资源 | 教育方法和载体途径 |
|---|---|---|---|---|
| 第一章 绪论 | 精神科护理人员的角色功能和素质要求 | 大爱无疆探索创新 | 无私奉献,人民身边的提灯女神 | 案例教学法小组讨论法 |
| 第一章 绪论 | 精神医学与精神科护理学的发展简史 | 制度自信 | 惠民政策保障人民身心健康 | 翻转课堂 |
| 第二章 精神障碍的病因与分类 | 精神障碍的分类 | 无私奉献家国情怀爱岗敬业 | 精神医学家杨德森 | 案例教学法小组讨论法情景模拟教学法 |
| 第四章 精神科护理的基本技能 | 精神科整体护理 | 职业素养 | 精神障碍病房纪实——《笼中鸟》 | 视频案例学习小组讨论教学法 |
| 第五章 急危状态的防范与护理 | 自杀行为的防范与护理 | 创新精神职业素养 | 挽救生命,生命的守门员 | 任务教学法实践教学法 |
| 第七章 神经认知障碍及相关疾病与护理 | 阿尔兹海默症 | 职业素养社会责任 | 不要忘记我爱你 | 案例分析法实践教学法 |
| 第九章 精神分裂症及其他原发性精神病性障碍与护理 | 精神分裂症患者护理 | 职业素养社会责任 | 社会使命,重症精神患者管理困境 | 任务教学法 |

注:教学内容参照余雨枫.精神科护理学.3版.北京:人民卫生出版社,2021.

## 三、课程思政案例

### 案例一 无私奉献,人民身边的提灯女神

1.课程思政融入点 第一章第四节精神科护理人员的角色功能与素质要求。

蔡红霞是解放军第261医院精神病科总护士长,兼工娱治疗中心护士长,第12届全国人大代表,第44届"南丁格尔奖章"获得者。

1982年,从空军军医学校毕业后,蔡红霞被分配到精神科工作,30年来,从山沟到城市,从省会到京郊,她始终留在精神病科室,坚守在临床一线,用自己的爱心、专业的知识为患者服务。在工作中,她真心对待患者,打不还手,骂不还口,待患者如亲人;同时还不顾安危,以身试药,总结归纳15条常见精神药物护理经验,大大减少药物不良反应影响,尽显大爱博爱之心;为了更好地服务患者,在工作中她善于总结工作经验,先后发表学术论文26篇,出版专著1部,参与编写专著9部,获得军区医疗成果奖8项,先后荣获一等功、二等功和三等功各一次;她勇于创新,敢于担当,创建全军首个精神专科医院工娱治疗中心,帮助多名患者回归社会。刚工作时,她因连续5年无一次病事假,无一例护理差错,无护患纠纷记录,连续3年值夜班均在120个以上,荣获原北京军区全军模范护士候选人。30多年来,除了实习期间回家过年,其余除夕蔡红霞都是陪着患者在病房中度过的,她总是说"患者需要我"。30余年来,蔡红霞以自身经历向我们展示了一名优秀精神科护士应具备的素质:博爱、专业、不断探索。我们需要多个"蔡红霞"推动精神科护理事业发展。

2. 思政案例育人成效 结合第44届"南丁格尔奖章"获得者先进典型蔡红霞事迹,培养学生大爱无疆、无私奉献的情怀以及始终将患者放在心中的职业素养。

3. 教学方法、教学模式

(1)案例教学法:以蔡红霞的事迹作为典型案例引入,结合层层深入的提问,引导学生思考精神科护士角色功能和素质要求,既涵盖了知识内容,又融入了思政内容,引导学生思考如何对待这些患者,促进她们的健康。爱心和耐心是必需的,但是也要有钻研精神,对于精神科护理,我们在临床工作中还有许多难题,这就需要我们的精神科护士能够以促进患者健康为己任,进行一定的科学研究。案例中,蔡红霞为了为每个抑郁患者建立个体化的医疗服务流程,进行科学研究,撰写抑郁症护理流程效果观察研究,引导学生深入思考,作为一名精神科护士,如何在工作中进行研究和探索,以及其最终目的是什么。展示了护理工作中以患者为中心的人文情怀,及严谨求实的科学精神。

(2)小组讨论法:积极开展讨论式、启发式教学方法,以学生为中心,以教师为引导,启发学生思考。结合案例,同时提出问题"你如何认识精神障碍疾病及精神障碍患者",学生以小组进行活动,结合自己的理解谈谈对精神疾病的认识,了解学生对此疾病的看法。通过此活动可以了解学生对精神科护理的认识,也可根据不同的认识进行讨论,引导学生思考如何正确看待此类疾病,减少对患者歧视,尊重患者,关爱患者。

### 案例二 惠民政策保障人民身心健康

1. 课程思政融入点 第一章第二节精神医学与精神科护理学的发展简史。

2022年5月国务院办公厅印发的《"十四五"国民健康规划》中提到,要完善心理健康和精神卫生服务。具体内容如下。

促进心理健康,健全社会心理健康服务体系,加强心理援助热线的建设与宣传,为公众提供公益服务。加强抑郁症、焦虑障碍、睡眠障碍、儿童心理行为发育异常、阿尔茨海默病等常见精神障碍和心理行为问题干预。完善心理危机干预机制,将心理危机干预和心理援助纳入突发事件应急预案。

提高精神卫生服务能力。推广精神卫生综合管理机制,完善严重精神障碍患者多渠道管理服务。按规定做好严重精神障碍患者等重点人群救治救助综合保障。提高常见精神障碍规范化诊疗能力,鼓励上级精神卫生专业机构为县(市、区、旗)、乡镇(街道)开展远程服务。建立精神卫生医疗机构、社区康复机构及社会组织、家庭相衔接的精神障碍社区康复服务模式。

2. 思政案例育人成效　通过介绍《"十四五"国民健康规划》及精神疾病补助等相关政策,提升学生对精神障碍患者的关注度和为维护患者身心健康而奋斗的使命感,同时通过国家政策对精神障碍患者的关注和帮助,帮助同学们建立制度自信、道路自信。

3. 教学方法、教学模式　翻转课堂:课前要求学生以小组为单位,汇总整理我国近30年与精神障碍或精神健康相关的政策性文件,并提炼主题和时间轴,帮助学生了解我国精神卫生发展史,了解国家对国民精神心理健康的重视度,以及对严重精神障碍患者的帮扶政策,树立制度自信和道路自信。

### 案例三　精神医学家杨德森

1. 课程思政融入切入点　第二章第二节精神障碍的分类。

杨德森教授,中南大学湘雅第二附属医院博士研究生导师,我国精神医学界著名精神病学临床学家、教育家,行为医学开创者,应激、成瘾相关研究的学术带头人。杨德森教授毕生致力于中国精神病学事业,为中国精神卫生事业培养了大批优秀人才,是当代精神病学界当之无愧的泰斗和名师。创建中南大学(原湖南医科大学)精神卫生系,从中南大学湘雅二医院精神卫生研究所毕业的硕士研究生、博士研究生将近600名,占据了我国精神科专业现有研究生的半壁江山,领军的团队被誉为我国精神病学的"黄埔军校"。

1987年,他主持制定了我国第一部《中国精神障碍分类与诊断标准(CCMD)》,和同事们建立了道家认知疗法,对神经症及精神应激障碍有较好的疗效。出版《中国精神疾病诊断标准与案例》《基础精神医学》《行为医学》《现代精神医学》《人格形成与人格障碍》《湘雅精神医学》等著作,发表论文160余篇。2006年,荣获首届中国精神医学领域的最高奖——中国医师协会杰出精神科医师奖。2014年6月26日,获第九届"中国医师奖"光荣称号。

杨德森教授救死扶伤、爱岗敬业、乐于奉献、文明行医的精神风貌值得后辈们永远铭记和学习。

2. 思政案例育人成效　结合杨德森教授的事迹,引导学生学习前辈高尚品德和崇高精神境界、殚精竭虑的专业精神、追求卓越的人生态度、治病救人的仁爱情怀,提升学生的职业素养、坚定职业自信。

3. 教学方法、教学模式

(1)案例教学法:以我国精神医学界著名精神病学临床学家、教育家杨德森教授的事迹视频为典型案例引入,结合引导式提问,帮助学生掌握和理解我国精神疾病诊断标准,同时自然融入思政内容,引导学生学习前辈高尚品德和崇高精神境界、殚精竭虑的专业精神、追求卓越的人生态度、治病救人的仁爱情怀。

（2）小组讨论法、情景模拟教学法：通过给予学生不同精神疾病的案例，引导学生以小组为单位进行情景模拟并录制小视频。随后在课堂上分享视频，经过小组讨论对患者的诊断分类进行确定。通过情景模拟和小组观看视频后讨论、反思，可以帮助学生更好地理解精神疾病的症状特征和分类，另一方面有助于提升学生的学习兴趣，同时体会前辈们开创中国精神疾病诊断标准的不易，达到思政教育的目标。

### 案例四 精神障碍病房纪实——《笼中鸟》

1.课程思政融入点　第四章第三节精神科整体护理。

《人间世·笼中鸟》是人间世摄制组在上海市精神卫生中心蹲守拍摄208天所完成的纪录片。精神障碍患者，是一个既被"污名化"又被"浪漫化"的边缘群体。导演组深入精神病医院，采访了几十位精神患者，与他们展开了一场场关于人生与自我探索的正式对话，纪录片展示了精神障碍患者的病房生活，讲述了精神障碍患者对人生、生命的看法，从患者对镜头自如的讲述中，倾听他们的想法和故事。同时，纪录片中生动展现了医护人员为患者进行治疗和照护，以及与患者进行沟通的场景，体现了医护人员细致入微、耐心认真的工作态度。

2.思政案例育人成效　结合纪录片中的故事，帮助学生进一步认识如何与精神障碍患者沟通，如何对其进行日常生活的照护，如何帮助患者恢复身心健康，激励学生以前辈为榜样夯实专业知识和技能，提升专业素质；学习前辈以"患者"为中心，耐心细心的职业素养；同时，通过了解患者最真实的生活状态，帮助学生理解精神障碍患者，培养其同理心和同情心。

3.教学方法、教学模式　视频案例学习、小组讨论教学法：以纪录片中故事为主题，引导学生以小组为单位进行讨论并撰写报告。主要讨论主题：该患者的主要护理需求有哪些？如何对其进行整体护理？要求学生将对患者的护理问题诊断及主要护理措施形成报告并上交。通过小组观看纪录片后讨论、反思这样的过程，可以帮助学生更好地了解精神障碍患者的需求，理解整体护理的理念及内容，例如精神障碍患者给药过程中的注意事项，通过视频可以直观地看到护理人员在临床一线是如何操作的，可进一步加深学生对知识点的掌握，通过充分讨论，又再次加深了相关护理措施的理解，达到掌握知识和思政教育的双目标。

### 案例五 挽救生命，生命的守门员

1.课程思政融入点　第五章第二节自杀行为的防范与护理。

目前全球每年有超过80万人死于自杀，是15～29岁年龄人群的第二位死亡原因。世界卫生组织2017年数据显示，我国自杀率为8.7/10万，每年约有13万人死于自杀。为了预防自杀发生，相关专家学者积极探索，在20世纪60年代推行自杀守门人培训。守门人指那些与自杀高危人群联系紧密，较容易发现个体自杀征兆和自杀意念的人。它更侧重于社会工作者等助人专业人群及教师、警察、咨询师等非助人专业的社区民众。经过多年验证，这项技术是目前最有效的自杀预防策略之一。我们国家也引进此项技术并做了本土化调整，称其为生命守门员，并在社会推广。生命守门员项目认为通过适当的学习,每个人都有望成为生命守门员。研究者也在不断地探索更优的模式去预防自杀行为的发生。

2.思政案例育人成效　通过讲述自杀守门人培训项目的相关研究,鼓励学生在同情理解患者的同时,能创新发展,采取有效措施预防自杀行为发生,培养学生解决问题的创新精神。

3.教学方法、教学模式

(1)任务教学法:课前给学生布置任务查找自杀行为发生的现状及预防方法。课堂中以小组形式进行汇报和讨论,寻求有效预防自杀方法。在此过程中自然引导学生遇到问题要善于思考,善于利用各种资源解决问题,要敢于创新发展。

(2)实践教学法:帮助学生参加生命守门员项目培训或邀请受过培训的教师、医务工作者给大家进行经验分享,培养学生探索求知的精神和防范自杀行为的实际应用能力。

### 案例六　不要忘记我爱你

1.课程思政融入点　第七章第二节阿尔茨海默病。

纪录片《我只认识你》——树锋爷爷和味芳奶奶是一对80多岁的高龄老人。10年前的一天奶奶出去理发,一直没有回家,警察找到她,她却不记得家在哪里,奶奶被诊断为阿尔茨海默病。患病后奶奶几乎逐渐忘记了生命中所有的人,智商仅跟4岁孩童一样,连自己的儿子都不记得,只认识与自己相伴半个世纪的爷爷。随着病情进展,奶奶的状况越来越差,意识混乱,爷爷却仍把失智的奶奶当正常人看,每天带她外出,锻炼身体、打拳、踏青旅游、看演出,尽可能地保持生活乐趣。但是随着独自照顾老伴多年的爷爷身体每况愈下,俩人的生活面临困难,最后辗转中选择入住一家对失智症照护有经验的养老机构。中国目前有1 000万的失智症患者,他们的健康及养老问题值得我们思考。

2.思政案例育人成效　播放纪录片,引导学生观察失智老人在生活中的困难,照顾者的照顾难点,引导学生关爱失智老人,用耐心、爱心、细心来温暖和照顾她们。

3.教学方法、教学模式

(1)案例分析、小组讨论法:通过分段播放《我只认识你》,引导学生思考视频中味芳奶奶具备哪些阿尔茨海默病的表现,观察爷爷的照顾方式。分小组讨论:根据所学知识,构建针对味芳奶奶日常生活照顾的最佳方案。

(2)实践教学法:带领学生参观养老机构,与失智老年人互动沟通,照顾失智老年人,在具体的照护实践中观察失智老年人的特征,思考如何做好失智老年人的护理,并向有经验的临床老师学习,在实践中强化知识。

### 案例七　社会使命,重症精神患者管理困境

1.课程思政融入点　第九章第三节精神分裂症患者的护理。

2005年《新闻调查》节目组的《精神患者暴力事件调查》给予我们深深思考,当时很多精神病患者、家属及部分政府官员对于精神病的了解都较为贫乏,重症精神病患者的监管监护主要依赖家属,给家庭带来沉重的经济负担和心理负担。报道中54名患者,

80%因暴力倾向被收治,15人涉及暴力事件,8人涉嫌杀人。重症精神障碍的管理成为社会难题。

2018年国家卫健委发布了《严重精神障碍管理治疗工作规范》,新版的《规范》强调了上级精神卫生医疗机构对下级机构的帮扶与技术指导,要求基层政府建立由政法、卫生健康、公安、民政、司法行政、残联等单位参与的精神卫生综合管理小组,指导村(居)民委员会建立由网格员、基层医疗卫生机构负责精神疾病防治的工作人员、派出所民警、民政干事、残疾人专职委员、家属、志愿者等组成的患者关爱帮扶小组。小组成员之间要加强协作,协同随访患者,共同开展严重精神障碍患者日常筛查和登记,交换患者信息,全面了解辖区内在册患者和家庭的基本情况,解决患者管理、治疗、康复和生活中的难题。

2.思政案例育人成效　向学生介绍国家关于精神障碍的最新政策,使学生了解我国精神卫生的进步和发展,树立家国情怀,感受国家对人民幸福生活的关切。同时也使学生了解精神障碍的康复不能只依赖精神科医院,它需要全社会的努力,也包括我们自己。

3.教学方法、教学模式　任务教学法:请学生观看《我们与恶的距离》,面对已经违反刑法的精神分裂症患者,从不同角度出发(医务人员、受害者家属、普通群众)谈谈应如何对待他们,进而引发学生思考如何避免发生剧中的惨案,如何创建一个有利于精神分裂症患者诊治和康复的社会环境。

# 第十七章
## 护理研究

### 一、课程概要

#### (一)课程简介

护理研究是一门实践性学科,通过系统的科学研究,解释护理现象本质,探索护理活动规律,产生新的护理思想和护理知识,解决护理实践、护理教育、护理管理中的问题,为护理决策提供可靠的有价值的证据,进而提升护理学科水平。此课程围绕护理科研的基本步骤展开,介绍科研选题、文献检索、研究设计、研究对象确定、研究变量和研究工具、资料收集、整理和分析、论文撰写。同时介绍研究计划书撰写、论文评价、质性研究和循证护理等内容。重点引导学生能发现问题、应用现有研究成果,开展基于科学证据的护理实践。重视对学生思想品德教育,要求其在工作中严谨求实,不弄虚作假,培养学生在临床实践中勇于探索创新和为祖国的健康卫生事业执着追求的精神。

#### (二)教学目标

1. 知识目标
(1)掌握护理研究的基本原则和步骤。
(2)掌握护理研究各步骤的基本方法。
(3)熟悉各类研究设计的方法。
(4)了解质性研究、循证护理实践。

2. 能力目标
(1)能熟练检索研究资源。
(2)能读懂研究论文,学会评价研究论文的质量。
(3)能应用现有研究成果,开展护理实践。
(4)能撰写护理科研论文。

3. 情感目标(思政目标)
(1)引导学生以满足患者健康需求为己任,不断探索研究,寻求最适宜的护理方案。
(2)培养学生不畏困难,反复验证,严谨求实的科研精神。
(3)培养学生在进行科研的过程中,敬佑生命,维护个体的相关权益的意识。
(4)培养学生自主学习、终生学习的习惯,在做学问面前永不满足,不断进取的精神。

## 二、课程思政教学资源计划表

护理研究课程思政教学资源计划见表17。

**表17 护理研究课程思政教学资源计划**

| 章名 | 课程思政融入点 | 思政目标 | 案例资源 | 教育方法和载体途径 |
|------|---------------|----------|----------|-------------------|
| 第一章 绪论 | 护理研究中应遵循的伦理原则 | 尊重生命 | 珍视生命,恪守科研伦理 | 案例教学法 讨论式教学法 |
| | 科学研究中的学术诚信 | 严谨求实 | 学术失信,黄禹锡学术造假 | 案例教学法 讨论式教学法 |
| 第二章 选题 | 发现研究问题 | 职业责任 家国情怀 | 病毒战士,人民英雄陈薇 | 任务教学法 |
| 第三章 文献检索 | 文献的整理和利用 | 家国情怀 职业责任 | 做人民需要的科研 | 文献分享法 |
| 第四节 研究设计 | 研究设计概述 | 严谨求实 科学创新 | 攻坚克难,中国人工合成牛胰岛素 | 案例教学法 对比分析法 |
| 第七章 资料收集方法 | 收集资料前的准备 | 严谨求实 以人为本 无私奉献 | 以身试药——中国首位诺贝尔医学奖获得者屠呦呦 | 小组讨论法 |

注:教学内容参照胡雁,王志稳.护理研究.6版.北京:人民卫生出版社,2022.

## 三、课程思政案例

### 案例一 珍视生命,恪守科研伦理

1. 课程思政融入点 第一章第三节护理研究中应遵循的伦理原则。

二战后,针对纳粹的不道德实验活动,1964年,世界医学大会通过了《赫尔辛基宣言》(Declaration of Helsinki),这是为涉及人类的研究活动指定的第一套国际伦理道德原则,它强调:"在为研究对象实行检查、治疗或人体试验时,应向研究对象充分解释,研究对象完全了解且自愿同意后方可执行。"现代医学发展离不开人体试验,但是无论是使受试者获益还是促进医学的进步,在伦理道德上均先征得受试者的同意,试验中要尊重人的生命、权利和尊严,尤其当科研和伦理产生冲突时,以伦理原则引导科研尤为重要。

目前随着科学进步及文化价值观的变化,为了更好保护地球,保护与我们共存的生物及全方位地保护受试个体的权益,人类对伦理规范进一步提出更多的探索。例如国际社会于20世纪90年代初共同制定的《生活多样性公约》,强调人类的获益不能以牺牲生物多样性为代价,要注重可持续发展;例如为了应对伦理倾销,保护弱势人群的"欧盟信任项目",研究人员与当地团体共同制定研究方案,帮助他们制定能够保护参与研究活动的人的科研伦理准则。

2. 思政案例育人成效 结合相关政策、条例的宣讲,引导学生在护理科研过程中要尊重个体尊严和权利,试验过程中平衡益处和风险,尽可能将风险减少到最低水平,培养学生医者仁心,尊重生命的精神。

3. 教学方法、教学模式

(1)案例教学法:从日常的科研管理中涉及人的试验必须进行伦理审核引入,结合层层深入的提问,引导学生思考如何实施护理科研,如何在科研中保障受试者权益。既涵盖了知识内容,又融入了思政内容。案例最后以希波克拉底誓言"无论承受怎样的压力,在运用自己的知识时也不会违背人道主义",引导学生深入思考,作为一名护士,如何维护医术的圣洁,如何在工作中正确地进行研究和探索,真正做到把人的生命作为至高无上之物来对待。

(2)讨论式教学法:积极开展讨论式教学方法,以学生为中心,以教师为引导,启发学生思考。结合案例提出问题:如果你自己进行科学研究,当发现个体身体指标不好,你是会如实告知受试者,还是会因害怕受试者大量退出影响试验结果,而隐瞒至受试者自己发现呢?"引导学生思考当关系到自身利益时,如何正确取舍,真正做到使研究对象免于遭受不适或伤害。

### 案例二 学术失信:黄禹锡学术造假

1. 课程思政融入点 第一章第三节护理研究中的学术诚信。

2005 年底,韩国最高科学家、"克隆之父"黄禹锡被揭发论文造假。黄禹锡因在干细胞研究方面成绩突出,曾任世界国际干细胞研究中心所长,被美国《纽约时报》《华盛顿邮报》称为"干细胞研究大王"。他的研究也得到韩国政府的巨大支持,一年提供 2 650 万美元的政府拨款,整个研究团队拥有 183 位科学家。据调查,黄禹锡于 2005 年发表在《科学》杂志上的论文中干细胞数据是伪造的。且调查结果证实黄禹锡及其科研小组除了成功培养全球首条克隆狗外,其余科研成果均系造假。韩国政府取消黄禹锡"韩国最高科学家"称号,并免去他担任的一切公职。曾经的民族英雄一时之间成为韩国之耻。黄禹锡事件不仅给国际干细胞研究者造成不良影响,甚至给整个国际科学界造成不良影响。

2. 思政案例育人成效 结合黄禹锡造假事件,引导同学们思考如何维持个人诚信,不被利益驱使而弄虚作假。同时也使同学们了解做科研是一个漫长过程,这条路布满荆棘,我们应严谨求实,一步一个脚印,最终探得真理,这个过程需要数年,甚至数十年或者几代人的心血。培养学生实事求是、诚信为人的基本品质。

3. 教学方法、教学模式

(1)案例教学法:以黄禹锡造假事件为典型案例引入,结合引导式提问,帮助学生掌握并理解科研诚信的要求,同时自然融入思政内容,引导学生以反面例子为警示,逐步建立严谨求实的工作态度,真正树立帮助个体促进健康,推动学科发展的科研目标。同时给学生推送社科网站,学习更多学术不端的国内外案例,促使学生以史为鉴,端正自己的行为。

（2）讨论式教学法:积极开展讨论式教学方法,以学生为中心,以教师为引导,启发学生思考。2019年国家新闻出版署发布实施《学术出版规范期刊学术不端行为界定》。依据此项文件,提出问题"以下哪些情况,你认为属于科研不端行为",引导学生思考,尤其是一稿多投、重复发表、冒用导师署名等行为。针对数据篡改、编造等行为也进行讨论。例如"如果你的研究结果未达到预期,你是否会修改数据？这个行为会有何影响?"引导学生思考学术诚信问题。

### 案例三 病毒战士——人民英雄陈薇

1. 课程思政融入点 第二章第二节发现研究问题。

病毒严重危害人类健康,夺取多个人的生命,为了保卫人民健康,陈薇选择与毒共舞,做人类生命健康的守护者。2004年严重急性呼吸综合征暴发,全国恐慌,陈薇临危受命,冒着生命危险,与严重急性呼吸综合征病毒（SARS冠状病毒）零距离接触,进行SARS冠状病毒体外细胞试验,在国外首先证实他们所研究的干扰素能有效抑制SARS冠状病毒。2014年埃博拉疫情暴发,陈薇带领团队亲自到非洲一线,研发了首个进入临床的2014基因型埃博拉疫苗。在塞拉利昂,陈薇到访一家当地孤儿院,"当时有48个孩子,全部都是因为埃博拉夺去了亲人生命的孤儿,这让我想把疫苗用在全世界人身上。"2020年,为了应对新型冠状病毒肺炎疫情,陈薇带领专家进驻武汉,先后研制了检测试剂盒和疫苗。20多年来,陈薇院士一直走在与病毒"抗战"的第一线,挽救了无数人的生命。

2. 思政案例育人成效 通过讲述陈薇院士长期与病毒抗战的事迹及研发新冠疫苗的事迹,使学生了解科研选题的意义和研究问题的来源,科学研究要与社会生产和现实生活需要相结合,科技工作者要有家国情怀,要有责任和担当。

3. 教学方法、教学模式 任务教学法:学生分组,自选题目,并在课堂上汇报课题的来源、选题依据,从课题的重要性、可研究性方面分析研究问题。通过具体选题的实施及课堂汇报,使学生理解选择一个题目要多思考多积累,特别注意从国民健康问题出发,要有国家意识和职业的责任担当。

### 案例四 做人民需要的科研

1. 课程思政融入点 第三章第三节文献的整理和利用。

为了落实中共中央办公厅、国务院办公厅《关于进一步弘扬科学家精神加强作风和学风建设的意见》要求,科技部2020年印发《关于破除科技评价中"唯论文"不良导向的若干措施》（以下简称《措施》）。《措施》中强化分类考核评价导向,注重标志性成果的质量、贡献和影响,鼓励发表高质量论文,改进科技评价体系,破除国家科技计划项目、国家科技奖励、创新人才推进计划等科技评价中过度看重论文数量、影响因子等"唯论文"不良导向。高质量论文包括发表在具有国际影响力的国内科技期刊、业界公认的国际顶级或重要科技期刊、以及在国内外顶级学术会议上进行报告的论文。其中具有国际影响力的国内科技期刊参照中国科技期刊卓越行动计划入选期刊目录确定。

2019 年中国科学技术协会公布了中国科技期刊卓越行动计划入选项目,其中设置有领军期刊、重点期刊、梯队期刊、高起点新刊类项目等,且逐年公布高起点新刊入选项目。护理类期刊《中华护理杂志》入选梯队期刊。

2. 思政案例育人成效　介绍国家的相关政策,鼓励学生树立正确的科研观念,做真科研,做有学术价值、对国民健康有推动作用的项目,且明确科研目的是服务社会发展,引导学生追求卓越,发表高水平论文,重视论文的质量。

3. 教学方法、教学模式　文献分享法:鼓励学生阅读文献,并选取优秀文献进行分享,从选题角度分享选择该论文的理由,体会选题的意义,是否真正可应用于护理临床实践、护理管理或护理教育等护理工作中。

### 案例五　攻坚克难,中国人工合成牛胰岛素

1. 课程思政融入点　第四章第一节研究设计概述。

1958 年,在国民经济和科研条件还十分薄弱的情况下,我国科学工作者敢于大胆设想,提出合成一个结构复杂、具有生物功能的蛋白质——胰岛素。在党和国家的大力支持下,组织国内不同学科,不同单位的研究人员协作,历经 6 年 9 个月,于 1965 年 9 月,中国科学院上海生物化学研究所、上海有机化学研究所和北京大学化学系的科学家成功获得人工合成的牛胰岛素结晶。当时我国没有任何合成蛋白质的科研经验,甚至在合成氨基酸方面都经验匮乏,一切都是从零开始。在此过程中,科学家们在失败中反复摸索,他们对数据要求非常严格,反复验证,任何一个指标达不到,都要进行再分析,力求全部通过,在这种严格要求下,胰岛素工作一步一个脚印,稳定向前推进,逐一解决“三对二硫键能否正确连接形成有活性的蛋白质构象”“能否有机合成长度达 21 个氨基酸的 A 肽链和长度达 30 个氨基酸的 B 肽链”等关键问题。中国人工合成牛胰岛素在国内外均得到热烈反响,1982 年 7 月,人工合成胰岛素工作获“国家自然科学一等奖”。这项科学成果为造福人类、保障生命健康做出了巨大贡献。

2. 思政案例育人成效　讲述我国科学家人工合成牛胰岛素故事,使学生体会我国科学家挑战世界难题,敢为人先的创新精神,胰岛素合成是一个复杂的过程,51 个氨基酸通过 200 多步化学反应合成有效的蛋白质,每一步反应都要严格把关,在实验过程中也曾经历赶进度不严谨而导致失败的例子,使学生明白做科学不能弄虚作假,科学研究要体现创新性,同时具体过程中要严谨求实。

3. 教学方法、教学模式

(1)案例教学法:向学生分享中国科学家历经多次失败最终成功研制人工合成胰岛素造福广大群众的例子,促使学生理解科研需要有严谨的科研设计,需要一步步论证分析,稍有错误就会导致失败。这个案例也告诉我们面对失败我们不能气馁,而应仔细查找原因,反复论证,才能发现真相。

(2)对比分析法:为学生提供不同类型研究论文,学生分组分析论文的实验设计方案,对比不同实验设计类型的特点,使学生掌握不同类型的研究设计要素,在分析过程中同时使学生体会科研设计的创新性及严谨性。

## 案例六　以身试药——中国首位诺贝尔医学奖获得者屠呦呦

1.课程思政融入点　第七章资料收集方法。

疟疾几千年来一直威胁着人类的生命安全,20世纪50年代因寄生虫对抗疟药物产生抗药性,疟疾再度肆虐。屠呦呦此时被委任为疟疾研究小组组长,研究抗疟药物的研发。她带领小组阅读古籍,寻找中医抗疟方法。她们研究了超过2 000种的中药,发现了其中640多种可能有抗疟效果,用小鼠模型评估380份提取物。在一次尝试中,青蒿提取物抑制了寄生虫生长,但是后续试验中没有重复出来,且与以往文献记载有冲突。为了找到合理解释,她们大量翻阅文献,找到葛洪《肘后备急方》中关于青蒿抗疟的描述,仔细阅读分析后,改变试验方案,低温提取青蒿化合物,在对疟疾细胞进行试验后发现青蒿化合物是有效的。然而当团队在动物身上测试这种药物时,结果不太理想,一些动物治愈了,一些动物则中毒身亡。没有人保证这种药物对人体是安全的,屠呦呦却坚信这是有效药,自己主动提出以身试药,她住进了医院,服用了青蒿提取物,并在几天内由医生不断加大剂量。其后医生对她主要器官的监测结果显示,一切正常。在保证药物安全后,她和团队才来到疫区在患者身上使用。

2.思政案例育人成效　通过屠呦呦发现青蒿素有效成分,以身试药的例子,培养学生在科研实践中严谨求实,无私奉献,以人为本的精神,切实保护受试者利益的科研精神。

3.教学方法、教学模式　小组讨论法:讲授资料收集方法后,提出问题"在资料收集过程中如何保障受试者安全,如何收集到真实数据",引导学生小组讨论和思考。通过问题讨论,使学生明确在正式人体试验之前一定要进行反复充分的研究,要严谨求实,同时可以通过预试验来初步验证试验方案对受试者的影响,切实保护受试者权益,践行以人为本,服务人民的科研初心。

# 第十八章
# 护理伦理学

## 一、课程概要

### （一）课程简介

护理伦理学是一门研究护理道德的学科,通过运用一般伦理学原理和道德原则来解决和调整护理实践中人与人的相互关系,是由护理学和伦理学相结合而形成的一门交叉学科。课程结合护理工作的特点,阐述护理伦理在护理工作中的意义及具体要求。主要教学目的是使学生全面系统地掌握护理伦理学的基本理论、原则、规范与范畴,以指导学生的护理实践,提高学生在护理专业行为中的伦理意识,使学生能够鉴别伦理困境,发现和解决伦理问题,提高对临床护理伦理问题的敏感性和伦理决策能力。教学过程中注重结合专业知识对学生进行思想品德教育,引导学生树立科学的价值观与专业品质,培养学生在临床护理实践中的勇于探索创新和为祖国的健康卫生事业执着追求的精神。

### （二）教学目标

1. 知识目标

（1）掌握护理伦理学的基本理论、基本规范、基本范畴。

（2）熟悉人际关系伦理道德、临床实践中的伦理道德、特殊医疗技术活动中的伦理道德及临终关怀与死亡的伦理道德。

（3）了解公共卫生服务的伦理道德、护理科研及护理管理中的伦理道德。

2. 能力目标

（1）能运用护理伦理学的基础理论指导护理实践活动。

（2）能将护理伦理学原则和护理伦理规范用于解决临床护理实践中的伦理问题。

（3）能在器官移植、辅助生殖技术等特殊医疗技术活动中,运用基本伦理准则分析护理实践中的具体问题。

3. 情感目标（思政目标）

（1）能结合伦理实践进行自我伦理教育、修养与评价。

（2）理解并愿意运用伦理基本原则进行临床护理实践和护理科研等活动,并能够主动宣传相关政策和原则。

## 二、课程思政教学资源计划表

护理伦理学课程思政教学资源计划见表18。

**表18　护理伦理学课程思政教学资源计划**

| 章名 | 课程思政融入点 | 思政目标 | 案例资源 | 教育方法和载体途径 |
|---|---|---|---|---|
| 第一章 绪论 | 护理伦理学的历史演进及其发展 | 文化自信<br>伦理修养 | 杏林春暖 | 案例教学法<br>小组讨论法 |
| 第四章 护理人际关系的伦理道德 | 护患关系的伦理道德 | 职业道德<br>大爱无疆<br>牺牲奉献<br>责任担当 | 重新上岗,不拿手术刀也能救人 | 案例教学法<br>小组讨论法 |
| 第九章 特殊医疗技术活动中的伦理道德 | 器官移植的伦理道德 | 尊重生命<br>奉献精神 | 时心蕊小天使,谢谢你 | 案例教学法<br>小组讨论法 |
| | 辅助生殖技术的伦理道德 | 职业道德<br>社会责任 | 世界首例基因编辑婴儿事件 | 案例教学法<br>启发式教学法<br>小组讨论法 |
| 第十章 临终关怀与死亡的伦理道德 | 临终关怀的伦理道德 | 人道主义精神<br>生命神圣 | 温暖生命的最后一程 | 小组讨论法<br>情景模拟教学法 |

注:教学内容参照刘俊荣,范宇莹.护理伦理学.2版.北京:人民卫生出版社,2022.

## 三、课程思政案例

### 案例一　杏林春暖

1. 课程思政融入点　第一章第二节护理伦理学的历史演进及其发展。

三国时候,吴国侯官(今福建省福州市长乐区)有一位叫董奉的人,是一位很高明的医生,传说有"仙术"。他"居山不种田,日为人治病亦不取钱。重病愈者使栽杏五株,轻者一株。如此数年,得十万余株,蔚然成林。乃使山中百禽群兽游戏其下……后杏子大熟,于林中作一草仓,示时人曰:'欲买杏不须报奉(不用告诉董奉本人),但将一器(容器)谷置仓中,即自往取一器杏去。'常有人置谷来少而取杏去多者,林中群虎出吼逐之,大怖,急走路傍,倾覆,至家量杏,一如谷多少。或有人偷杏者,虎逐之,到家啮至死。家人知其偷杏,乃送还奉,叩头谢过,乃却使活。奉每年货杏得谷,旋以账救贫乏,供给行旅不逮者(旅客断了盘费的),岁二万余人……"后来董奉"仙去"了。

为了感激董奉的德行,有人写了"杏林春暖"的条幅挂在他家门口。从此,许多中药店都挂上了"杏林春暖"的匾额,"杏林"也逐渐成了中医药行业的代名词。

2. 思政案例育人成效 通过对我国传统医护道德发展的介绍,使学生认识到古代医学发展过程中虽未形成专门的伦理道德体系,但儒家文化与古代医学密不可分,儒家文化对医疗护理有着深远影响,我国现存的第一部医学经典著作《黄帝内经》已经初步奠定了我国护理伦理的思想框架,让学生认识到西医护理学的内容,在中国的传统医学中早有记载,提高学生的中医文化自信,并鼓励同学以先人为榜样,注重自身的伦理修养。

3. 教学方法、教学模式 案例教学法、小组讨论法:为学生讲授杏林春暖的故事,并请同学分享亲身经历或者从书中、其他途径学习到的古今中外关于医护伦理道德的温暖故事,结合同学的分享进行分组讨论,总结古今中外在医护伦理道德的发展及其在医护发展史中的重要作用,引导同学重视医护伦理道德的建设,从自身做起,加强护理伦理修养。

## 案例二 重新上岗,不拿手术刀也能救人

1. 课程思政融入点 第四章第一节护患关系的伦理道德。

2020 年 5 月 13 号,一个普通得不能再普通的日子,北京朝阳医院门诊楼的 730 号诊室的门口却人满为患,而门诊室内,一位温润儒雅的医生穿着一身白大褂正在对眼前的患者轻声细语地诊治。曾是世界一流医生,如今他再也拿不起刀,却换种方式救人。

这位医生究竟是谁?为何有人频频给他献上鲜花和礼物?又为何有人看着他的身影而心痛惋惜落泪?还有人看着他微微颤抖的双手义愤填膺而破口大骂!而他却始终面不改色,脸上永远是那个如春风和煦般的温暖笑容。有人说他装,但当你真正了解他所经历的事情后,才能明白这是一颗怎样的医胆仁心!他就是北京朝阳医院眼科主任医师陶勇,2020 年 1 月 20 号北京朝阳医院恶性伤医事件中的受害者。虽然巨大的伤痛让他无法再次握紧手术刀,但他在遭袭仅 114 天之后,还是毅然决定恢复出诊,用他渊博的学识与永不放弃的坚持,竭尽全力地去治愈每一个患者。

电视剧《中国医生》有句台词:"所谓医生的责任与担当,不过是一群普通人穿上了白大褂,开始救死扶伤。"这不仅是陶勇医生个人的取舍之道,也是中国千万医生的取舍之道!

2. 思政案例育人成效 通过陶勇医生案例的分享,学生能深刻理解医患、护患冲突的危害,也可以从不同角度认识医患、护患关系冲突的原因,并通过此案例深刻感受到医者仁心、大爱无疆、责任担当的奉献精神。

3. 教学方法、教学模式 案例教学法、小组讨论法:组织学生观看陶勇医生的访谈视频,并根据医患、护患的现状进行讨论:可以从哪些方面减少护患冲突的发生?同时引导学生深入思考:护患冲突的原因有哪些方面?一个如此优秀的医生为什么会因此受到严重的伤害?进一步引导学生从哪些方面入手,如何正确地处理护患冲突?同时引导学生积极面对面挫折或突发事件,并探讨应对方法及心理调节等问题。

### 案例三　时心蕊小天使,谢谢你

1. 课程思政融入点　第九章第一节器官移植的伦理道德。

人民日报报道:2020 年 8 月 1 日,河南省郑州市人民医院器官移植中心,8 岁女孩时心蕊接受了器官捐献手术,为 5 位患者带去希望。"希望你离开后能帮助更多的人,这是生命的另一种延续"。2020 年 12 月,来自河南郑州新密的小女孩时心蕊突然出现严重呕吐,家人带她到当地医院检查后,发现孩子脑部出血,诊断为儿童脑瘤,平均生存期不足 1 年。从此,心蕊开始与病魔做斗争,经过一个疗程的治疗,心蕊的病情有所好转,身体状态好的时候,她会主动帮家人做家务,然而就在全家人都以为心蕊可以战胜病魔时,心蕊的脑瘤复发了。考虑到再进行手术风险非常大,心蕊的家人选择进行保守治疗,治疗期间,心蕊也特别勇敢,但是脑瘤复发后,心蕊病情每况愈下,直到无法进食,陷入昏迷。在心蕊陷入昏迷的 10 多天里,她的哥哥向爸爸提出捐献妹妹器官的想法,没想到父子二人想到了一起。哥哥说:"在我妹妹生病期间有很多陌生人为我妹妹捐款,让我们感受到了温暖和爱,所以我们做了最坏的打算。如果妹妹真的坚持不下去了,就把她的器官捐献出来,把这份爱心传递下去。"于是,他们联系郑州市红十字会,表明了捐献意愿,工作人员在进行了两轮严格的脑死亡判定程序后,判定心蕊符合器官捐献标准。8 月 1 日,时心蕊的爸爸、妈妈签署了器官捐献登记表。时心蕊的一对眼角膜,一个肝和两个肾,根据中国人体器官分配系统,捐献给了有需要的患者。

2. 思政案例育人成效　通过分享心蕊的案例,在专业知识讲授的同时,鼓励学生正确看待生死以及器官捐献的问题。结合身边的真实案例介绍器官移植的伦理道德,启发学生尊重生命,激发同学的奉献精神。

3. 教学方法、教学模式　案例教学法、小组讨论法:通过真实案例向学生介绍事件经过的同时,启发学生思考器官捐献的来源有哪些。捐献器官的重要意义有哪些。并组织同学讨论是否愿意进行器官捐献,活体器官捐献的供体及受体选择等话题,深入浅出地讲解器官移植涉及的伦理问题。

### 案例四　世界首例基因编辑婴儿事件

1. 课程思政融入点　第九章第三节辅助生殖技术的伦理道德。

2018 年,时任南方科技大学的副教授贺建奎宣布,一对基因编辑双胞胎将于 11 月在中国出生,这对双胞胎的一个基因经过修改,意在使她们出生后即能天然抵抗艾滋病毒感染,如果成功,她们将成为世界首例免疫艾滋病的基因编辑婴儿。此事件立刻引发国内外科学界的质疑和谴责,112 位中国科学家针对此实验的联合声明中,称实验存在严重的生命伦理问题:这项所谓研究的生物医学伦理审查形同虚设。直接进行人体试验,只能用疯狂来形容。随后,国家卫健委下令对其工作进行调查。

2019 年 1 月 21 日,南方科技大学研究决定解除与贺建奎的劳动合同关系,终止其在校内一切教学科研活动。

2019 年 12 月 30 日,"基因编辑婴儿"案在深圳市南山区人民法院一审公开宣判。贺建奎等 3 名被告人因共同非法实施以生殖为目的人类胚胎基因编辑和生殖医疗活动,构成非法行医罪,分别被依法追究刑事责任。判处贺建奎有期徒刑 3 年,并处罚金人民币 300 万元。

基因编辑是一个很平常的生物学技术,大部分分子实验室可能都会用到,关键在于"编"什么。贺建奎的问题在于他使用这项技术编辑了人类胚胎,触动了禁区,破坏了科学伦理和法律。

2. 思政案例育人成效　结合基因编辑婴儿这一伦理热点问题,引发学生思考,临床工作中伦理学是非常重要的原则,无论是临床工作还是科研工作都必须以遵守伦理学的基本原则为前提,让学生认识到职业道德的重要性以及自身所承担的社会责任。

3. 教学方法、教学模式　案例教学法、启发式教学法、小组讨论法:组织学生针对案例进行深入思考和讨论:案例中基因编辑婴儿的必要性是否存在? 无证行医为牟利,是否有违伦理甚至法律? 其他科学家不是无法做这项工作,而是在法律和伦理没有完善的情况下,科学家不能贸然去做。一个科学家如果没有道德底线,缺乏对生命、伦理和法律的敬畏之心,造成的危害是呈指数增长的。此外,目前基因编辑技术并不成熟,依然存在脱靶等相关问题,把一项不成熟的技术应用到现实中,而且是在非必要的情况下,后果是非常可怕的。

### 案例五　温暖生命的最后一程

1. 课程思政融入点　第十章第一节临终关怀的伦理道德。

20 世纪 50 年代,英国护士西塞莉·桑德斯(Cicely Saunders,1918—2005 年)在长期从事肿瘤晚期患者的照护中,目睹了他们在生命最后阶段的痛苦,决心改变这一状况,给他们以临终关怀(hospice care)。当她的两位亲密朋友相继在经受了巨大的痛苦后毫无尊严地去世,进一步坚定了她改变现状的决心。为此,她努力学习医学知识,在 44 岁时获得了临床医学博士学位,成为一名医生。

1967 年 7 月,桑德斯历尽艰辛在伦敦郊外创办了第一所现代临终关怀机构——圣克里斯多弗临终关怀医院(ST. Christopher´s Hospice)。在这里,一切医疗行为不再以治愈疾病为目的,而是专注于在患者将要逝世前的几个星期甚至几个月的时间里,缓解他们的疾病症状,减轻他们的身心痛苦,维护他们的人生尊严,护佑他们的生命归途。就这样,桑德斯博士开创了现代临终关怀体系,使全世界都开始关注并善待生命垂危的临终患者。

1987 年,临床关怀被英国卫生管理部门正式确定为一门独立的临床医学专业。这一决定得到了政府和社会各界的广泛支持。此后,有关临终关怀的基础教育、继续教育和临终关怀医疗团队建设逐步完善,法律、保险及社会支付也渐成体系。

2. 思政案例育人成效　通过对临终关怀基本思想的认识,学生认识到临终关怀是人道主义精神在生命问题上的具体体现,培养学生的人道主义精神;并引导学生正确认识死亡,培养学生尊重生命、珍视生命的职业情感。

3.教学方法、教学模式　小组讨论法、情景模拟教学法:向学生介绍临终关怀创始人英国护士桑德斯博士的故事,请同学结合自身经历进行讨论后,分享自己的经历和感受,提高对死亡的科学认知,再组织学生进行情景模拟,从患者、家属、护士等不同身份进行体验,对患者及其家属共情,从而在临床工作中能够更加尊重生命、珍视生命,在节约医疗卫生资源的同时提高社会文明水平。

# 参考文献

[1]段红梅,葛莉.儿科护理学[M].3版.北京:人民卫生出版社.2021.

[2]姜小鹰,李继平.护理管理理论与实践[M].2版.北京:人民卫生出版社,2017.

[3]刘华平,李红.护理管理案例精粹[M].北京:人民卫生出版社,2015.

[4]王雪丽,薛立强,吴凤余,等.人际交往与沟通[M].天津:天津大学出版社,2021.

[5]宋文虎.新中国结核病控制的回顾与展望[J].中华流行病学杂志,2000,21(2):156-158.

[6]王振雷.论高校课程思政改革的三维进路[J].思想理论教育,2019(10):72-75.

[7]石丽艳.关于构建高校课程思政协同育人机制的思考[J].学校党建与思想教育,2018(10):41-43.

[8]董勇.论从思政课程到课程思政的价值内涵[J].思想政治教育研究,2018,34(05):90-92.

[9]高德胜,聂雨晴.论马克思主义学院在课程思政改革中的实践价值[J].思想政治教育研究,2020,36(1):77-82.

[10]朱飞.高校课程思政的价值澄明与进路选择[J].思想理论教育,2019(8):67-72.

[11]张大良.课程思政:新时期立德树人的根本遵循[J].中国高教研究,2021(1):5-9.

[12]刘鹤,石瑛,金祥雷.课程思政建设的理性内涵与实施路径[J].中国大学教学,2019(3):59-62.

[13]程舒通.职业教育中的课程思政:诉求、价值和途径[J].中国职业技术教育,2019(5):72-76.

[14]张海洋.高职院校"课程思政"与协同育人的融合逻辑理路[J].中国职业技术教育,2019(35):63-67.

[15]欧平.高职高专课程思政:价值意蕴、基本特征与生成路径[J].中国高等教育,2019(20):59-61.

[16]高燕.课程思政建设的关键问题与解决路径[J].中国高等教育,2017(Z3):11-14.

[17]陈第华,张忠.医学类专业课程思政与思政课程协同育人研究[J].中国卫生事业管理,2022,39(8):606-608+616.

[18]高云,周英,苏茜.护理心理学课程思政教学方案的设计与实施[J].中华护理教育,2022,19(3):214-218.

[19]张秀霞,黄菲.以案例为前导的教学方式在本科护生护理技能教学中的应用[J].护理学报,2018,25(10):10-14.

[20]张大良.课程思政:新时期立德树人的根本遵循[J].中国高教研究,2021(1):5-9.

[21]王雨欣,王婉伦,蒋潇崎,等.基于课程思政的医学生创新创业精神培育方法的研究[J].医学教育研究与实践,2022,30(5):545-550.

[22]蒋春婷,王维,张利,等.课程思政视域下医学生职业认同感提升路径研究[J].卫生职业教育,2022,40(18):48-50.

[23]陆东辉,徐容容.课程思政视角下医学生职业生涯规划教育现状及对策[J].福建教育学院学报,2022,23(7):82-85.

[24]梁耀元,黎剑云,温彬斌,等.护理学教育中课程思政实践进展[J].护士进修杂志,2022,37(13):1196-1200.

[25]陈洪,陈小平,陈楚淘,等.中医药院校医学人文教育的课程思政生成逻辑与实践进路探析[J].湖南中医药大学学报,2022,42(9):1555-1559.

[26]吴玉华,赵光,刘江恒,等.本科护理学专业人文课程设置的研究[J].中国高等医学教育,2011(12):91-92.

[27]CHEN Q,SU X,LIU S,et al. The relationship between moral sensitivity and professional values and ethical decision-making in nursing students[J]. Nurse Educ Today. 2021, 105:056-105.

[28]MONROE, H. A. Nurses´ Professional Values: Influences of Experience and Ethics Education[J]. J Clin Nurs,2019,28(9-10):2009-2019.

[29]NUMMINEN O, REPO H, LEINO-KILPI H. Moral courage in nursing: A concept analysis[J]. Nurs Ethics. 2017,24(8):878-891.

[30]叶紫,张宁霞,刘婵娟.生命教育视域下医学院校"课程思政"教学效果提升策略[J].医学争鸣,2018,9(2):72-75.

[31]周香德,何旭,陈倩.国内外课程思政在护理专业教学中的应用研究[J].大学,2022(21):165-168.

[32]李缘媛,洪钰龙,宁怡婷,等.医学领域课程思政元素及实践路径的文献分析[J].中华护理教育,2022,19(3):225-229.

[33]周抒,王威.高校思政协同育人视域下的课程协同研究[J].科教文汇,2022(18):104-106.

[34]段凯旋,李睿明,金晓锋,等.内科护理学课程思政案例库的建设[J].护理学杂志,2022,37(1):10-12.

[35]李津,张婧珺,杨磊,等.护理学导论线上线下混合式"金课"建设[J].中华护理教育,2021,18(9):773-776.

[36]李现红,周启迪,陈嘉,等."叩问初心"启发式教学在护理学导论课程中的设计与实施[J].中华护理教育,2021,18(11):983-988.

[37]柳葛莉,刘捷,戴燕铃.中医护理学基础课程的"课程思政"教学实践[J].中华护理教育,2020,17(5):431-434.

[38]赵梦媛.基于"课程思政"的教学模式改革与实践——以老年护理学课程为例[J].卫生职业教育,2020,38(2):47-48.

[39]刘辉,刘文婷,方帆,等.精神心理照护学国家级课程思政示范课程建设与实践[J].中华护理教育,2022,19(3):209-213.

[40]孔祥麟,陈丹,王敏,等.融入课程思政理念的社区护理学 TPKCEE 模式教学[J].护

理学杂志,2021,36(10):77-80.

[41]周一峰.高职护理专业课程思政教育路径探讨——以急救护理与技术为例[J].卫生职业教育,2017,35(23):61-62.

[42]马孟伟,王茜,金莉,等.护理本科专业课课程思政教学评价指标体系的构建[J].护理学杂志,2022,37(1):6-10.

[43]董为人.医学课程思政的概念及实践探讨[J].解剖学杂志,2020,43(4):275-279.

[44]曾麒丹,丁雪梅,张薇薇,等.临床医学、预防医学与护理学专业课程思政教学实践方案的系统评价[J].中华医学教育杂志,2022,42(7):623-627.

[45]周俊,陈灏珠.关爱每颗跳动的心[J].中国卫生人才,2021(1):54-59.

[46]熊英琼,程绍民.硝酸甘油的前世今生及其带给我们的启示[J].医学争鸣,2016,7(2):34-37.

[47]郭贵周,刘志才.落实癌症防控行动 重在夯实基层建设——林州食管癌防治现场60年历史回顾和思考[J].中国肿瘤,2020,29(11):805-808.

[48]刘凤选,梅御寒,刘芝修.耳部全息铜砭刮痧方法的临床应用[J].中国护理管理,2019,19(10):1445-1448.

[49]彭锦.试论吴有性对疫病病因学的贡献[J].中国中医基础医学杂志,2005(12):938-942.

[50]郇建立.慢性病的社区干预:芬兰北卡项目的经验与启示[J].中国卫生政策研究,2016,9(7):8-14.

[51]黎秀芳,张开秀.三级护理[J].护理杂志,1955(2):80-82.

[52]张善红,朱宁.老年病人特点与老年病人诊疗的思考[J].医学与哲学,2017,38(8):15-18.

[53]汪卫东,吕学玉,单志艳,等.汪卫东忆溯性人格发展量表(WMPI)编制[J].中国健康心理学杂志,2016,24(6):888-893.DOI:10.13342/j.cnki.cjhp.2016.06.025.

[54]姚莉琴,邹团标,张山山,等.1986—2014年中国出生缺陷发生率的变化趋势及地理分布[J].中国优生与遗传杂志,2020,28(3):351-356,359.

[55]岳瑞珍,李素领.《伤寒论》之煎服法探析[J].中国中医基础医学杂志,2021(9):027.

[56]杨金铎.中国高等院校"课程思政"建设研究[D].长春:吉林大学,2021.

[57]陈家忠.中国临终关怀之父——崔以泰[C].中国老年学和老年医学学会;中国老科学技术工作者协会.中国老年学和老年医学学会;中国老科学技术工作者协会,2012.

[58]顾泳.一辈子研究一颗"心"[N].解放日报,2010-3-25.

[59]习近平.把思想政治工作贯穿教育教学全过程开创我国高等教育事业发展新局面[N].人民日报,2016-12-09.

[60]中共中央、国务院印发《关于加强和改进新形势下高校思想政治工作的意见》[N].光明网,2017-02-28.

[61]中办国办印发《关于深化教育体制机制改革的意见》[N].光明网,2017-09-25.

[62]在北京大学师生座谈会上的讲话[N].人民日报,2018-05-03.

[63]教育部中共教育部党组印发《高校思想政治工作质量提升工程实施纲要》[EB/OL]. http://www. moe. gov. cn/srcsite/A12/s7060/201712/t20171206_320698. html? from=timeline&isappinstalled=0. 2017-12-05.

[64]习近平出席全国教育大会并发表重要讲话[EB/OL]. http://www. gov. cn/xinwen/2018-09/10/content_5320835. htm. 2018-09-10.

[65]教育部关于加快建设高水平本科教育全面提高人才培养能力的意见[EB/OL]. http://www. moe. gov. cn/srcsite/A08/s7056/201810/t20181017_351887. html. 2018-10-08.

[66]中共中央、国务院印发《中国教育现代化2035》[EB/OL]. http://www. gov. cn/xinwen/2019-02/23/content_5367987. htm. 2019-02-23.

[67]习近平主持召开学校思想政治理论课教师座谈会[EB/OL]. http://www. gov. cn/xinwen/2019-03/18/content_5374831. htm. 2019-03-18.

[68]教育部关于印发《高等学校课程思政建设指导纲要》的通知[EB/OL]. http://www. gov. cn/zhengce/zhengceku/2020-06/06/content_5517606. htm. 2020-05-28.

[69]新华网.中华人民共和国国民经济和社会发展第十四个五年规划和2035年远景目标纲要[EB/OL]. http://www. gov. cn/2021-03-13.

[70]中国政府网.中华人民共和国国务院令第517号护士条例[EB/OL]. www. gov. cn/2008-01-31.

[71]新华网.一份核酸检测报告是怎样诞生的?[EB/OL]. https://baijiahao. baidu. com/s? id=1721842161528537323&wfr=spider&for=pc,2022-01-13.

[72]广州日报.厉害了!番禺医院护士发明的新型采样管获批实用专利,计划投入试用[EB/OL]. https://weibo. com/1887790981/M7SISv4H9? sudaref=&type=comment,2022-09-28.

[73]新华网.山河春满 家国欢聚——"人民英雄"国家荣誉称号获得者张伯礼[EB/OL]. http://www. xinhuanet. com/tech/2021-03/22/c_1127241193. htm,2021-3-22.

[74]人民网.【一线抗疫群英谱】90后护士朱海秀:"黑眼圈"逆行者[EB/OL]. http://ha. people. com. cn/n2/2020/0227/c351638-33833945. html,2020-2-27.

[75]新浪网."结核"问卷只有6人全答对[EB/OL]. https://news. sina. com. cn/o/2005-03-23/13255442117s. shtml,2005-3-23.

[76]人民网.爱党报国为民的杰出院士[EB/OL]. http://cpc. people. com. cn/n/2013/0722/c64104-22281149. html,2013-7-22.

[77]人民网.白血病专家张亭栋获"求是杰出科学家奖"[EB/OL]. http://scitech. people. com. cn/n/2015/0928/c1057-27639926. html,2015-9-28.

[78]生物通.砒霜医治白血病的奠基人——张亭栋[EB/OL]. http://www. ebiotrade. com/newsf/2011-9/201192885052408. htm,2011-9-29.

[79]国卫妇幼.卫生计生委关于加强母婴安全保障工作的通知[EB/OL] http://www. gov. cn/gongbao/content/2018/content_5265003. htm,2017-7-21.

[80]国卫办.关于印发开展查处违法违规应用人类辅助生殖技术专项行动工作方案的通知.[EB/OL].http://www.nhc.gov.cn/zhjcj/s3585/201706/7e4e5a517a694ba39d204765385f344b.shtml,2017-6-15.

[81]河南省中医院.6次刮痧 救了他即将截肢的伤脚[EB/OL].https://mp.weixin.qq.com/s/nfSaf1hSGUZ5OFRwJ-Uo5w,2022-4-20.

[82]个人图书馆.历代名医医德故事[EB/OL].http://www.360doc.com/content/16/1220/20/28367213_616366011.shtml,2016-12-20.

[83]央视网.2018年度感动中国人物 马旭 涓滴见沧海[EB/OL].https://tv.cctv.com/2019/02/19/VIDErUDpb0fM3VSL1rklwk0S190219.shtml,2019-2-19.

[84]新华社.近镜头"让所有老年人都能有一个幸福美满的晚年"[EB/OL].http://www.news.cn/politics/leaders/2022-04/28/c_1128603128.htm?articleId=514453,2022-4-28.

[85]人民网.医护到家互联网+护理站及全国护士上门服务[EB/OL].http://society.people.com.cn/n1/2018/0321/c418370-29881341.html,2018-3-21.

[86]中国政府网.国家卫生健康委办公厅关于开展"互联网+护理服务"试点工作的通知(国卫办医函[2020]985号)[EB/OL].http://www.gov.cn/zhengce/zhengceku/2019-10/08/content_5436955.htm,2019-1-22.

[87]株洲新闻网.九旬老人路边晕倒 幸好遇到医护施救转危为安[EB/OL].https://www.zznews.gov.cn/news/2022/0609/393476.shtml,2022-6-9.

[88]广东省人民政府门户网站.深圳经济特区医疗条例 第二节医疗服务规范 第七十七条[EB/OL].http://www.gd.gov.cn/zwgk/wjk/zcfgk/content/post_2532140.html?jump=false,2022-9-20.

[89]新浪网.深圳官方回应生前预嘱立法【深圳率先建立"生前预嘱制度"!官方解读来了】近日,深圳市人大常委会会议表决通过《深圳经济特区医疗条例》修订稿,在国内率先建立"生前预嘱制度"[EB/OL].https://haokan.baidu.com/v?vid=4906775423318202739,2022-7-5.

[90]南方网.深圳生前预嘱立法,如何做"最后一次"选择?[EB/OL].https://news.southcn.com/node_54a44f01a2/595f16621e.shtml,2022-7-18.

[91]搜狐网.傅达仁:台湾著名主持人,曾参加央视春晚,2018年花60万安乐死[EB/OL].http://news.sohu.com/a/570227107_121147223,2022-7-22.

[92]上游新闻."樱为武汉 与你湘渝"丨吴林娟:奋战金银潭,感谢那些背后支持的人[EB/OL].https://www.cqcb.com/hot/2021-03-21/3883215_pc.html,2021-03-21

[93]新华网.河南卫视好戏连台,文化自信引领文艺"破圈"[EB/OL].http://www.xinhuanet.com/comments/2021-06/16/c_1127566855.htm,2021-06-16.

[94]大众网.山东现"共享护士":APP下单 护士上门打针输液[EB/OL].https://3g.163.com/news/article/DISQ9HV30001875P.html?spss=adap_pc,2018-05-28.

[95]搜狐网.听费孝通说"社区"一词来历[EB/OL].https://www.sohu.com/a/

190684415_648599,2017-09-08.

[96]上海普陀区卫生健康委.关于印发《普陀区全专联合家医双签约工作实施方案》的通知[EB/OL]. http://www. shpt. gov. cn/weijiwei/zw - fawen/20200316/480688. html,2020-03-13.

[97]上海市普陀区人民政府.5·19世界家庭医生日:坚持当好居民健康"守门人"[EB/OL]. http://www. shpt. gov. cn/shpt/ws - dongtai/20200520/496449. html,2020-05-20.

[98]探索啦.二十四孝之孝感动天的故事,舜的孝心感天动地[EB/OL]. https://www. tansuola. com/lishi/201809/1194. html,2018-09-15.

[99]中国人大网.中华人民共和国母婴保健法[EB/OL]. http://www. npc. gov. cn/npc/c30834/201711/c912f8bedb7945ccbbaca790cb19955c. shtml,2017-11-28.

[100]国际在线.潘基文慰问中国国际救援队队员[EB/OL]. https://news. sina. com. cn/c/2010-01-18/122119491815. shtm,2010-1-18.

[101]人民网.四川乐山:民警参加婚礼途中为救窒息婴儿上演"速度与激情",https://www. sohu. com/a/302586210_114731,2019-3-20.

[102]中公网.于逸飞:逆行诠释医者仁心[EB/OL]. https://www. workercn. cn/c/2021-08-04/6602441. shtml,2021-8-4.

[103]甘肃发布.甘肃护士脱亚莉获第48届南丁格尔奖章[EB/OL]. https://m. thepaper. cn/baijiahao_12645125,2021-5-12.

[104]国务院中共中央."十四五"国民健康规划[EB/OL]. http://www. gov. cn/zhengce/zhengceku/2022-05/20/content_5691424. htm,2022-12-6.

[105]科技部.关于《破除科技评价中"唯论文"不良导向的若干措施(试行)》的通知[EB/OL]. https://www. most. gov. cn/xxgk/xinxifenlei/fdzdgknr/fgzc/gfxwj/gfxwj2020/202002/t20200223_151781. html,2020-2-17.